为师之道

青年学者研究、教学与公共服务指引

〔美〕洛雷恩·伊登（Lorraine Eden）
〔美〕凯茜·伦德·迪安（Kathy Lund Dean） 著
〔美〕保罗·维勒（Paul Vaaler）

秦一琼 译

The Ethical Professor

A Practical Guide to Research, Teaching and Professional Life

北京大学出版社
PEKING UNIVERSITY PRESS

著作权合同登记号 图字：01-2020-2733
图书在版编目(CIP)数据

为师之道：青年学者研究、教学与公共服务指引 / (美) 洛雷恩·伊登 (Lorraine Eden)，(美) 凯茜·伦德·迪安 (Kathy Lund Dean)，(美) 保罗·维勒 (Paul Vaaler) 著；秦一琼译. —北京：北京大学出版社，2022.5
(IACMR组织与管理书系)
ISBN 978-7-301-32965-8

Ⅰ.①为… Ⅱ.①洛… ②凯… ③保… ④秦… Ⅲ.①高等学校—青年教师—师资培养—研究 Ⅳ.①G645.12

中国版本图书馆CIP数据核字(2022)第061511号

The Ethical Professor: A Practical Guide to Research, Teaching and Professional Life 1st Edition / by Lorraine Eden，Kathy Lund Dean，Paul Vaaler / ISBN: 978-1-138-48598-3
Copyright@ 2018 by Routledge
Authorized translation from English language edition published by Routledge, part of Taylor & Francis Group LLC. All rights reserved.本书原版由Taylor & Francis出版集团旗下Routledge出版公司出版，并经其授权翻译出版。版权所有，侵权必究。
Peking University Press is authorized to publish and distribute exclusively the Chinese (Simplified Characters) language edition. This edition is authorized for sale throughout Mainland of China. No part of the publication may be reproduced or distributed by any means, or stored in a database or retrieval system, without the prior written permission of the publisher. 本书中文简体翻译版授权由北京大学出版社独家出版并限在中国内地销售。未经出版者书面许可，不得以任何方式复制或发行本书的任何部分。
Copies of this book sold without a Taylor & Francis sticker on the cover are unauthorized and illegal.
本书封面贴有Taylor & Francis公司防伪标签，无标签者不得销售。

书　　名	为师之道：青年学者研究、教学与公共服务指引 WEISHIZHIDAO: QINGNIAN XUEZHE YANJIU、JIAOXUE YU GONGGONG FUWU ZHIYIN
著作责任者	〔美〕洛雷恩·伊登(Lorraine Eden)，〔美〕凯茜·伦德·迪安(Kathy Lund Dean)，〔美〕保罗·维勒(Paul Vaaler) 著；秦一琼译
策划编辑	徐　冰
责任编辑	刘冬寒　闫格格
标准书号	ISBN 978-7-301-32965-8
出版发行	北京大学出版社
地　　址	北京市海淀区成府路205号　100871
网　　址	http://www.pup.cn
微信公众号	北京大学经管书苑（pupembook）
电子信箱	em@pup.cn　QQ：552063295
电　　话	邮购部010-62752015　发行部010-62750672　编辑部010-62752926
印　刷　者	北京宏伟双华印刷有限公司
经　销　者	新华书店
	720毫米×1020毫米　16开本　17.25印张　199千字 2022年5月第1版　2022年5月第1次印刷
定　　价	66.00元

未经许可，不得以任何方式复制或抄袭本书之部分或全部内容。
版权所有，侵权必究
举报电话：010-62752024　电子信箱：fd@pup.pku.edu.cn
图书如有印装质量问题，请与出版部联系，电话：010-62756370

序　言

开始上路……

设想一下,你刚获得了你心仪的一所高校的助理教授职位,完成了论文和答辩,乔迁到新的大学宿舍,在办公室墙上挂好了照片和文凭,制定好了课程大纲……一切准备就绪,恭喜你!

接下来的你就要晋升副教授,前方的职业道路清楚得一览无遗。你知道你所踏入的新的安身之地,通常有三项考核指标,也被称为"三重奏"——研究、教学和公共服务。在研究方面,不同的系有不同的要求,如在经济、管理和法律系,这意味着你要将自己的毕业论文拆分成几篇论文,最好能发表在你专业领域的顶级期刊上。在政治学或国际关系等其他院系,你必须要出版由知名学府出版社发行的专著。你知道你在任期之内需要产出足量的一流学术成果,由你的同行和外审专家评判你的研究水平是否已达到评聘的资格。在教学方面,你知道你每学期应该要教授一到两门课程,力求学生评价"良好"(最好是"优秀")。最后,你还要参与一些学校、院系或学术团体的公共服务类事务,这类事务的内容与目标看上去也很明确和直接。

然而,在这些看似明确的考核指标之下却暗伏着很多陷阱或者"雷区",它们会打乱你的晋升计划,阻碍你在学界的发展和进阶。这些"雷区"常常是隐形的,而且同事们也很少谈及,所以你很容易就会因为忽视了它们而栽跟头。这些障碍是什么呢？是伦理困境。当一个人在各种价值观、权利和责任可能会发生冲突而必须做出困难选择时，就陷入了伦理困境，既然是两难困境，那是非曲直一定不好轻易决断，所以你必须在最终导致不同收益和成本的选项之间做出选择。

写作目的和内容结构

在学术界，每年的绩效评估是基于我们在研究、教学和公共服务方面的活动和成果展开的。当我们刚开始以博士研究生的身份进入研究生院，一直到成为资深的学者，我们就已经"被预设"接受这样的定期绩效考核方式。

只要专注和努力，学术进阶之路看上去规范、透明、可实现。但是本书的观点是，学术道路并非我们所想的那样平坦和顺畅，我们知道在学术生命周期里会遭遇很多伦理隐患，这些困境对博士研究生和初入职场的青年教师来说并非一目了然，他们甚至还不具备识别的能力，而且学界的一众博士研究生和青年教师一般很少互相谈及这个话题，他们也没有受过专业的培训来识别并处理这些潜在的障碍。另外，学者们在成为资深或全职教授的过程中，这些伦理问题也同样时隐时现。

基于现有的研究、多年的学术经验和我们自身在伦理教学和研究的体会，我们意识到：学术生涯中的伦理隐患在博士研究生教育阶段、早期职业发展阶段甚至到成为资深学者时都没有被系统地揭示过，本书旨在揭示这些伦理隐患，并为博士研究生和青年教师提出一些应对的建议。我们认为，能够在决策时意识到伦理困境是第一步，而一旦识别出问题，就能找到更佳的方案。我们希望能够在最常遭遇的伦理困境方面帮助大家缩短学习曲线，我们会首先定义这些问题，分享这方面的研究和经历，并为日后持续的学习和反思提供分析和讨论的框架。

本书的结构安排如下：序言介绍本书的写作初衷、涉及的主要议题，以及本书在课堂和工作坊中的使用说明。正文将学术界考核指标的"三重奏"分成三个部分,每章的陈述基本按照时间顺序,也就是从博士研究生晋升到终身教职的顺序展开。每章开头都介绍主要观点,然后展开阐述,章末是讨论题和推荐阅读。本书包含了很多微型案例和讨论题,可在课堂上和工作坊里活跃气氛、启迪思考。每个部分的最后一章为人物专访,由几位著名的思想领袖发表其对伦理困境的见解。最后一章对前面每一部分的主题进行概括,并进一步阐述了它们之间的共性和关键点,最后提出对未来的展望。

目标读者

我们的目标读者群和主要服务对象主要是社会科学类专业在读博士研究生和高校青年教师。

同时,我们也要强调三点:首先是社会科学之外的人文科学和自然科学的博士研究生和青年学者也会从本书中获得助益。由于外部利益相关者要求学术界更为透明,所有的这些学科都面临着与日俱增的压力。尽管不同的学科有不同的规范和标准,但核心理念和原则都是共通的。我们致力于奉献高质量的研究、教学和实践,我们追求学术自由、多元、融合、透明和诚信。

其次,我们相信本书对北美地区之外的发达国家和新兴国家的博士研究生和青年学者均有所裨益。北美的学术规范已传播到全世界很多高校,不管是身处西欧、亚洲还是南美的高校青年教师,他们都面临着同样的压力,都需要在顶级期刊(可能很多都是美国期刊)上发表论文。虽然不同国家有着不同国情,但他们在教学和公共服务过程中都可能碰到类似的伦理困扰,甚至有可能比我们所写的更加有过之而无不及。

最后,我们的目标读者虽然是博士研究生和尚未获得终身教职的学者,但我们相信本书对高校其他教职人员也会有所帮助,如非终身聘用制的讲师、副教授、正教授、行政管理人员,以及校长和院长等管理者等。当前,学术机构管理的复杂程度有增无减,非终身聘用制度被广泛采用(目前很多学术机构超过半数的教职人员为非终身聘用),这些都是众所周知的难题,对于他们,我们也会讨论如何识别职业困境,并附上思考题。

作者简介

本书三位作者均为美国高校的终身教授。洛雷恩·伊登(Lorraine Eden)是德州农工大学梅斯商学院管理系教授,同时她还给国际事务和经济学系的学生开设研究生课程。凯茜·伦德·迪安(Kathy Lund Dean)是位于明尼苏达圣彼得的古斯塔夫·阿道尔夫学院(Gustavus Adolphus College)经济管理学院教授。保罗·维勒(Paul Vaaler)是明尼苏达大学卡尔森管理学院的教授,他同时还担任法学院的教授。洛雷恩于1971年被聘为讲师,凯茜和保罗分别在1997年和1996年被聘为助理教授,所以截至2017年10月,三位作者已经在学术界累计待满87年了!

在我们的学术生涯中,我们都是被资助的讲席教授,得到过很多奖项和荣誉。作为研究者,我们也著作颇丰,发表过几百篇论文。凯茜和洛雷恩是一些重要期刊的主编,保罗是副主编。我们在研究和教学领域兴趣广泛,在商业、经济、法律、管理和政治学领域均有涉足。目前,我们都在各自高校和一些专业学会担任管理和领导职务。我们还为个人、企业、政府机构、媒体和国际组织担任外部评论员、顾问或提供咨询服务。

我们之所以有缘合作并最终出版了本书,是因为我们对伦理这一议题有着共同的兴趣。凯茜在古斯塔夫·阿道尔夫学院是伦理学学科带头人,并亲自教授伦理学课程。洛雷恩曾三次为国际商务学会(Academy of International Business, AIB)编写伦理守则,并开办伦理研究工作坊。保罗在明尼苏达大学商学院教授管理伦理学课程和法学院的法律伦理课程。我们三位均在伦理学方面积累了丰富的研究成果。此外,在2011年7月至2015年2月将近4年的时间里,我们还是美国管理学会(Academy of Management, AOM)博客"伦理学人"(The Ethicist)专栏的创始作者。

本书缘起:从"伦理学人"博客到本书的结集出版

"伦理学人"博客的创建灵感源于 2003—2011 年兰迪·科恩(Randy Cohen)在美国《纽约时报》上撰写的每周专栏"伦理学人"。洛雷恩是该专栏的一位痴迷的读者,她认为专栏中的文章为人们在个人生活和职场中碰到的伦理困境提供了非常实用的见解。

2007 年,当洛雷恩出任《国际商务研究》(*Journal of International Business Studies*,JIBS)期刊的总编时,她马上制定了 JIBS 的首个伦理守则。2010 年,她又出任 JIBS 下一个委员会的主席,任务之一是为国际商务学会撰写伦理守则,保罗正好也是该委员会委员。当这些工作结束后,洛雷恩又欣然接受了 AOM 伦理教育委员会(Ethics Education Committee,EEC)联合主席詹姆斯·戴维斯(James Davis)和苏珊·马德森(Susan Madsen)的邀请,加入了 EEC。

当时,EEC 正在寻求与 AOM 会员交流伦理问题的新方法,洛雷恩认为这正是效仿《纽约时报》"伦理学人"专栏而推出 AOM 伦理学博客的天赐良机。EEC 和 AOM 的管理层力挺这个创意,并将之视为一个"战略行动"(strategic doing)。洛雷恩力邀凯茜和保罗组成了博客"三剑客",于是 2011 年 7 月,AOM 的"伦理学人"博客就应运而生了。洛雷恩是总负责人,主要探讨学术研究中的伦理议题,凯茜主要探讨教学中的伦理议题,而保罗则关注公共服务中的伦理议题。

对三位而言,"伦理学人"博客是一项百分之百公益的爱心工程,AOM 不支付任何报酬或提供任何补助。在一开始的两年,博客只对 AOM 会员开放,但从 2013 年 5 月开始,博客被转移到了面向公众开放的网站。我们笔耕不辍地写了四年,直到 2015 年 2 月才将接力棒交给新一批作者。

2015 年收笔之后,我们开始想到把我们之前的博客文章留存下来。我们的帖子和一般的博客文章不同,它们更像是我们的研究笔记,篇幅较长,而且附有详细的参考文献。在最终发布博客帖子之前,我们一般会邀请同样是做志愿服务的同人先阅读并提出反馈意见,这就等于增加了一道"同行评议"的流程,以此确保我们的博客文章是高规格、高质量的。因为这些年我们在一起工作和写作的过程中时常在一起讨论,所以这些文章被放在一起阅读的时候就产生了神奇的协同效应,以及顺理成章的逻辑关系,所以我们才想到了把它们结集成书。我们认为,本书所涉及的学术伦理议题填补了现有类似资源的空白,为博士研究生和青年学者如何一帆风顺地在学术界生存、发展并脱颖而出提供了有益的指导。

故此,我们从历年的博客记录中择取了最优秀、最实用的若干博客文章,改写并更新之后分放在本书不同的章节中,力图反映最新的思想动态(截至 2017 年 10 月),此外我们还拾遗补阙地增加了新的内容。这些章节的顺序是根据青年学者的成长经历展开的,也就是从博士研究生,到终身教研职位,再到晋升成为高校的副教授。本书三大部分的安排也契合了高校的三大考核指标——研究、教学和公共服务。尽管我们合作并互改了本书各个章节,但细心的读者还是能够体会到我们三位作者各自不同的"声音"。

本书的特色

第一,本书将在学术生涯中可能遭遇的不同伦理问题结集成书,是讨论学术生涯的著作中为数不多的、以学术伦理为切入点的专著。尽管有一些书籍也分别阐述过研究伦理或教学伦理,但成系统地细述涉及三项考核指标伦理难题的著作实不多见。

第二,我们坚信让学术专业人员接受伦理教育是非常有价值的行为,这可以帮助他们经受住日后不可避免的伦理挑战。希望我们几位作者多元的背景和多学科的伦理视角能为读者提供丰富的心得体会,并能结合自身的案例和情境进行反思。

第三,我们在书中描述了大量经过修饰却真实发生在我们同事和学生身上的案例,并且还有"后事如何"的详尽描述,这些都不失为本书的另一个特色。我们每个作者都对这些重要而且具有时效性的话题有着深刻的感触,并在章末提供参考文献和其他补充阅读材料。

最重要的一点,本书具有很强的实操性,可以推动读者反思并付诸行动。我们基于行为伦理学的方法,用研究和经验来提出行动对策,同时用伦理学的传统模型和思维模式为更多的读者铺垫分析的基础。讨论学术伦理的泛泛之作也许有一些,但本书花费很多笔墨阐述了更为具体、可操作的解决思路,而且直击学术生涯中最为常见的伦理问题。

使用指南

任何一个读者群体都会在他们学术生涯的不同阶段碰到这些伦理问题,这些问题直击要害,他们一定会觉得本书的引导非常有用。

对博士研究生而言,讨论学术伦理最为理想的场景是在一年级的课堂上。很多研究生入学时并不清楚他们会修哪些课程,更不用说还要协助学院的新老教授从事一些教辅活动。所以,这本书会介绍一些博士研究生第一年学习和工作中可能出现的伦理问题,可以让学生尽早意识到除选课之外还有这些重要的问题存在。

研究伦理应该是最早需要着重讨论的问题,因为博士研究生一年级的课程都要求阅读大量文献并训练综述能力,但教学和学术生涯的伦理问题同样也绕不开,比如如何把期刊的研究结果转化成MBA或本科课程的教学内容,或者如何在学术会议上将文献做成研究初期的综述汇报。如今的博士深造时间普遍持续4—6年,所以第一年开始就慎重地讨论并意识到这些伦理问题,对学生和他们所在的院系都会有所裨益。

另外,讨论这些问题的场合也可以是在一些专业会议上,尤其是一些年轻或资深学者定期必赴的学术团体年会,比如美国商学院的学者们都会出席的AOM年会,社会科学领域的学者会出席的联合社会科学协会(Allied Social Science Association)。

年会通常会为青年学者开办职业发展工作坊,以联合会(consortia)的形式居多,旨在促进同辈间分享职业经历和最佳实践。一般主持这些联合会的学者都是资深教授,他们在活动(一般是半天或一天)内容的选择上差异很大。本书比较适合作为参加此类联合会之前的读物,给联合会的参加者在科研、教学和公共服务方面提供一个基本的伦理认识,让他们了解这些问题与接踵而来的学习生活和日后的职位晋升都有密切的关系,以及如果对此漫不经心,大约会产生什么样的直接后果。章节最后的思考讨论题可以帮助联合会主持者和参与者进行角色模拟训练。学术年会一般还会为毕业学生举办毕业论文撰写专场和求职专场,本书也同样为这些人群提供了边读边学和边干边学的宝贵机会。

此外,本书还适用于高等院校中需要指导研究生的资深或青年教授,有时候大家不太会谈及伦理问题,更不用说在四年的博士学习阶段和第一年担任助理教授期间去好好地学习、解释和处理相关的伦理问题。比如,如何提醒学生和授课的助理教授"走得太近"了?或者,什么时候发出的一份足够详细的工作录用书,值得让博士研究生认真考虑并及时回复?我们希望本书能够把导师的经验和青年学者的诉求做一个对接,不管是在办公室、学校食堂,还是在开组会时,资深导师可以借助本书,与研究生及青年学者共同探讨书中所提及的以及他们自己碰到的伦理问题,这样可以使"指导—被指导"的流程不带上过多的个人感情色彩。三位作者都承认,我们自己处理这些伦理问题的经验并不一定是最优解。资深教授们可以引用书中的事例而不一定用自己的经验来开启对话、帮助被指导者获得实践认知,进而解决这些新手在初入职场时感到很棘手的难题。

致　谢

任何一个出版物都不会只是作者单方面努力的结晶,一定有他人的一路支持和帮助,"我们都是站在其他人的肩膀之上",非常感谢这个项目从无到有的整个过程中来自四面八方的支持和鼓励。

首先,AOM"伦理学人"博客的起念和落实,完全受益于 EEC 联合主席詹姆斯·戴维斯和苏珊·马德森的建议和帮助,以及 AOM 活动和服务执行副主任特里斯·隆卡尔(Terese Loncar)的助力。EEC 的委员们给我们很多博客文章提出了中肯的建议。很多同人专业知识丰富,点评犀利到位,我们在写博客的过程中收获良多,我们后来在著书过程中也针对性地做了改进,这些学者是池·安安西-阿奇邦(Chi Anyansi-Archibong),琼·巴尔图内克(Jean Bartunek),凯伦·巴特勒-普里(Karen Butler-purry),约翰·坎特维尔(John Cantwell),劳拉·哈蒙斯(Laura Hammons),本森·霍尼格(Benson Honig),苏珊·杰克逊(Susan Jackson),大卫·卡普兰(David Kaplan),珍妮特·萨尔蒙斯(Janet Salmons),徐淑英(Anne Tsui),埃里克·范·拉伊(Erik van Raaij),莎拉·赖特(Sarah Wright)。

2015 年,时任芝加哥大学出版社杂志编辑的大卫·佩文(David Pervin)先生建议我们把博客文章出版成书,感谢德州农工大学的教师和研究生,尤其感谢迪安娜·约翰斯顿(Deanna Johnston)和凯文·麦克斯威尼(Kevin McSweeney)帮助我们把所有的博客文章规整在一起方便阅读和修改,感谢什雷亚·甘多特拉(Shreya Gandotra)校订了所有的参考文献,詹纳·拜特(Jenner Bate)编辑了手稿,最后还要感谢斯图亚特·扬布拉德(Stuart Youngblood)详细审阅了所有的评论。

本书中有两个章节采用了我们博客的原始文章,感谢这些共同作者同意我们将这些博客文章修改后收入本书的第一章和第八章,他们是凯文·麦克斯威尼,詹姆斯·戴维斯和苏珊·马德森。另外,三位思想领袖迈克尔·希特(Michael Hitt),罗伯特·贾卡罗内(Robert Giacalone)和安德鲁·范德文(Andrew Van de Ven),也在书中慷慨地分享了他们的经验和知识,在此一并致谢。

我们所在的高校也对本书的出版提供了大力支持。洛雷恩感谢德州农工大学在她撰写博客和完成书稿时期给予她的帮助。凯茜对任教的爱达荷大学（Idaho State University）和古斯塔夫·阿道尔夫学院都心怀感恩，两所院校都对她在撰写"伦理学人"博客时给予过帮助，尤其是爱达荷大学的系主任詹姆斯·P. 乔利（James P. Jolly）还特别给她留出了专栏写作时间。保罗也感谢他所在的明尼苏达大学给他提供的写作资源和时间。

本书的完成还离不开家人的鼓励和支持，洛雷恩感谢先生查克·赫尔曼（Chuck Hermann）在写作期间和她无数次的观点碰撞和讨论。凯茜的先生丹（Dan）和儿子们给予她的耐心也让她倍感温暖，使她能够将脑中的想法落于笔尖。保罗的夫人凯茜（Kathy）总是留出空间让保罗能安心写作，并且总是运用编辑的审视力提出中肯的初稿修改建议。

劳特利奇出版社（Routledge Press）的大卫·瓦利（David Varley）先生是本书出版的得力执行人，他以灵活、友好和高效的方式带领我们走完出版社的流程，一并感谢的还有米丽娅姆·阿姆斯特朗（Miriam Armstrong），布丽安娜·阿舍尔（Brianna Ascher），玛丽·德·普拉托（Mary Del Plato），道恩·普雷斯顿（Dawn Preston）和梅根·史密斯（Megan Smith）。

Contents
目　录

第一部分　学术研究中的伦理

第 1 章　开篇二十问:博士研究生的伦理困境 …………………… 003
第 2 章　学界新晋所遭遇的研究陷阱 ………………………………… 012
第 3 章　科学家的学术不端行为:来自"造假三角"的启迪 ……… 024
第 4 章　切割论文(一):事前法 ……………………………………… 031
第 5 章　切割论文(二):事后法 ……………………………………… 041
第 6 章　撤稿:马失前蹄还是不端行为? …………………………… 050
第 7 章　在谷歌和 PowerPoint 大行其道之时谈谈双盲审制度 ……… 067
第 8 章　研究中的伦理困境:你会怎么做? ………………………… 076
第 9 章　思想领袖(一):迈克尔·希特的伦理研究 ………………… 081

第二部分　教学中的伦理

第 10 章　不只是传授课程内容:教学中的伦理困境 ……………… 091
第 11 章　教学和伦理:关键事件 …………………………………… 096
第 12 章　如何把握课程难度:尤其面临同行压力时 ……………… 100
第 13 章　教学和说教:课堂中的说话之道 ………………………… 105
第 14 章　"我的学生想和我套近乎!":社交网络界限和师生关系 ……… 112

- 第15章 "当学生陷入绝望时,我们该怎么做?":教育关怀的思考 …… 120
- 第16章 从"台上圣哲"到"场边指导":教师的角色转换 …… 126
- 第17章 如何正确对待学生评教:学生评教制度的伦理分析 …… 133
- 第18章 学生推荐信:写还是不写,这是一个问题 …… 146
- 第19章 思想领袖(二):罗伯特·贾卡罗内谈"道德失灵" …… 157

第三部分 公共服务中的伦理

- 第20章 准则和利益冲突 …… 169
- 第21章 什么时候一份工作录用信才真的算数? …… 175
- 第22章 参加学术会议 …… 182
- 第23章 同行评议 …… 190
- 第24章 参与学校的公共服务 …… 198
- 第25章 学术圈子 …… 204
- 第26章 院外兼职 …… 210
- 第27章 咨　询 …… 216
- 第28章 媒体往来 …… 224
- 第29章 思想领袖(三):安德鲁·范德文谈伦理和公共服务 …… 232

第四部分 结　语

- 第30章 承前启后:主题、实践并考虑下一步 …… 247

第一部分

学术研究中的伦理

Chapter 1

第1章

开篇二十问：博士研究生的伦理困境

对一个学者而言，从博士研究生入学到毕业是人生中一段很特殊的时期，在此期间，学生们像学徒一样开始学习如何做研究、如何从事学术工作。博士研究生在读期间（常规4—6年），学生们无一不要经历研究的各个阶段，从问题识别、文献综述、理论形成到数据采集和分析、撰写、答辩和发表，每个阶段都会遭遇到和学术圈同人一样的研究伦理困境。但与成熟的学者相比，博士研究生的伦理困境更为特殊。本章旨在抛砖引玉，帮助博士研究生和教师在课堂学习或小范围的研讨中，能自然地触及研究伦理这个话题。本章会尽可能涉及博士研究生在从事研究活动时可能遭遇的各种困境。

学术界的从业者，尤其是社会科学和人文科学的学者，学术生涯的轨迹一般都很规范和标准。我们姑且把某位学者称为 Mary Smith，看看她的职业发展道路。首先，她被某学院录取成为博士研究生，一般来说，Mary 应该已经拥有硕士研究生学位，也可能已经工作过一段时间。然后，她正式进入博士研究生学习阶段，她应该要学习一系列课程，完成课程考试，然后撰写学位论文。在此期间，Mary 需要写很多论文（有些是作为共同作者），在学术会议上宣读论文,甚至还会在专业期刊上发表一两篇论文。在博士研究生学习的最后阶段,Mary 还要四处求职,希望在高校谋求一份全职工作。幸运的 Mary 收到并接受了某高校的录用书,然后作为助理教授开启了她的学术生涯,并有望成为终身教职。作为一个刚刚上岗的助理教授,Mary 马上就要面临所有同人都绕不过的年终三大指标的考核:研究、教学和公共服务。如果 Mary 三方面都表现不错,她就可以申请终身教职并晋升为副教授,这样 Mary 就算真正走上了她在学术界的职业发展道路。

Mary 晋升之路貌似一帆风顺,但在每一个阶段,除了常规的绩效考核,还有许多显而易见或心照不宣的障碍需要扫除。博士研究生和青年教师总是要面临众多涉及学术伦理的决策点,这使他们不得不在做出抉择时考虑后果。如果绕过这些伦理陷阱,他们的学术绩效将会大大提升,但如果栽了跟头,势必会多走很多弯路。

本书的目的是为初入学界的博士研究生和青年教师提供一个导览图。在我们开始正式讨论之前,本章会首先介绍 20 个涉及伦理的微型案例,这些案例贯穿博士研究生从入学到毕业,再到进入高校从事学术工作的最初几年。我们想促使大家思考一下,在哪些场景下容易出现这些陷阱,以及如何妥善地应对它们。下一章我们再继续探究,为什么博士研究生和青年教师比资深学者更容易遭遇这些陷阱。

以下每个案例都经过了我们的精心设计。这样做的目的是敦促博士研究生在从事研究活动时多讨论他们所碰到的问题。读者可以通过思考以下问题开启讨论:

- 案例中有没有涉及伦理困境?如果有,是什么?为什么?
- 博士研究生可以有哪些选择?
- 你建议他采取什么行动?为什么?

博士项目入学

案例 1　Aidan 决定重返校园攻读管理学博士学位,于是和××大学的博士项目主任进行过数次电话沟通。博士项目主任答应他,如果他来本校攻读博士学位,他会有机会师从知名教授 Macro。Aidan 的研究兴趣和 Macro 教授的研究兴趣正好非常吻合。Aidan 相信,如果他朝着 Macro 教授的研究方向努力耕耘几年,他在学术研究技能上一定会有长足的进步,并且可能在毕业之前就可以发表一些成果。之后,Aidan 又正式去到该大学,他和博士项目主任的交流又进一步巩固了他的想法。然而,Aidan 去学校的那一周正好赶上 Macro 教授出差在外,所以未能谋面,但是博士项目主任向 Aidan 保证 Macro 教授很乐意与博士研究生一起共事。考虑到 Macro 教授在学术领域的声誉,加上博士项目主任认为 Aidan 可以和 Macro 一起工作学习,Aidan 就接受了该大学的入学通知书。但是,当 Aidan 入学之后,情况完全出乎意料,他发现 Macro 教授马上要休一年的学术假,而且他带博士研究生的热情已大大减退。很显然,博士项目主任之前并没有和 Macro 教授讨论过他是否愿意,或者是否有可能和即将入学的博士研究生一起工作。Aidan 感觉自己被误导了。

研究项目

- **知识产权**

案例 2　Nicolas 同学为博士课程研讨会写了一篇学期论文,并在课堂上做了陈述。另一个学生 Babara 则被要求对这篇论文进行评论。Nicolas 这篇论文的得分并不高,课程结束后,他认为这篇论文要达到发表的水平,还需要更多打磨,工作量不小,所以他把这项工作列入"暂缓"的清单中。而 Babara 却很喜欢这个选题,她自己写了篇论文,并投稿至 AOM 年会论文征集处。随后 Babara 收到通知,她被邀请在年会上宣读论文。Nicolas 在年会议程中看到了 Babara 的论文,发现她的论文选题和自己之前的作业如出一辙,于是就控诉 Babara 剽窃了他的论文。

- 署名权

案例 3　James 和 Willem 是同一办公室的两位博士研究生，他们各自在撰写独立署名的论文，偶尔也相互交流一下关于论文的研究想法。众所周知，如果日后找工作时简历上能注明"已发表多篇论文"，那将大大提高简历的含金量。所以，他们意识到，如果都给自己的论文加上对方的名字，让对方成为共同作者，那么他们的学术成果数量就有机会翻倍，就业时也能有更强的竞争力。于是，他们达成一致意见后，都在自己的论文上加上了对方的名字。

案例 4　Xiao 被指定为 Micro 教授的研究助理，他花了一学期为 Micro 教授的一个研究项目收集和分析数据；与此同时，Kevin 也在帮 Macro 教授做着类似的事情。到了学期末，Micro 教授邀请 Xiao 在此数据分析的基础上一起研究，并在日后作为共同作者一起发表该篇论文。而为 Macro 教授整理数据的 Kevin 并没有得到同样的待遇。Kevin 和 Xiao 有一次在一起讨论本学期的研究任务时发现了两人完全不同的境遇。

- 署名顺序

案例 5　Nadia 和 Christof 都是博士三年级的学生，再过一年就要去找工作了。Nadia 正和 X 教授一起进行合作研究，而 Christof 则和 Y 教授一起合作研究。有一天，Nadia 和 Christof 在一起讨论着目前手里的研究项目。Nadia 很兴奋地告诉 Christof，她将是该篇论文的第三作者，而 Christof 告诉 Nadia，他和 Y 教授合作研究的论文的第一作者将是他。Nadia 问他们是如何决定署名顺序的，Christof 如实相告这篇论文的大部分工作都是 Y 教授做的，但因为 Christof 马上就要面临就业，所以 Y 教授同意将论文的第一作者让给 Christof。Nadia 很困惑，她说她的导师不是美国本地人，而是来自一个尊卑有序的国度。她的导师认为署名这件事是要论资排辈的，所以毫无疑问地按照资历来决定署名顺序。既然 Nadia 在此研究项目中资历最浅，所以不管贡献大小，她理所当然地就应排到最后。Christof 告诉 Nadia，系里其他教授对署名顺序的理念和做法基本和 Y 教授相同，而不是像 X 教授那样。

案例 6　Alain 在 X 教授的带领下和 Bianca、Carlos 一起参与一篇研究论文的写作。Alain 是博士一年级学生，而 Bianca 和 Carlos 是博士四年级学生。他们在项目开始之前已经约定好署名顺序是"X 教授—Bianca—Carlos—Alain"。Alain 认为这个署名协议是公平的，所以积极地为这个成果很有可能发表的项目做贡献。在项目进行过程中，Alain 发现他比 Bianca 和 Carlos 的投入和贡献要多；在已经接受的好几轮评审中，Alain 也比另两个学生付出更多。最终这篇论文被一份顶级学术刊物接收，署名仍按照之前的约定，尽管这和三位博士研究生的实际贡献不相符合。Alain 并不想让太多人尴尬，所以他问了另一位博士同学 Denise 对此的看法，Denise 告诉 Alain，X 教授在安排作者顺序时是有偏好的，他喜欢将把要就业的高年级学生放在前面，而不管他们对论文的实际贡献孰大孰小。

案例 7　Andrew、Babara 和 Cameron 参与同一个项目的研究，三位都是博士研究生；Andrew 和 Cameron 是博士二年级，而 Babara 则在找工作阶段。当他们着手启动研究时，由于三个人对论文的贡献不相上下，于是约定作者署名就按字母顺序排列。现在论文已完成，准备投稿，Babara 找其他两位合作者商量能否改变顺序，把她排为第一作者。Babara 的理由是她目前在找工作，所以比他们更需要发表的成果。Babara 答应，如果他们共同合作的这个研究项目还能写出另两篇论文，她都当第三作者。

- **失误和疏忽**

案例 8　Justin、Kara 与 X 教授一起合作论文。时间很紧张，AOM 会议投稿的截止日期就在两周以后。Justin 的任务是为他们的实证研究收集缺失的数据，与此同时，Justin 还要应付一堆考试，所以他迅速收集好数据之后，未做检查就直接采用了。Kara 发现数据有误，但她意识到如果她把这件事告知 X 教授，那么很有可能他们就错过了 AOM 会议的投稿截止日期。

案例9　Isabella 是 X 教授的研究助理，手里这个项目是 X 教授已经在顶级学术刊物上发表的研究成果的后续研究，X 教授把目前研究的内容写成了一篇新的论文。Isabella 得知她会是共同作者时很欣喜，但在 X 教授写完初稿让她阅读并提出评论时，她发现论文中有好几段都和 X 教授早年发表论文中的内容一模一样。

- **研究汇报**

案例10　Lukas 在 X 大学攻读博士学位时，专心撰写了一篇自己非常中意的论文，他想在投稿之前先参加学术会议，以获得一些反馈。Lukas 喜欢旅游，正好看到温哥华、迈阿密和圣迭戈近期都有会议，这些地方他都没去过且都心向往之。他还知道他所在的系一定会给参加学术会议的博士生资助经费，所以 Lukas 决定拿同一篇论文向三个会议投稿，并在得知三个都接受后喜出望外。

案例11　Rebecca 以第一作者的身份带着两位博士研究生 Thomas 和 Jean 完成了论文。Rebecca 将共同署名的论文投稿给 AOM 年会，希望得到宣读的机会，但并未告知两位合作者，因为她认为他们之间有这个默契。Jean 同时还参与了另外三个团队的研究，且已经同意将三篇论文向 AOM 年会投稿。这样，Jean 就违背了"同一作者不得投递超过三篇论文"的规定。Jean 于是告诉 Rebecca 这样做他会违例，Rebecca 建议就把他从他们这篇论文的作者栏中去掉。如果论文被接受，需要到会上宣读，他们再把 Jean 的名字加上，他也可以参加并宣讲，他们会让每一个参加会议的观众知晓，Jean 也是名正言顺的作者之一。

学位论文阶段

- **数据集**

案例12　Kayla 花了一年时间为自己的论文建立了一套数据集。这套数据集是在其论文导师的数据集基础上形成的,增加了新的变量和新年份的数据。Kayla 的论文导师用原来的数据已经发表了若干论文,但 Kayla 惊恐地发现数据集中所建的变量有一个严重的错误,性质之严重有可能使她导师之前的研究结果失效。Kayla 不知道①她是否应该在自己的数据集中修正这个错误,②是否应该告诉她导师数据集存在这样的错误,③是否应该告知发表论文的期刊这些论文的结论根本就是错误的。

案例 13　Ashley 花了一年时间开发她的论文数据集,并对自己的成果非常满意。她所研究的领域之前有一些未解之谜,她相信这些数据能够对此给出很好的解释。她马上就要进入论文答辩阶段,她的论文导师让她把这些数据分享给他。众所周知,这个教授从不把博士生的名字放入他的研究成果中,Ashley 有些担心这位教授也会使用她的数据,而不将她列为共同作者之一。

- 署名

案例 14　Jordan 的论文导师是国际知名学者,经常出差,所以很少有时间和 Jordan 面对面地讨论问题。Jordan 基本上是自己在撰写他的论文,从导师这里获得的帮助少之又少。当 Jordan 将论文提交给导师后,导师强硬地要求他日后由博士毕业论文拆分发表的所有论文均要署上她的名字,否则她不会在其毕业论文上签字。

案例 15　Patrice 一周后就要参加论文答辩了,他仍然在办公室里对论文进行润色。他的论文导师很兴奋地来办公室告诉他,她已经和一个著名的学术出版社谈妥了论文发表的事宜,唯一的条件就是该书必须把导师的名字作为第一作者。

- 发表

案例 16　Javier 在一所美国大学攻读博士学位,目前正在准备论文,他已写完一个主要章节和两个论证章节。此时,Javier 收到了他之前就读本科的一所墨西哥大学的教授邀请,希望他把论文中的一章放到教授编著的一本专著中,这样Javier马上就能有发表成果,能在简历上体现出来,在求职时将更胜一筹。同时,Javier也等于还了之前所欠这位教授的一个人情——该教授当时给他写了一封很给力的推荐信,帮助他顺利进入美国这所大学从事博士研究。这本书将以西班牙语出版,Javier所撰写的这章不太可能被不使用西班牙语的读者看到,所以,Javier认为在这本专著中收录他论文的一个章节,不会成为日后他自己向学术刊物投稿时的麻烦。

案例17 按照Karolina所在大学的规定,她提交答辩的论文由三部分构成。在她撰写论文期间,Karolina和系里一位教师将论文中的一章内容投稿给了某杂志,共同署名,后被杂志接收了,但当时Karolina还没有参加论文答辩。及至答辩时,Karolina的论文答辩委员会主席发现她论文中的一章是和学校中一位老师共同撰写而成的,于是认为这章不应保留在学位论文中。Karolina的论文答辩委员会主席告诉她,在答辩前,所有三部分内容必须是作者独立完成且从未发表过,所以Karolina必须重新再写一章。

学位论文之后

案例18 Stefanie的论文导师允许她使用自己收集的一套数据,条件是,Stefanie使用这套数据而发表的所有研究成果必须署上他的名字。他们讨论商量之后,Stefanie口头上答应了导师的请求,两人共同撰写了数篇论文。十年后,Stefanie撰写并发表了一篇独立作者的论文,用的仍然是之前导师给她的这套数据集。Stefanie给出的理由是整个理论形成是她自己的研究成果,十年里的合作足够补偿对这套数据的使用。Stefanie的导师非常愤慨,认为她应遵守他们之前有过的口头承诺,所有使用该数据集发表的研究成果都必须署名两人为共同作者。

案例19 Fletcher和另两位博士研究生写了一篇实证类论文,研究的是一组特定变量对企业绩效的影响,另外一组变量被设为模型中的控制变量。

Fletcher 毕业后在另一所大学谋到一份教职,当他安顿下来后,他和系里的新同事开始着手写新的论文。在这篇新的论文中,原来的控制变量变成了自变量,原来的自变量变成了控制变量。两个研究同时独立进行,只有 Fletcher 同时知晓这两个研究。两篇论文差不多同时投稿给了不同的期刊,很不巧落到了同一位审稿人手里。审稿人向两份期刊给出了评阅意见并建议拒稿,理由是它们的研究太雷同。

案例 20　Lorraine 打算将学位论文好好拆解成几篇论文,向几个她认为颇有希望接收的期刊投稿。她先准备了两篇论文,几乎同时向期刊 A 和 B 投稿,并且投稿时都没提及另外一篇。这两篇论文使用的是同一套数据集,变量也几乎一样,但立论和假设各异。Lorraine 很高兴期刊 A 给了第一篇论文比较积极的反馈,收到的答复是修改后再投;但期刊 B 直接拒绝了第二篇论文,她为此有些失望。Lorraine 根据审稿人的评议把第二篇论文稍做修改之后又投给了期刊 A,她认为也许可以将第一篇论文的成功经验复制到第二篇论文。

Chapter 2
第 2 章

学界新晋所遭遇的研究陷阱

国际商务的学者认为到国外经营的企业就是"外来者",与东道国的本土企业相比,它们会因为"外来者劣势"(liability of foreignness,LOF)而面临额外的成本。外来者劣势有三个危害:不熟悉危害、关系危害和歧视危害。我们用有关 LOF 的一些学术观点来解释这些危害如何对学术界新人构成研究中的陷阱,并建议用伦理辅导和培训作为解决方案。

学界新晋

大多数高校的博士生都需要历时 4—6 年才走完整个过程,也就是从入学到攻读课程再到最后毕业要历经春来秋去好几回。其间,需要修完一些必修课程或选修课程,在学院里做研究助理或助教,出考题,组建论文委员会,做科研,写论文,然后参加论文答辩。

拿到博士学位以后,大多数青年学者会入职一所高等院校,作为一个非长聘的助理教授开始工作。这是他们在学术道路上的第一个职位,每年的考核指标就是科研、教学和公共服务这三项。如果在最初的 5—8 年中他们的表现得到资深教授和管理者的认可,那么他们才有可能接下来获得终身教职或副教授的职位。到这个时候,他们的学术事业才算真正起步,也算摆脱了学术界的"学徒"身份。

虽然博士阶段的整个学习过程经常被拿来调侃,但计划和现实常常充斥着矛盾。我们认为学术生命周期这个概念,对学生理解他们可能会遭遇的一些特殊研究困境,能够提供一个有用的思考框架。在学术生命周期中的每一个节点,学术新晋都会在其中参与一些与研究相关的活动,见图2.1。

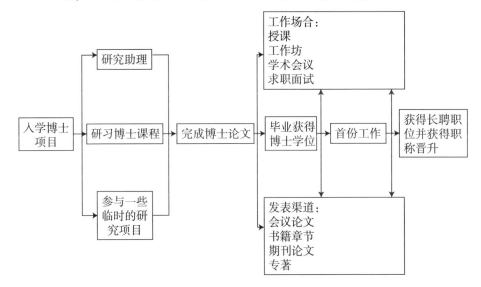

图2.1 学术新晋的发展路径

注:博士研究生一入学就开始了他们的研究活动,包括准备学期论文,担任研究助理,和其他博士研究生同学一起参与一些临时项目等,最大的项目当然就是学位论文。学校鼓励学生们尽可能到不同的场合(如课堂、系里的研讨会、学术会议等)去宣讲论文,并且鼓励他们通过多种渠道(如会议论文、学术期刊、专著)投稿。

荣获博士学位之后,大多数学生会继续从事学术工作。这个时候,"发表还是淘汰"就开始像个紧箍咒一样鞭策着这些学术新晋,5—8年期限的倒计时就开始滴答滴答作响。其间,年轻的助理教授需要发表一定数量的研究成果,并且学术发表机构必须有档次、有质量,如此这般才有可能晋升或受聘终身教职。对博士研究生来说,其中每一个阶段和活动都有潜在的伦理风险。

本章中,为了便于理解学术新晋会遭遇的那些"毫无防备的伦理陷阱",我们会借用"外来者劣势"的一些文献,搭建分析框架。

外来者劣势

国际商务学者认为企业到国外经营会遭受外来者劣势。企业作为"外来者"有两层意思:当地(东道国和其居民)对进入者来说是陌生的,进入者对当地者来说也是陌生的(Eden and Miller,2004)。外来者劣势主要包括社会文化成本(软成本),以及远离本土经营所产生的更为直接的经济或活动成本(硬成本),如运输成本、关税、许可证费用等。因此,外来者劣势成本比较隐性,比纯粹的经济成本更难测量和管理。在 Eden and Miller(2004)的论文中,外来者劣势被分成三种不同的危害:不熟悉危害、关系危害和歧视危害。不熟悉危害来自对东道国缺乏认识和经验,对规则的不了解使得外来企业相较本土公司处于劣势。关系危害是指外来企业在东道国管理那些供求网络关系所产生的成本,即在国外经营时管理这些关系所产生的高额行政成本。歧视危害源自外来企业和东道国的利益相关者(如消费者、当地政府和公众)的关系。由于消费者的民族中心主义倾向和东道国给予本土企业的倾斜政策,外来企业会受到消极的待遇,并缺失组织合法性。

如果外来企业要在东道国生存并发展,必须减少上述的每一种危害。Eden and Miller(2004)认为在不同的国家、行业和时期,这些危害的表现呈不同样态,母国和东道国之间的制度差距越大,这些危害就越为严重。比如,随着外国企业进驻后不断的经验累积,不熟悉危害会慢慢消散。而反过来,随着时间的流逝,歧视危害会持续存在并愈发严重,尤其是当地文化对外来者持不信任态度的情况下。携手当地的合作伙伴(如建立股权合资企业)也许会减少歧视危害,同时,有一个当地的合作伙伴也会有助于维护企业在东道国的供求网络。

基于外来者劣势视角漫谈学界新晋

Eden and Miller(2004)的研究是为了发掘企业到国外经营的各种成本,我们认为他们的观点也可以被用来讨论进入新制度环境的个体,尤其是学界新晋,所以我们将他们的见解推广到个体行为。

我们认为,学界新晋(博士研究生和青年教师)面临三种外来者劣势:

- 不熟悉危害来自新人劣势,初来乍到不熟悉学界运行规则。在学界不熟悉游戏规则会引发失误并导致低绩效。
- 关系危害来自资源依赖劣势,新晋者需要依靠同事和合作伙伴的资源,也就是他们的社会关系组织网络。对资源的依赖会让自己"容易受到伤害",给了当权者利用弱势者的机会。
- 歧视危害来自局外人劣势,新晋者是一个局外人,尚不是群体的成员,局外人可能会抓不住机会,容易形成刻板印象,导致歧视行为的发生。

我们进一步认为学术新晋所面临的这三类危害在研究活动中尤其难以摆脱。外来者劣势其实也影响教学和公共服务,但如果不加以防范,在研究领域最容易栽跟头。对学术界来说,研究是绩效考核的核心指标,从论文到考试,一直到专著和顶级期刊发表文章的引用次数,三大绩效考核中(研究、教学和公共服务)最有说服力、最显而易见的是研究成果,所以最容易受到外来者劣势困扰的也是研究成果。

第一,我们先来看博士研究生,很显然他们有新人劣势,从而引发了不熟悉危害。博士研究生不熟悉出版界的游戏规则,所以很容易犯错或者被误导。而且博士研究生一般都意气风发,冲劲十足,更容易不假思索地得出草率的结论。

当学生们开始进入博士阶段的学习时,他们的必修课程对他们而言可能都是新的科目,学术期刊的各类文献行文又比较艰涩,他们写的第一篇论文一般都是衍生类的,类似于他们阅读和学习的论文。他们也许会不知不觉地就涉嫌抄袭,而完全没有意识到后果的严重性。

况且,博士研究生很少或者几乎没有研究经验,所以会指望系里的教师给予他们参与研究的训练机会。在学术界很少有人单枪匹马地战斗,学生们常常与系里教师或者其他同学一起紧密合作,但一起共事和在岗培训还是两码事。Azuma(1997)做过一个很好的比喻,他说研究生院像一个师徒制,每个学生都有自己的课题,导师(系里教师)未必会对自己很有帮助,他说:

> 这就像把学生锁在一个钟表厂里培养钟表设计师,厂里有一些能工作的钟表、大量的钟表零部件以及制造钟表的机器。但是,说明书却都不怎么完整,甚至师傅们自己都不太清楚明年造什么型号的钟表。

第二,较之于系里的教授,博士研究生在控制力方面处于劣势,这就使他们受制于关系危害。作为学徒,他们从导师和其他教授那里寻求指导。博士研究生整个学术生命周期的每一个阶段都需要依赖学院教授的资源(知识、人脉、课程申报和获取资助的渠道、推荐信等),从入学、课程学习、参与研究项目、论文撰写,一直到毕业后都离不开他们。这种控制力的天然劣势让博士研究生暴露在了关系危害中,他们容易被那些不讲原则和好大喜功的教授利用。面对资深教授或高管人员的不道德行为,很少有博士生敢于举报。例如,约两倍于教师比例的博士研究生(53%较之于26%)说他们如果举报教师的学术不端行为,会遭受报复(Swazey et al.,1993)。

第三,对学术圈而言,博士研究生是外来者,寻求进入学术领域的入场资格或者企图占据一席之地,所以博士研究生面临着歧视危害。作为外来者,他们希望在从入学到毕业的这段学徒生涯中获得归属感、他人的认可、同僚的尊敬。学院的教授有终身教职身份的加持,所以有妥妥的稳定感,而博士研究生则常常心有不安,如果学院教授认为他们的表现不尽如人意,那么在博士论文期间的任何一个环节他们都有可能会"被退学"。

此外,资源依赖(关系危害)和外来者身份(歧视危害)两者结合起来会更有破坏力,特别是对少数族裔而言。由于博士生研究生对教授和管理者有资源上的依赖,他们可能会因为自己的种族、肤色和性别等因素被歧视对待。

最近的研究表明,美国高校中的教授更倾向于答应做白人男学生的导师,而不是白人女学生、黑人、西班牙裔、印度裔或中国人的导师。这种歧视在学费高昂的学科(如商学院)和私立学校尤甚(Milkman et al., 2015)。因此,歧视危害会对少数族裔博士生产生显著影响,增加他们的外来者劣势。

对来到异国他乡求学的学生来说,外来者劣势的危害更甚。在美国,博士项目中的外国学生比例是最高的。通常,他们的母国(本科就读的地方)和东道国(研究生就读)的制度差距非常大,Eden and Miller(2004)指出,制度差距越大,外来者劣势更为明显。因此,语言障碍、沟通不畅、文化和道德差异等等问题很大程度上增加了在外国留学生群体中的伦理风险问题。

我们认为,博士研究生毕业获得第一份学术工作之后,还会继续遭受外来者劣势的困扰。由于新来乍到,年轻的助理教授还是会遭遇不熟悉危害;由于资源依赖,年轻的助理教授仍然会面临关系危害,由于外来者身份需要处理歧视危害。这些问题对新入行的人来说更为棘手,因为他们想要拿到终身教职,在学术圈站稳脚跟,就有发表的压力。对这些还未拿到终身教职的人来说,倒计时的指针在滴答滴答作响,在权力地位上他们也处于弱势,很容易被利用和剥削,因为他们需要资深的教授给他们指导、提供教学和科研以及职业发展的机会。他们与这些资深教授之间交叉纠缠的关系使得他们在主张自己署名权的时候变得畏首畏尾,生怕影响了其他的权利。

博士研究生和年轻的助理教授承受着很大的绩效压力,例如和同班同学的竞争压力,要有"原创新颖"的贡献,面临频繁的业绩考核。这些绩效压力会导致他们寻求捷径,而走捷径则会引发一些不可容忍和不道德的行为。

第1章中的20个微型案例就是在试图展示博士研究生和学术领域青年教师可能面对的伦理困境。我们这些年长一些的学者和导师能为这些学术界的新人提供一些什么样的帮助,指引他们成功入行,并获得终身教职、晋升副教授呢?

弱化学界的外来者劣势

从进入学术圈,到接下来十多年一路打拼并获得终身教职,再到晋升成为副教授,既然博士研究生和青年教师遭遇这些伦理困境的可能性非常大,我们能做些什么来帮助这些学术界的年轻学徒成功"避坑"呢?

辅　导

有关外来者劣势的文献为我们本书的讨论提供了见解,我们借以帮助博士研究生和青年教师应对"来到陌生国度的陌生人"遇到的难题,例如 Eden and Miller(2004)认为寻找一个本土的合作伙伴可以减少不熟悉危害、关系危害和歧视危害。

相对应的解决之道是博士研究生和青年教师找一位或几位导师,为他们在学术圈的活动提供建议和辅导。在大多数学科领域,导师的关系网络非常广泛,可参见 McBraide 等(2017)所提到的护理学导师网络。辅导的方法各不相同,可以是典型的一老一新这种一对一的传帮带模式,也可以是青年教师创建他们自己同辈之间的辅导网络(Agosto et al.,2016)。后面这种辅导关系对少数族裔的学生可能更有用,但辅导网络建立成功的难度更大,Brunsma 等(2017)发现好的辅导机制是博士研究生学业成功的重要前提,但大多数大学对非白色人种的博士研究生所提供的辅导服务都比较随意。

在研究领域,我们建议博士研究生在被任命为学院教授的研究助理时,学院教授应该认识到,他们在训练学生如何收集和处理数据之余,还应该扮演导师的角色。学生们需要知晓游戏规则,而学院教授是提供这类教育的最佳人选。每周举办一次由一位资深教授主持的博士生讲座,致力于解构研究过程,包括学术道德问题,是提供辅导的好机会。系主任可以为新人(博士研究生和青年教师)制订一个正规的辅导计划,特别是在不熟悉危害最为显著的第一个学年。

学术伦理培训

另一种帮助初入学术圈的新人应对他们在研究领域会面临的外来者劣势的方法,是给他们提供伦理培训。这对博士研究生和新入职的青年教师都很适用。预先给他们提供这样的培训可以有助于他们做好伦理决策,并激发出"人性最善的一面"。

然而,博士研究生和青年教师通常很少或者几乎没有接受过道德培训。甚至当联邦政府要求将伦理培训纳入高校体系时,很多大学也置若罔闻(NSF,2017)。当我们仔细阅读了本专业组织的伦理守则之后,发现几乎没有针对博士研究生的伦理守则(见第5章)。而且,伦理守则撰写完成之后就毫无踪迹,再也没有被提起过。例如,Hofmann等(2013)调查了挪威的博士研究生后,发现他们对系里研究伦理方面的政策了解甚少。研究生更倾向于从自己的导师那里获取这些信息,而不是从学校的资源途径获取(Mole,2012)。

一些专业协会在每年年会时会提供一些伦理培训,作为职业发展工作坊之一。比如AOM的伦理教育委员会就会在博士研究生分会场的职业发展工作坊(PDWs)提及伦理培训,尽管也就30—60分钟的时间(Madsen and Davis,2009)。但是,大多数专业协会不在会议前期举办职业发展工作坊的相关活动,所以他们的博士研究生无从接受伦理培训。AOM还有一个第三方伦理检验办公室,因为他们意识到,如果没有执行机制,伦理守则将形同虚设。

阅读资料、网站和录像(如AOM的学术道德录像)都是获得伦理培训的渠道。尤其是伦理委员会网站上有非常精彩的关于学术道德的培训材料。

当我们透过学术生命周期的视角来观望伦理困境时,我们建议应该在学术生涯的初期就多引入学术道德的培训。本书的灵感来自我们一个强烈的愿望,我们希望提供一些有预见性的材料,防患于未然,从而帮助新人绕过那些稍不留意就一脚迈入的陷阱。

讨论思考题

1. 你有没有意识到,示例中博士研究生或青年教师在学术道德上犯错多多少少是源自本章所阐述的三大危害:不熟悉危害、关系危害、歧视危害?

2. 你所在的高校或学院是否制定专门的政策为新入职者提供学术道德方面的培训?

3. 你们系是否为博士研究生和新入职者提供学术道德培训?

4. 你所在的高校是否为博士研究生和青年教师制定了正规的导师辅导制度?

5. 你们的专业协会是否在惯常的会议前提供PDWs?有没有专门为博士研究生提供的PDWs?有没有专门为青年教师提供的PDWs?学术道德培训是否都涵盖在其中?

6. 你们的专业协会是否有伦理教育委员会?如果有,他们的任务是什么?他们为博士研究生和青年教师提供什么样的学术道德培训?

7. 你们的专业协会是否有伦理行为守则?如果有,守则中是否有专门针对博士研究生和青年教师的条例?

参考文献和补充阅读

[1] Agosto V, Karanxha Z, Unterreiner A, et al. , 2016. Running bamboo: a mentoring network of women intending to thrive in academia[J]. NASPA Journal about Women in Higher Education, 9(1): 74-89.

[2] Azuma R T, 1997. So long, and thanks for the Ph.D. The 4th Guide in the Hitchhiker's Guide Trilogy[EB/OL]. [2017-02-19].www.cs.unc.edu/~azuma/hitch4.html .

[3] Bartlett T, 2010. Document sheds light on investigation at Harvard. Chronicle of Higher Education [EB/OL]. (2010-08-19) [2017-01-08]. https://www.

chronicle.com/article/Document-Sheds-Lighton/123988.

[4] Boskovic M, Djokovic J, Grubor I, et al, 2013. PhD students' awareness of research misconduct[J]. Journal of Empirical Research on Human Subject Ethics: An International Journal, 8(2) : 163-164.

[5] Brunsma D L, Embrick D G, Shin J H, 2016. Graduate students of color: race, racism, and mentoring in the white waters of academia[J]. Sociology of Race and Ethnicity, 3(1): 1-13.

[6] Council of Graduate Schools, 2012. Research and scholarly integrity in graduate education: a comprehensive approach.Project for Scholarly Integrity[EB/OL]. (2012-10-01)[2017-02-19]. www.cgsnet.org/project-scholarly-integrity.

[7] Eden L , Miller S R , 2004. Distance matters: liability of foreignness, institutional distance and ownership strategy[J]. Advances in International Management, 16 (2): 187-221.

[8] Hofmann B, Myhe A I, Holm S, 2013. Scientific dishonesty: a nationwide survey of doctoral students in Norway[J]. BMC Medical Ethics, 14(3).

[9] Grover V, 2001. 10 Mistakes doctoral students make in managing their program[J]. Decision Line (May): 11-13.

[10] Grover V, 2007. Successfully navigating the stages of doctoral study[J]. International Journal of Doctoral Studies, 2.

[11] Madsen S R, Davis J, 2009. Ethics in publishing (11 Workshops)[EB/OL]. [2017-02-19].http://works.bepress.com/susan_madsen/109.

[12] McBridge A B, Campbell J, Woods N F, et al., 2017. Building a mentoring network[J]. Nursing Outlook, 65: 305-314.

[13] Mitchell T, Carroll J, 2008. Academic and research misconduct in the PhD: issues for students and supervisors[J]. Nurse Education Today, 28: 218-226.

[14] Mole B, 2012. How to train graduate students in research ethics: lessons from 6 universities. Chronicle of Higher Education[EB/OL]. (2012-08-14)[2017-02-19]. http://chronicle.com/article/Howto-Train-Graduate-Students/133623/.

[15] Milkman K L, Akinola M, Chugh D, 2015. What happens before? A field experiment exploring how pay and representation differentially shape bias on the pathway into organizations[J]. Journal of Applied Psychology, 100(6): 1678-1712.

[16] National Science Foundation (NSF), 2017. OIG review of institutions' implementation of NSF's responsible conduct of research requirements. Office of Inspector General[Z]. Working Paper. Washington, DC: office of Inspector General.

[17] Oberlander S E, Spencer R J, 2006. Graduate students and the culture of authorship[J]. Ethics and Behavior, 16(3): 217-232.

[18] Oddi L F, Oddi A S, 2000. Student-faculty joint authorship: ethical and legal concerns[J]. Journal of Professional Nursing, 16(4): 219-227.

[19] Pawlik T, 2009. Clinical case: suspected ethical misconduct in research[J]. American Medical Association Journal of Ethics, 11(4):287-290.

[20] Pope K S, 2008. Developing and practicing ethics[Z]. Working Paper. Amsterdam: Kluwer.

[21] Schniederjans M, 2007. A proposed Ph.D. student bill of rights[J]. International Journal of Doctoral Studies, 2.

[22] Swazey J, Anderson M, Louis K, 1993. Ethical problems in academic research: a survey of doctoral candidates and faculty raises important issues about the ethical environment of graduate education and research[EB/OL]. [2017-02-19].www.americanscientist.org/issues/pub/ethical-problems-in-aca-

demic-research/1.

[23] Willyard C, 2011. Should you blow the whistle? What to do when you suspect your advisor or research supervisor of ethical misconduct[J]. American Psychological Association, 42(7): 74.

Chapter 3
第 3 章

科学家的学术不端行为：来自"造假三角"的启迪

本章定义了"剽窃""一稿多投""杜撰数据"等不道德行为,并探讨"造假三角"的概念如何帮助我们理解那些涉及学术造假的学者所承受的压力。

本书三位作者中的两位——洛雷恩和凯茜都曾担任过学术期刊的主编。而且多年来,我们三位都在不同场合担任过各种编辑的角色,如客座编辑、某一领域的编辑和编辑顾问等。因此,我们通常会收到来自其他教师的邮件,因为他们知道我们的职业背景和经验,所以会写信寻求建议。如我们收到的最近一次邮件往来见下:

自:×××

致:××编辑

主题:伦理问题

尊敬的××编辑,我有一个重要的伦理问题求教:我从两份期刊处收到对同一篇论文的评审任务,一个刊物要求我按惯例填写评审表,评价论文的质量,另一个刊物则要求我写评议。我是否应该告知两个期刊这个论文作者在一稿两投?

自:××编辑

致:×××

主题:回复:伦理问题

你好,×××,我建议你通知两份期刊的编辑,并附上另一篇论文,两篇都不予以评审。我有一篇关于期刊发表伦理的评述,明天发送给你。

自:×××

致:××编辑

主题:回复:伦理问题

谢谢你发送的这篇关于期刊发表伦理的评述,对我个人帮助很大,尤其是重复引述这一部分(自引),我甚至都不知道这是一个错误。下面这封邮件你会看到一位编辑的反馈,我觉得很让人失望。我会给这个作者一个"拒稿"的回复。

自:×××

致:某刊编辑

主题:转:请求审稿

尊敬的编辑,谢谢您邀请我做贵刊这篇投稿论文的评审人。我昨天刚刚完成了来自另一个期刊的审稿工作,发现所审论文是同一篇,所以收到您的邮件时我感到非常惊讶。我向其他几位资深学者请教了类似问题的解决程序,他们都建议我向贵刊和另一个期刊都如实告知这个作者一稿两投的事实。我很想知道后续结果,请让我知晓贵刊对这篇论文最后的处理决定。

自:某刊编辑

致:×××

主题:回复:请求审稿

您好,×××。谢谢您的来信。我们期刊不接受这样的行为。我会和作者联系并告知您结果。据我所知,该作者目前正在按照其他两位审稿人的意见修改。如果他向另一份期刊撤稿,对我们而言就不是问题了。

我们相信,大多数高校教授在看到上述邮件来往之后,都会认为作者的行为是不道德的。对大多数社会科学的期刊而言,将同一篇论文或者几乎相同的论文向两个不同的期刊投稿,希望获得更多的评审机会并尽可能发表,这是学术不端的行为。根据编辑的反应,至少有一个期刊会不知情,或者两个期刊都不知情。为什么作者要做出这样的事?我们认为"造假三角"或许可以对此做出解释——在何种情况下容易滋生科研人员的学术不端行为。

造假行为包括故意造假、说谎、造假性掩饰、故意误导读者、故意耍手段以获取不正当的优势等(Chui,2010)。造假可以是:①故意隐瞒有义务披露的事实,②扭曲相关事实。基于以上定义,我们认定的学术造假,就是作者从最初研究思路开始到最终发表或出版期间,故意隐瞒或歪曲与研究过程有关事实的行为。

在三种情况和压力的共同作用下,作者更容易被诱导造假,我们称之为"造假三角",它们是机会、刺激和合理化(Cressey,1953)。

首先,信息不对称、不确定性、模糊性,加上监管和执行机制缺位或不力,造成了"造假三角"中的第一个角——机会(Stuebs and Wilkinson,2010)。其次,行为人一定是在有回报刺激(财务回报、社会认可或其他)的条件下才会使用造假手段,这就是第二个角"刺激"。最后,行为人一定要将他的行为合理化,以符合他自己的道德准则,这是第三个角"合理化"。为了使造假行为合理化,他会将自己的行为"看作"顺应既定的准则和规范,或者战略上的顺势而变(修改或者延伸对准则或规范的理解来包容欺诈行为)。通过对于个体和组织层面的"造假三角"的讨论,我们发现有大量文献为其提供实证支持(Hogan et al.,2008)。

让我们用"造假三角"来分析上述作者一稿两投的行为。Eden(2010)和

Schminke(2009)也提供了其他科研人员学术不端的例证,"造假三角"也同样适用于这些案例。

机会是"造假三角"的第一个角,它源自信息的不对称和模糊性、监管和执行机制的薄弱。很显然,期刊整个投稿流程就呈现出了信息不对称的特点,作者自愿将文章投向可能被发表的期刊,期刊编辑的决定要么全部、要么主要依赖于由作者披露的文章信息。

而这一流程中的监管机制一般都比较薄弱。大多数期刊都要求作者上交一份打钩的清单,作者需要在清单上声明他提交的稿件是全新的且未向其他期刊投稿。有些像《国际商务研究》(*Journal of International Business Studies*,JIBS)这样的期刊则有详细的伦理守则,要求作者仔细阅读,遵守并勾选清单。然而,编辑一般无法验证作者的陈述是否属实,在海量的待审阅文章面前,他们也没有时间和余力去做调查。不端行为是否会暴露完全取决于巧合和机缘,如上述案例中正好是同一个审稿人接到了同一篇论文的两个评审邀请。随着技术的进步,监管机制正在逐步完善,许多期刊现在将接收来的初稿用iThenticate等软件先查重一下,如果稿件与已出版的论文或著作有重叠部分,软件会自动标亮。

实际执行不力也为造假创造了机会。正如上述案例所示,很多期刊的编辑并不会惩罚作者的学术不端行为。当败露和被惩罚的可能性都很小时,作者就会理性地做"成本—收益"分析,然后铤而走险,使用造假手段。

我们在2017年2月用谷歌搜索"发表还是淘汰"(publish or perish)这一短语时,共显示了415000个结果,显然,涉及学术造假的外在刺激在学术圈内外都是心照不宣的。出版和发表的压力自始至终都存在于每一位教师的学术生涯的任一阶段,不管是找第一份工作、谋求终身教职、晋升,还是提升绩效工资。也许有人认为尚未拿到终身教职的教师面临的发表压力最大,从而最容易参与学术造假。而Schminke(2009)在采访了16位期刊编辑之后却得出了相反的结论,他发现大多数学术不端行为并不是由那些"面临终身教职申请倒计时压力而采取一些道德上值得商榷的行为的年轻教师"造成的。

所以，出版和发表的压力真实地伴随着学者的整个学术生涯，学术不端行为不只是发生在青年学者这拨群体中。

此外，在回报刺激中，财务上的回报刺激要高于单纯的绩效加薪。现在有些高校会支付给在顶级期刊上发表论文的教师10000—20000美元的奖励，这就给了教师很强的动机参与学术造假，尤其是在"造假三角"的第一个角"机会"也很大时。

"造假三角"的第三个角是行为"合理化"。为了进行学术造假，研究者必须要将自己的行为和他的道德准则统一起来。要么研究者认为自己的行为"顺应"了现有的规范和准则，要么他们认为这些规范、准则可以被"灵活掌握"，从而容忍自己的行为。或者更为简单直接一些，"自利"（对"我"最有利）也可以是一个自我合理化的解释。

作为新晋学者，年轻的作者或许根本就没注意到出版界的规范和准则，比如，博士研究生和青年学者也许不熟悉一些主要期刊的出版规则和程序，他们也许会在期刊要求的伦理守则上签署"已阅读并遵守"，而实际上他们未必真正地知悉、理解或履行。设想一下你多少次安装了新的软件后，程序强制要求你在"已阅读条款"的方框处打上小勾？你应该总是忙不迭地打钩而根本不去理会那长长的条款吧？

在上述的学术不端案例中，作者将同一篇论文送给了两个期刊评审。作者也许想的是，在整个改稿过程中，可以听从两种期刊、两到三位审稿人和各自编辑的意见，进而改到让他们都满意，这样同一篇论文最后可能会面目全非、变成两篇行文迥异的论文。所以，为了达到目的（发表两篇论文），手段（一稿两投）可以忽略不计。

此外，研究人员也可能受到同事或同辈的影响，认为"大家都这么做"，所以法不责众。如果作者看到或相信其他研究者也是策略性地绕过道德规范和准则——特别是没有败露甚至还得到了奖励，那这样参与学术造假就可以更加心安理得了。

Cressey（1953）认为"造假三角"的三个角必须同时具备，研究人员才会参与学术不端行为。我们也认为,当机会、刺激和合理化三者都存在时,研究人员十有八九会道德失范。

讨论思考题

1. 你怎么看待学术造假?

2. 请从自身(作为作者、审稿人、编辑等)的经历分享一些事例,说明在何种压力下容易诱发学术造假。

3. 研究人员面临压力容易引发学术不端行为,研究中的"造假三角"这一分析框架是否有助于对此做出解释?

4. 除了我们列举的这些事例,你有没有一些案例可以说明这三种压力(机会、刺激和合理性)?

5. 有些学者提出一个"钻石"框架而不是"三角"框架来理解学术不端行为,增加了第四项"能力"(Wolfe and Hermanson, 2004)。"能力"包括个人特质和能力(如智力、经验、创造力、敢于说谎、抗压等),它们多多少少会影响个人或组织造假得逞的概率。你认为"能力"这项对学术造假也适用吗?

参考文献和补充阅读

[1] Chui L, 2010. An experimental examination of the effects of fraud specialist and audit mindsets on fraud risk assessments and on the development of fraud-related problem representations[Z].Working Paper. Denton, TX: University of North Texas.

[2] Cressey D R, 1953. Other people's money: a study in the social psychology of embezzlement[M]. Glencoe, IL: Free Press.

[3] Eden L, 2010. Letter from the editor-in-chief: scientists behaving badly[J]. Journal of International Business Studies, 41(4):561-566.

[4] Hogan C E, Rezaee Z, Riley R A, et al., 2008. Financial statement fraud: in-

sights from the academic literature[J]. Auditing: A Journal of Practice and Theory, 27(2): 231-252.

[5] Schminke M, 2009. Editor's comments: the better angels of our nature-ethics and integrity in the publishing process[J]. Academy of Management Review, 34(4): 586-591.

[6] Stuebs M, Wilkinson B. 2010. Ethics and the tax profession: restoring the public interest focus[J]. Accounting and the Public Interest, 10: 13-35.

[7] Wolfe D T, Hermanson D R, 2004. The fraud diamond: considering the four elements of fraud[J].CPA Journal, 12: 38-42.

Chapter 4

第 4 章

切割论文(一):事前法

研究课题是一项艰巨的任务,常常会产出好几项研究成果。一个课题所产出的几篇论文之间要存在足够的差异,才算是独立的新论文,那作者要怎样做出判断呢?我们的观点是,作者要自己承担风险,进行仔细分析,因为一旦被发现存在伦理风险,负面影响会持续很长时间。我们会提供一些事前分析方法,帮助大家来判断论文是否具备应有的新颖性。

事例 1

有两位共同作者目前正承担着一个重要课题,希望能在这个课题完成后尽可能多地发表一些成果。他们意识到,期刊编辑不喜欢那种把一篇博士毕业论文或者一个大课题"切割"(slicing and dicing)成若干期刊论文的做法,所以他们希望自己的几篇论文存在足够的差异性,从而每一篇论文都是名副其实的新论文。然而,两位作者并不知道一篇论文与另一篇论文需要在多大程度上不同才能称得上是彼此独立的新论文。是数据集不同?是假设不同?还是实证结论不同?他们搜索了相关信息,但找不到明确的答案。

事例2

有一位新晋助理教授想把自己的博士论文拆分成几篇投往期刊,他先把第一篇论文,也就是博士论文中包含理论和实证贡献的部分,投给了《美国管理学会学报》(Academy of Management Journal, AMJ)。第二篇论文,也就是着重讨论第一篇论文中两个调节变量和主效应关系的部分,投给了 JIBS。两篇论文采用了同一套数据集和变量,唯一的差别是投给 JIBS 的论文中的调节变量,在投给 AMJ 的论文中被改成了控制变量。JIBS 稿件中有一些假设和 AMJ 稿件中的假设重叠,增加的一些新假设主要涉及的也是调节变量效应。他先向 AMJ 投稿,一个月后向 JIBS 投稿。向 JIBS 投稿时,作者没有以邮件或在文中提及的方式向该期刊告知之前曾向 AMJ 投稿,也没有告知 AMJ 他计划之后还要向 JIBS 投稿。作者认为他没有必要向任何一家期刊提及此事,因为论文还尚未发表,即便最终两篇投稿均被录用,其间的修改也一定会让两篇论文面目全非,所以相似度肯定就不高了。

事例3

两年前,一位教授在《美国政治学杂志》(American Journal of Political Science, AJPS)上发表了一篇论文。现在她对论文内容重新做了思考和延伸,在原有基础上又撰写了一篇新的论文,但使用的还是之前的数据集,她可不可以继续向 AJPS 投稿?

事例4

三位共同作者向《美国经济评论》(American Economic Review, AER)投稿后,第一轮评审中就遭拒了。他们又花了一年时间,根据审稿人和编辑的意见对论文做了大刀阔斧的修改，他们认为修改后的论文足以成为一篇"新论文"，所以可以向 AER 再次投稿。他们在第二次的投稿信中也未提起之前的拒稿经历。

问 题

上述四个事例均是稍做改编的真实事件。不管是对照我们自己的研究，还是担任各种期刊编辑期间的亲身经历，或者和其他期刊编辑的交流内容，可以知道这些事例真实地发生在我们的周围，我们甚至猜想，你们可以举出更多类似的例子。这四种情况都涉及我们所说的"切割论文"，出版伦理委员会(Committee on Publication Ethics, COPE)将其称为"香肠片式的发表"(salami publishing)或者"重复冗余"，也就是说，将一个研究课题分拆成若干论文，而每篇论文之间有太多的相似和重复。事例 1 和事例 2 是两篇论文同时出自一个课题。事例 3 中高度相关的两篇论文撰写时间接近。事例 4 中作者们将被拒的论文修改之后再次向原期刊投稿，这种做法被称为"持续地切割论文"。

这些案例的核心问题是：到底怎样才算得上一篇真正意义上的新论文，或者够新的论文？我们怎么知道什么时候可以用一个课题发表两篇及以上的论文？可以接受的"切割论文"和不可以接受的"切割论文"之间的界限在哪里？

我们都清楚"发表还是淘汰"的压力之重，青年学者更是不堪重负，所以学者们希望把自己潜心研究的一个大课题拆分成若干独立的论文，向不同的期刊投稿，这一点是可以理解的。关键在于，如何区分两篇论文是"姊妹篇"(出于同一父母的孩子们)还是"克隆版"。本章中，我们主要用事前法来应对"切割论文"中的伦理困境；第五章中，则采用 COPE 推荐的事后法来做进一步的讨论。

事前法

我们建议用以下四种事前法来解决"切割论文"的问题。

事前法1：在项目初始阶段就构思不同的论文

Kirkman and Chen(2011)为我们提供了第一种事前法。如果在课题伊始，研究者就"有意识地构思、设计……不同的论文"，那么后面就省事儿很多，这就好比研究者一开始手里就有一份"地图"。事先规划好产出的论文出于不同的写作目的、面向不同的目标读者，那么在设计研究问题、选择理论和方法上就可以直接进行区分，数据集也可以相同或不同。

事前法2：听从期刊的要求

如果一开始没有做好同时产出几篇论文的策划和构思，要基于"既成事实"，那又该怎么办？我们的建议是先听听期刊编辑对这个议题有什么想法。编辑们希望有创新点的、能引发思考的原创性论文发表在他们的期刊上，但他们知道学者们压力重重，所以才想着诉诸"切割论文"这一招，哪怕是出自一项大的研究课题，作者在对照伦理守则时也会勾选"原创"这一项。所以，很多期刊对"新颖性"有明确的政策陈述，并且要求作者在提交论文时承诺该论文是原创的。

期刊一般要求作者在投稿时就在下述三项前打钩：①为原创论文；②未发表，未被其他期刊评审；③在评审阶段不会向其他期刊投稿。有些期刊在这份清单之外，还给"新颖性"做了明确的定义，比如JIBS的作者伦理守则中用了好几段的篇幅，详细描述了编辑眼中的新颖性，以及期刊又是如何定义"自我抄袭"和"重复冗余"的。

因此，事例1(用同一个课题生成多篇论文)和事例2(用同一篇博士论文生成多篇论文)中，论文作者应该仔细研究期刊对新颖性的定义，可以参考期刊的"作者须知"或伦理守则(如果有的话)。

事例3(相继发表两篇类似论文)和事例4(拒稿后修改并再次向同一份期刊投稿)的情况稍有不同。有些期刊的"作者须知"有助于我们做出判断,Kacmar(2009)的"编辑寄语"中有一份"道德测验",其中的第二个情景"重复使用数据"特别提到了这种情况。Kacmar(2009)解释说,AMJ要求作者回答如下两个问题:

- 使用同一数据集的另一篇文稿之前有没有向AMJ投过稿?如果有,请在投稿信中注明,并阐述本篇论文与之前论文的差异,并附上另一篇论文。

- 使用同一数据集的另一篇文稿是否被AMJ或者其他期刊接收并发表过?如果有,请在投稿信中注明,并阐述本篇论文与之前论文的差异,并附上另一篇已经接收或发表的论文。

第一个问题涉及向AMJ投过的稿件(事例4),第二篇涉及已经在AMJ上发表的论文(事例3)。在任何一种情况下,如果作者的回答是肯定的,那么AMJ就要求作者要在投稿信中做出专门的解释,并在投稿时附上另一篇论文。

JIBS网站上也有常见问题列表(frequently asked questions,FAQ),希望作者审稿被拒后不要再重新投稿,除非在FAQ中列出的一些特殊情况下。JIBS的作者伦理守则没有特别提到事例3的这种情况(相继发表类似论文),但我们认为这种做法容易掉入"自我抄袭"的陷阱。

事前法3:新颖性分析

有意思的是,AMJ和JIBS都会就某些特殊情况给予作者一定转圜的余地。比如"不要再度尝试"的声明是希望作者打消把同一篇论文进行再创作之后重新投稿的念头,但这恰恰对作者而言是有利的,作者可以借助于这些声明或条例,揣摩将一个课题拆分为不同论文的行为在什么情况下可以被接受、什么情况下不可以被接受,从而做出正确决策。

JIBS 的 FAQ 提到,类似事例 4 中的作者如果"在使用不同数据集的情况下将论文在提出假设、实证检验和讨论部分都修改成一篇几乎新的论文",那么他们允许作者再次投稿。FAQ 还提到,"如果还是使用原有的数据集,而只是将一两个变量做一下变动,这谈不上是新的数据集。"

事例 4 的情况在 2009 年 AMJ"编辑寄语"中也有所体现,当时的总编是 Duane Ireland。他在这篇《什么时候"新"论文才是真正的新论文?》(Ireland,2009)的文章中提出了三个标准,只有达到这三个标准,才能把之前被拒的论文算作新论文重新投稿:"新的论文必须满足①提出经过修改的或者全新的研究议题;②提出不同的假设;③用额外的或者新的数据来检验假设关系。只满足其中一到两个条件尚不足够达到新论文的标准。"所以,如果事例 3 和事例 4 中作者的新论文同时达到了上述三个标准,那么他们就可以重新投稿了。

以上两条编辑对新颖性的政策阐述,有助于作者判断由自己课题衍生出来的论文是否足够"新"到可以独立发表。如果作者可以创建一个"新颖性矩阵"对两篇论文的各个部分做一个对比,那么作者和编辑都会更清楚地了解两篇论文之间是否有足够的差异性。以上两条阐述都提到 AMJ 定义的新论文需要在三方面体现出差异,即研究议题、立论和数据集,在此基础上,JIBS 还增加了实证检验和讨论部分。Kirkman and Chen(2011)也开发了一个类似的矩阵,他们称之为"独特性分析矩阵",基于五个要素:研究议题、运用的理论、构量/变量、理论意义和实践意义。Kirkman and Chen(2011)提供了两个表格,并用他们自己发表的论文向读者示范如何比较文稿的新颖性。

基于 Ireland(2009)、Kirkman and Chen(2011),以及 JIBS 的 FAQ 三套新颖性评判标准,我们建议作者们自己建立一个矩阵,如表 4.1 所示。

表 4.1 新颖性矩阵(第一部分)

	论文 1	论文 2	雷同	差异
研究议题				
假设				

(续表)

	论文1	论文2	雷同	差异
数据集				
构量/变量				
实证检验				
讨论:理论意义				
讨论:实践意义				

为了让对比更加鲜明,我们建议作者不仅要填表,而且要仔细研究两篇论文之间有哪些相似和差异之处,所以表4.1右边两栏需要作者做进一步评估。

在填表4.1时,要求作者后退一步,保持距离感,冷静而诚实地看待自己的两篇心血之作,这可绝非易事。作者必须处在自省的状态,否则这个比较毫无意义。一旦完成这个比较,作者要足够重视这些答案,尤其是最后"雷同"和"差异"两项。这些信息足以启发作者是不是应该继续修改直至它们完全可以被认为是两篇独立的论文。那表4.1足以用来判断新颖性足够与否了吗?恐怕对实证论文来说还不行,出于严谨性和充分性的考虑,我们还要进一步挖掘一下数据集的问题,所以建议再增加一个关于数据集的梳理。

《应用心理学》(*Journal of Applied Psychology*,JAP)这一期刊历来对新数据有严格的规定。如果作者在其他投稿过程中使用过或者日后将会使用这套数据集,那么期刊就要求作者不管用写投稿信的方式,还是在论文中方法部分进行说明的方式,都必须告知编辑团队实情。如果作者回答"是",那么他们会另寄一份表格给作者填写(见表4.2)。

表4.2 JAP新数据附件(新颖性矩阵第二部分)

完整数据集中的变量	论文1(状态)	论文2(状态)	论文3(状态)
变量1			
变量2			

(续表)

完整数据集中的变量	论文1(状态)	论文2(状态)	论文3(状态)
X			
X			
变量N			

> 要求:请作者描述做过什么,将要做什么,并做出相应的修改。用尽可能多的对比项,提供尽可能多的信息,阐明每篇论文的特殊贡献。请注明每篇文稿的数据状态:未经审稿、出版(或发表)、当前文稿、计划中(或其他)。本文稿中的数据之前被发表过,还是它被并入到一个更大的数据库中(注明何时)。数据采集后的分析结果在独立文稿中被使用过。论文1(状态)聚焦在变量_____,论文2(状态)聚焦在变量_____,论文3(状态)聚焦在变量_____,如有必要可增加更多列数。表4.2展示的是哪一些数据变量对应的是哪一项研究,以及各个研究目前所处的状态。

基于这份填写完整的数据比较表格,加上其他相关文件(如其他论文),JAP的编辑就会更容易、更准确地决定到底要不要接收这篇新的投稿。

表4.1和表4.2合在一起,就构成了一个新颖性矩阵,它可以用来帮助我们分析上述四个事例中出现的情况,如开始课题研究时决定最优的论文数和论文内容(事例1),或者将博士论文拆分成几篇论文(事例2),或者事例3和事例4中提到的连续发表论文等问题。完成这两张表格之后,作者就可以判断论文之间是否存在足够的差异性,从而可以理直气壮地投给原来的期刊或新的期刊,然后分别得以成功发表。

事前法4:提高透明化

除了判断论文是否具有新颖性,"切割论文"还涉及另外一个伦理问题:透明化。在投稿时作者需要告知期刊什么?我们建议作者"如实告知",透明化是最好的策略。Schminke(2009)坚信信息应该完全开诚布公。在提交论文时,在投稿信之外附上新颖性矩阵分析,才是完全透明化的表现。Kirkman and Chen(2011)也是全盘透明化的提倡者,他们认识到透明化可能会影响双盲审的过程,但相比之下透明化操作更重要,因为"科学的终极目标是建立和充盈我们的知识宝库",这就需要对每一篇论文的独特性做出清晰的评估。我们认识到这一问题(见第七章中关于双盲审的描述),但也同意他们的观点,在其他书(Eden,2010)中也有所提及。透明化的确很重要,尤其在可能出现"切割论文"的情况下,期刊编辑应该对作者的相关信息享有知情权,至于是否将该论文及其新颖性矩阵分析告知审稿人(这样做违背了盲审的原则),这个决定权就交给期刊编辑们了。

小 结

至此,相信读者已掌握一些标准,可以判断出自同一个课题的两篇论文是否具有足够的差异性,进而构成两篇独立的论文,论文作者们应该用这些标准来做出判断。接下来我们就上述四个事例分别做一个小结:

事例1(将一个课题"切割"成若干论文):最好一开始而不是在最后再这样做,作者需要用新颖性矩阵(表4.1和表4.2)解构他们的论文,并在投稿时将这些分析结果告知所有的期刊编辑。

事例2(主效应论文和随后的调节变量论文):这个案例无法通过新颖性矩阵的检验,而且还缺乏透明度。作者应该对照新颖性矩阵对两篇论文做出修改,直到达到要求,成为两篇独立的论文。作者应该在论文投稿时向两家期刊都提供矩阵分析。

事例3(第二篇论文源自第一篇论文):这取决于第二篇论文与第一篇论文的差别大不大。同理,作者也需要做新颖性矩阵分析,如果作者最后决定投稿,那么应该向期刊提交分析的过程与结果。

事例4(被拒稿后作为新稿再投):显然,这个做法是不可取的,除非有特殊情况。这就需要根据新颖性矩阵进行分析,对两篇论文做出评估,如果两篇论文足够不同,可以独立成文,那在投稿时同样需附上新颖性分析。

讨论思考题

1. 你认为"切割论文"(或者香肠片式的发表)这种方式存在问题吗?
2. 你有没有遇到过上述情境?你或者你和你的共同作者是如何处理的?
3. 你会用什么标准来判断一份稿件是否具有新颖性?
4. 文中所提倡的政策("新颖性矩阵"和"透明度")对作者来说是不是太强人所难?
5. 怎样使一个诸如博士毕业论文这样的大研究课题最后能变成发表成果,对此你会给博士研究生和青年学者提供什么建议?

参考文献和补充阅读

[1] Eden L, 2010. Letter from the editor-in-chief: scientists behaving badly[J]. Journal of International Business Studies, 41 (4): 561-566.

[2] Ireland R D, 2009. From the editors: when is a "new" paper really new?[J]. Academy of Management Journal, 52(1): 9-10.

[3] Kacmar K M, 2009. From the editors: an ethical quiz[J]. Academy of Management Journal, 52(3): 432-434.

[4] Kirkman B, Chen G, 2011. Maximizing your data or data slicing? Recommendations for managing multiple submissions from the same dataset[J]. Management and Organization Review, 7(3): 433-446.

[5] Schminke M, 2009. Editor's comments: the better angels of our nature-ethics and integrity in the publishing process[J]. Academy of Management Review, 34(4): 586-591.

Chapter 5

第 5 章

切割论文(二):事后法

第 4 章中,我们探讨了研究者要面临的一个重要问题:作者如何判断从一个研究课题衍生出来的几篇论文之间存在足够的差异,因而称得上是独立的新论文?我们推荐作者们使用"事前法"来帮助自己做出判断。本章我们将介绍判断新颖性的"事后法",也就是说,当论文已经完成并已经投稿送审,审稿人和编辑该如何确保论文的原创性。

首先,我们声明一下,我们并不反对大家以团队的形式合作,从研究同一个大型课题到撰写出多篇论文,再到发表在不同的期刊上。事实上,我们都很喜欢团队合作的研究课题,近几年来我们也和不同的作者有过积极的合作。我们当然希望学者们从大型课题研究中获得规模经济、范围经济和"干中学"的优势,最终能够发表数篇论文。我们通常把团队合作研究比作"战略联合",在其中能看到资源的整合和互补、日常规范的建立、效率提高与协同效应的生成。

在我们当前的学术界,由两个或两个以上研究者主持和参与的大型研究项目非常常见,甚至更为普遍,至少在我们所观察的一些学术期刊中,似乎两个、三个甚至四到五个共同作者都是司空见惯的。2016 年 10 月期 AMJ 上的

15 篇论文中,只有两篇是独立作者发表的。2016 年 12 月期的《国际研究季刊》(*International Studies Quarterly*, ISQ)上共有 17 篇论文,只有 5 篇为独立作者完成。《美国经济评论》2017 年 2 月期上共有 12 篇论文,其中只有 2 篇由独立作者发表。一个研究团队在一起共事多年,当作者对所研究的领域有了更深的领悟,洞察到了更细微的差别,发现了更多的谜题需要解决,研究团队就会不断地产出论文,而每一篇新论文都建立在之前的研究成果之上。就这样日积月累沉淀定型之后,一些基本的思想难免会在后面的论文中被反复提及,对读者和作者来说,都会显得是在老调重弹。

第 4 章中我们讨论了作者如何在"足够新颖"和"过度重复"之间划出清晰的界限。我们建议作者们把论文放在一起,做一个新颖性矩阵分析(见表 4.1 与表 4.2)。这个新颖性矩阵分析在接下来可以帮助编辑(和审稿人——如果编辑选择分享信息的话)确定原创的程度。我们的总体建议是:一定要透明。假设一个作者一直保持信息公开透明,那么就交给审稿人和编辑来评估论文的重复程度和独特贡献了。而如果作者在投稿时并没做到公开透明,不提供相应的信息,那么审稿人和编辑该依据什么来判断这些论文究竟是在可接受程度范围内的重复,还是在把大型课题进行"切割"?更大的问题是,编辑和审稿人该如何识别和判定学术不端行为呢?一旦掌握了不端的证据,他们又该如何作为呢?

示 例

也许你读到过"鸡舍中狐狸"(Honig and Bedi, 2012)这个故事。这个文章的作者为了收集剽窃的证据,仔细查阅了 AOM 2009 年年会中在国际管理分会上所展示的 279 篇论文,并用回归分析法来检验可能的剽窃先因(如性别、非英语国家的学位、初级/非终身教职、来自新兴/非核心经济体的作者等),并用 Turnitin.com 网站上的软件来评测每篇文章中的抄袭比例。

检查的结果令人咋舌:所展示的论文中高达四分之一(279 篇中的 71

篇)有抄袭的痕迹,13.6%的论文涉及至少5%的抄袭量(大概1000字)。那些来自"发达/核心经济体"(北美、欧洲、澳大利亚)的作者所撰写的论文抄袭比例较低,但还是高于大多数教授们的预料:21%的论文有抄袭的痕迹,其中四分之一的论文抄袭比例超过5%。违例最多的是由新兴/非核心经济体作者撰写的论文,这些论文中有超过40%的论文涉嫌抄袭,其中又有超过一半的论文抄袭比例率超过5%(Honig and Bedi,2012)。在非核心经济体还是在核心经济体接受教育也是一个区分因素(27%的作者在非核心经济体接受教育,21%的作者在核心经济体国家接受教育),但是性别和职称(初级/非终身教职和资深/终身教职)等因素与抄袭不相关(Honig and Bedi,2012)。

也许有人会辩解说,相比于向期刊投稿,作者对待会议论文会比较随意,但其实抄袭对两者都很重要。而且,Honig and Bedi(2012)对抄袭的估测应该被低估了,因为他们有意把"自我抄袭"排除在外,并特别说明"如果作者引用自己原来的论文、著作,或者从开源性资料中引述,这就不算剽窃"(Honig and Bedi,2012),如果作者把论文切割的情形也算进去,我们猜想抄袭的比例会大大上升。

事后法1:软件解决方案

如果抄袭真是个问题,并且已然是个问题,那我们学者这个群体面对学术不端行为该做些什么呢?Honig and Bedi(2012)的结论是"我们习以为常的那些制度和规范显然是被明目张胆地无视了"。他们希望AOM"执行更为严谨的标准,减少抄袭的发生,确保良好的原创学术风气"。

Bartunek(2012)提到,从2012年春季开始,所有AOM出版的刊物都要使用一款叫CrossCheck的软件来对稿件进行查重。此后,这一举措很快在其他刊物中推广开来,出版社自行决定究竟是只对有条件接收的论文进行查重,还是对所有投稿的论文全都进行查重。很显然,若将所有论文都用CrossCheck来检验抄袭与否,成本将会非常之高。

然而,不管财务成本如何,用Turnitin.com,iThenticate和CrossCheck等网

站和软件对投稿论文查重,成了现在很多期刊审稿的必备步骤。我们也许不喜欢这一流程,也不喜欢这样做给作者们所传递的心理暗示(信任缺失),但考虑到当今有海量的文章投到各类期刊,加之 Honig and Bedi(2012)的依据,查重软件的使用是不可避免的。2017年,有五百多家出版社使用 iThenticate 的 Crossref Similarity Check 软件对其收到的稿件进行查重。

除了类似于 CrossCheck 这样的软件,一些国际组织和本地组织也致力于提高学术协会和学术出版机构的伦理水准,这些组织中的会员也因其会员身份获益不少。借助于会员制的组织形式,期刊和出版社能够经常传递他们恪守学术道德和职业道德的信号,学习并应用最佳实践,通过专业协会的渠道发声并强调这些事宜。这些学会中最为著名的当属 COPE,我们接下来就来详述一下。

事后法 2:COPE 补救法

COPE 是一个由一群期刊编辑发起并成立的非政府机构,旨在交流如何处理一些违例事件,并分享各自的最佳实践。时至今日,COPE 已经形成了一整套程序,推荐编辑们在碰到"抄袭"和"自我抄袭"等问题时参考。截止到 2017 年 2 月,有将近 11500 所大学、期刊和出版社成为 COPE 机构的会员。

至于 COPE 可以如何帮助我们,我们可以举例说明一下。COPE 对"香肠片式发表"有一整段定义,COPE 所要识别的问题主要有两个,一是两篇论文的重合程度,二是作者是否有意掩盖这些重合之处。

COPE 提供了一系列流程图,帮助编辑们找到识别和处理这些疑似学术不端行为的最佳方案。例如,有一个流程表是关于投稿论文是否和已经发表的论文有重合之处,还有一个流程表是关于已发表的论文是否和其他论文有重合之处。这两个流程表的关键问题都是两篇论文之间的重合/重复是否显著(较多/较少)。较多重合指的是"两篇论文采用相同的数据集,有同样的结果,并且/或者作者有意掩盖这些重合之处,比如改变文章题目、调换作者顺序或故意不提及之前的论文"。较少重合则被定义为"'香肠片式发表',即有一些重复处,或者合理的重新分析(比如针对不同的读者进行次分组/延伸分析)"。要注意的是,若有证据显示作者具有掩盖重合之处的意图,这篇投稿将会被判定有更高的重复率。

下面,我们列举一些交给 COPE 做最终决断的真实案例,来帮助我们厘清较多重合和较少重合的区别(感兴趣的读者可以登录 COPE 的网站查询更多真实案例)。

● 案例1:"香肠片式发表"。有一个研究团队先后完成了四篇论文,每篇论文都提到之前的论文,直到第四篇时被拒稿,理由是和之前发表的论文有过多重合之处。COPE 的建议是,第一,先区分"香肠片式发表"和"重复发表"。如果两篇论文存在三分之二内容的重复,这就是重复发表;而"香肠片式发表"则几乎涉及"同一组人群、方法和问题"。第二,如果两篇论文提出的是相关联的问题,那它们应该作为一篇论文发表;如果两篇论文提出的是不同的研究问题,那么它们可以被看作两篇不同的论文。用研究结果将两篇论文进行区分并不合理。

● 案例2:重复发表还是"香肠片式发表"?有一篇投稿被审稿人发现早就已经发表在另一家期刊上,当编辑联系到作者后,作者称这是两篇不同的论文。COPE 的建议是把重点放在判断两篇论文的重合度上,三分之二以上的重合是重复发表,反之是较少重复("香肠片式发表"),然后遵循 COPE 的规则对不同情况做出相应处理。

● 案例3:重复投稿。有一个研究在校儿童病原体的课题组,向两家期刊各投了一篇论文,一篇论文的研究数据取自社会经济课程班,另一篇论文的数据取自全体在校学生。两篇论文中有相当部分的内容雷同,特别是在数据描述和研究方法部分,COPE 建议要先判断这属于"重复投稿"还是"香肠片式发表"。

就 Honig and Bedi(2012)提到的问题,其他协会和期刊遇到类似问题也会有很多值得我们学习的应对方案。同时,对身居要职、有话语权的诸位同人,也可以给其他协会和期刊提供很多经验分享,我们坚信 AOM 及其伦理守则,加之各种成熟的伦理政策和程序,会有助于在学术道德领域形成一些国际化的最佳实践。

事后法 3:教育培养

第三种应对学术不端行为的方法是创建一个图书馆资源,让作者、编辑和审稿人共同分享关键报告,比如瑞典乌帕萨拉大学的研究伦理和生物伦理中心(Centre for Research Ethics and Bioethics)现在保留着一些非常有用的网页,专门针对学术研究的规则和指导原则,并列有很多关于学术道德和资源的链接。在公开网站上公布最佳实践指南,可以迅速而广泛地使这些报告和纲要在学术群体中传播开来,有利于创建全球共享的统一价值观。

一些专业协会已经将学术诚信的资源聚合在一起,比如 AOM 在 ethics. aom. org 网站上专门设计了一个专题网页,将 AOM 期刊中有关学术道德的研究论文、伦理教育视频、"伦理学人"的博客文章以及其他资源做了链接。

最终,一些类似于 CrossCheck 和 iThenticate 这样的软件,以及像 COPE 这样的组织,会帮助编辑和审稿人发现并且评估疑似学术不端的行为,但真正能够发挥实质性作用的是学习和教师的教育。这也是专业协会和期刊可以有所作为的地方,并且它们已经通过一系列活动在其中发挥着重要作用:

- 在年会的职业发展专场报告中对博士研究生和青年学者提供伦理培训。
- 在年会或其他场合中组织有关伦理议题的圆桌会议或小组座谈。
- 制作公开发行的有关学术道德的视频。
- 就伦理议题撰写并发表文章。

作为总结,我们向大家汇报一下,截至 2017 年 2 月,我们社会科学学科的一些主要专业协会是如何运用伦理守则来处理道德问题的。洛雷恩目前在和 AIB 的执行委员会及总部合作,她有意于建立一套伦理守则。假如这套守则被通过并颁布,将适用于所有 AIB 的活动及所有 AIB 会员。在起草 AIB 伦理守则时,洛雷恩查阅了社会科学学科的一些主要专业协会网站,主要是考察他们是否为其会员提供伦理守则。她的整理结果汇总在表 5.1 中,正如你们发现的那样,大多数协会现在都为其会员提供了伦理守则。

表 5.1　社会科学专业机构伦理守则

机构名	所属学科	相关学院	网站	有无伦理守则	伦理守则网页
美国会计协会	会计	商学院	http://aaahq.org/	无	无
美国律师协会	法律	社会科学学院	http://americanbar.org	有	www.americanbar.org/groups/professional_responsibility/committees_commissions/ethicsandprofessionalresponsibility.html
美国经济学会	经济	社会科学学院	www.aeaweb.org/	无	无
美国金融协会	金融	商学院	www.afajof.org/view/index.html	有	www.afajof.org/details/news/9947561/AFA-Code-of-Professional-Conduct-and-Ethics.html
美国 CPA 学院	会计	商学院	www.aicpa.org/Pages/default.aspx	有	www.aicpa.org/RESEARCH/STANDARDS/CODEOFCONDUCT/Pages/default.aspx
美国营销协会	营销	商学院	www.ama.org/Pages/default.aspx	有	www.ama.org/AboutAMA/Pages/Statement-of-Ethics.aspx
美国管理学会	管理	商学院	http://aom.org/	有	http://aom.org/About-AOM-Code-of-Ethics.aspx?terms=code%20of%20ethics
美国心理协会	心理	社会科学学院	www.apa.org/	有	www.apa.org/ethics/index.aspx
美国政治学协会	政治	社会科学学院	www.apsanet.org/	有	www.apsanet.org/RESOURCES/For-Faculty/Ethics

(续表)

机构名	所属学科	相关学院	网站	有无伦理守则	伦理守则网页
美国社会学协会	社会	社会科学学院	www.asanet.org/	有	www. asanet. org/membership/code-ethics
美国统计协会	统计	社会科学学院	www.amstat.org	有	www. amstat. org/ASA/Your-Career/Ethical-Guidelines-for-Statistical-Practice. aspx
欧洲国际经济协会	国际经济	商学院	www.eiba.org/r/default.asp?ild=GFDGHJ	无	无
运营研究和管理科学学院	管理信息	商学院	www.informs.org	有	www. certifiedanalytics. org/ethics. php
国际研究协会	国际研究	社会科学学院	www.isanet.org	无	无

讨论思考题

1. 你对 Honig and Bedi(2012)这篇文章有什么看法?

2. 如果你是一位期刊编辑,你有没有碰到过我们书中提到的类似问题? 你是如何处理的? 你认同 COPE 对相关案例的处理方式吗? 你所在的期刊是 COPE 的会员吗?

3. 作为审稿人,如果有证据表明两篇论文有重合之处,你会怎么办? 你会告知编辑吗?

4. 你所在的专业协会及它们的期刊是 COPE 的会员吗?

参考文献和补充阅读

[1] Bartunek J, 2012. Introduction: plagiarism in submissions to the AOM conference[J]. Academy of Management Learning and Education, 11(1): 99-100.

[2] Honig B, Bedi A, 2012. The fox in the hen house: a critical examination of plagiarism among members of the academy of management[J]. Academy of Management Learning and Education, 11(1): 101-123.

[3] Honig B, Lampel J, Siegel D, et al., 2014. Ethics in the production and dissemination of management research: institutional failure or individual fallibility? [J]. Journal of Management Studies, 51(1): 118-142.

[4] Kirkman B, Chen G, 2011. Maximizing your data or data slicing? Recommendations for managing multiple submissions from the same dataset[J]. Management and Organization Review, 7(3): 433-446.

[5] OECD Global Science Forum, 2009a. Best practices for ensuring scientific integrity and preventing research misconduct[EB/OL]. [2017-02-18]. www.oecd.org/dataoecd/37/17/40188303.pdf.

[6] OECD Global Science Forum. 2009b. Co-ordinating committee for facilitating international research misconduct investigations final report[EB/OL]. [2017-02-18]. www.oecd.org/dataoecd/29/4/42713295.pdf.

[7] OECD Global Science Forum. 2009c. Practical guide for investigating research misconduct allegations in international collaborative research projects[EB/OL]. [2017-02-18]. www.oecd.org/dataoecd/42/34/42770261.pdf.

Chapter 6
第6章

撤稿：马失前蹄还是不端行为？

每当看到期刊某篇论文的首页被打上了斜体的"已撤稿"水印，相信大多数社会科学领域的学者都会感到触目惊心。不仅因为所有学科的撤稿比例都很低，还因为社会科学的撤稿数远低于生物医学等学科期刊的撤稿数。为什么稿件会被撤回？本章我们就来讨论一下不同情况下的撤稿，并特别关注一下商业和管理学领域期刊的一些撤稿案例，详细探讨个中缘由。

乔基姆·博尔特（Joachim Boldt）、乌尔里希·利什滕塔勒（Ulrich Lichtenthaler）、劳基·默里（Naoki Mori）、迪德里克·斯德普（Diederik Stapel）……你熟悉这些名字吗？应该不熟悉，除非你和他们的研究领域相同。他们都是非常高产的研究者，比其他学者的成果要多得多。他们所出版和发表的成果多到令人难以置信，但很可惜，后来不少论文都被期刊一一撤回。因为这些研究者的论文撤回数量惊人，所以他们被认作"惯犯"，有些人（比如斯德普）更是变成了人尽皆知的名字。

"撤稿观察"（Retraction Watch）是由麦克阿瑟基金会（MacArthur Foundation）资助的一个"非官方积分榜"，其网页专门显示被撤回稿件数量最多的前30位上榜者。榜上有名者出自不同的学科，截至2017年2月18日，位居榜单前两位的是被撤稿183篇的麻醉学研究人员尤斯塔克·福吉（Yoshitake Fujii）和被撤稿94篇的乔基姆·博尔特；位列第三的是社会心理学家迪德里克·斯德普，他撤稿数量达58篇；曾是会计学教授的詹姆斯·亨顿（James Hunton）位列第8位，他有37篇论文被撤稿；管理学教授乌尔里希·利什滕塔勒则被撤稿16篇，其中还包括一篇来自AMJ的论文，位列第28位。

为什么会出现撤稿？当然，生物医学期刊中经常出现撤稿这一情况。但近年来，其他学科的期刊也出现了撤稿。其中也包括了我们的商业和管理期刊，如《战略管理》（Strategic Management Journal）、《管理研究》（Journal of Management Studies）、《组织科学》（Organization Science）、《研究政策》（Research Policy），甚至还有《商业伦理》（Journal of Business Ethics）。

本章我们将讨论不同种类的撤稿并举例说明，并且特别关注商业和管理学领域期刊的撤稿，并为对这方面研究和教学感兴趣的读者提供了补充的阅读书单。

首先，我们要把出版业中的"撤稿"（retraction）、"勘误"（correction）与"关注声明"（expression of concern）区分开来（International Committee of Medical Journal Editors, 2013）。"勘误"是因为发表的论文中有拼写错误或者有不算严重的数学计算错误。正常的勘误流程是发表经过更正的论文，并将之与原文建立链接。"关注声明"是当编辑对投稿者的学术诚信不太能准确判断时所发布的声明。一旦打上"惯犯"（被屡次撤稿的作者）的标签，就会让其他期刊的编辑对他们发表的论文产生怀疑，所以会出具"关注声明"来提醒读者留意。比如，当东京大学前内分泌研究者加藤成亮被撤回5篇文章之后，《分子和细胞生物学》（Molecular and Cellular Biology）期刊随即就他发表于该期刊上的另外5篇论文出具了"关注声明"（Retraction Watch, 2013）。"关注声明"也可以用来表示期刊编辑已经开始就某篇论文启动了调查程序。撤稿这一流程从开始到结束将会持续好几年时间，这个声明也算是给读者一个"预警信号"，提醒读者这篇文章可能存在着严重缺陷（Jasny, 2011）。

而"撤稿"就是把原来已经发表的期刊论文撤销，这是科学界对已发表论文的终极惩罚。撤稿是官方宣布这篇文章存在着重大失误,必须把它从文献中移除(Van,2011b)。撤稿一般很少发生,在我们所处领域中,很多学者估计撤稿数量仅占发表数量的 0.02%,也就是在 10000 篇论文中仅出现 2 例(Van,2011b)。如此低的比例就象征着撤稿只是出版界的"冰山尖尖角",Van(2011b)提到有调查曾显示,1%—2%的科学家承认他们至少编造、篡改或调整过 1 次研究的数据和结果。

对期刊编辑和出版社而言,撤稿前后涉及的工作量巨大。通常,撤稿的决定是在期刊编辑们、出版社和作者无数次商榷之后才做出的,因为整个事件异常敏感,对作者的名誉、就业和收入有潜在的危害,所以调查一般都是秘密进行的。撤回稿件一般要历时两年,如果涉及的是资深学者,耗时会更长(Chen, et al.,2013)。通常情况下(但未必总是如此),期刊会出具一份正式的撤稿声明,解释撤稿的原因,论文的首页或者整篇文章都会被打上大大的"已撤稿"水印。

为什么论文被撤稿,马失前蹄还是不端行为?

一篇期刊文章由于存在重大失误而被撤稿的原因无外乎两个:作者学术不端行为,或者失误。很少部分的撤稿是出版社的失误导致,大多数原因都来自论文作者,比如 Grieneisen and Zhang(2012)发现撤稿的论文中只有 9%源自出版社的失误。

表 6.1 中,我们根据其他作者的建议和使用情况,将论文撤稿的主要类型做了汇总。把作者和出版社的失误分别归类,作者失误一类下再分成三小类:研究失范、数据或解释存疑、发表过程不当。

表 6.1　论文撤稿类型

1	作者失误		
	1.1	研究失范	
		1.1.1	数据造假(数据篡改、编造、操纵、故意片面化的研究设计,未经同意使用数据)

(续表)

1	作者失误	
		1.1.2 研究结果报告不准确或有误导性
		1.1.3 其他研究不端行为(未能获得法律要求的监督,如获得高校董事会许可之后,关于学术中的伦理问题研究)
	1.2	数据或解释存疑
		1.2.1 统计错误(错误数据,计算错误)
		1.2.2 结论不能被复制
		1.2.3 部分或所有作者认为论文原来的数据已失去信度和效度(如,无法解释数据不可重复,发表后发现实验被人为改动等)
	1.3	发表过程不当
		1.3.1 抄袭他人的研究
		1.3.2 自我抄袭(重复发表,自我抄袭,未披露或承认原有的发表论文)
		1.3.3 署名权问题(未告知所列作者或未与所列作者协商,将做过重要贡献的作者剔除)
		1.3.4 版权不清或法律纠纷
2	出版社失误	
	2.1	意外的重复发表
	2.2	作者尚未最后修改定稿而不小心发表
	2.3	发错期刊或期刊号
3	其他原因或不明原因	

来源:作者根据 Fang 等(2012),Grieneisen and Zhang(2012)和 Wager and Williams(2011)等资料整理。

有一些学者专门研究了撤稿行为,他们之间最主要的争议是作者失误更多源自学术不端行为(有故意欺骗的意图),还是源自研究失误(非故意,因疏忽造成的错误)。这里至少涉及两个问题:一是区分不同的动机和行为,二是界定是否属于欺骗行为。

首先,动机当然很难和行为截然分开。表6.1中的"作者失误"部分已经表明要区分研究失误和学术不端行为是多么难了,因为我们没有能力将行为和动机完全且正确地区分开来。我们通常把表中1.2中的部分项认定为"研究失误";而把1.1中所有项、1.2中的部分项,以及1.3的所有项都认定为"学术不端"(不排除有其他人也许会把这部分中的某些行为更多地归于"研究失误")。

我们来举个例子吧。假如读者和期刊编辑都能看出作者犯了某个错误(比如在两篇发表的论文中出现一些相同的段落),但无法辨别作者是出于什么动机。是无心的过失,还是故意欺骗?大多数作者在接受编辑的质疑时,都会表示论文中的段落重复是无心的过失,他们自身没有故意欺骗的意图。而且,编辑也不愿意将动机和行为扯上关系,至少不想在书面上反映出来,以免被作者投诉"侵犯个人名誉"而惹上官司和麻烦。所以,撤稿声明更像是一份"就事论事、措辞保守的总结",不涉及任何细节,这样可以避免对作者的行为或动机有任何暗含的指向。

其次,文献中有不少研究试图去区分究竟是"研究失误"还是"学术不端",下面我们回顾一下这方面的实证研究。

Steen(2011)提出假设:疏忽导致错误的论文应该在文献中呈随机分布状态;而具有故意欺骗意图的论文则表现出相反的特点——非随机,集聚化,专门针对某些期刊、多位共同作者署名。他把2000年至2010年从PubMed数据库撤回的788篇英文论文分成三类:学术欺骗(197篇),研究失误(545篇),不明原因(46篇)。学术欺骗的定义只包括数据编造或数据篡改,而涉嫌抄袭或自我抄袭的论文则被定义为研究失误。这样一来,学术欺骗的定义就非常狭窄了。再看那些数据的话,Steen(2011)发现那些论文作者有着明显的故意欺骗意图,并由此得出结论:"那些因为数据编造和数据篡改而被撤回的论文,存在着经过明显的故意欺骗意图",并且"这样的行为根本不是因为无知、粗心或者疏忽"。在涉嫌学术欺骗的论文中,超过一半论文的第一作者均写过其他类似论文;在研究失误的论文中,第一作者是一而再、再而三的惯犯的比例不到20%。

在Fang等(2012)这篇论文中,作者们指出,学术不端的定义中应该包括欺骗、疑似欺骗、重复发表(自我抄袭)和剽窃。因此"研究失误"的口径很小,更接近于Steen(2011)一文中"错误"的定义,Fang等(2012)认为自1973

年来,在 PubMed 数据库可以检索的 2047 篇撤回论文中,大概有四分之三的论文属于学术不端,四分之一的论文属于研究失误。这个比例是基于所有的撤回论文,包括那些未被提及原因的撤稿。在表 6.2 中,我们根据他们的研究重新计算了比例分布,把给出撤稿原因的论文数做分母,这样分母相对较小。

表 6.2　1973—2011 年 PubMed 的撤稿论文

分类	数量(篇)	在同类中占比(%)
给出撤稿原因	1865	—
欺骗(数据编造/篡改)	697	37.4
疑似欺骗	192	10.3
抄袭	200	10.7
重复发表	290	15.5
错误	437	23.4
其他	108	5.8
未给出撤稿原因	182	—

注:同一篇论文可以被归到多类撤稿原因。
来源:作者根据 Fang 等(2012)改编整理。

Grieneisen and Zhang(2012)的研究对所撤论文做了一个更大范围的统计分析,两位作者分析了 PubMed 和 Web of Science 两个数据库 1980—2010 年共 4232 篇被撤论文的数据,数据没有局限在生物医学学科,而是拓展到了涵盖社会和物理学科的更大范畴。增加 Web of Science 的论文是非常有用的,作者们可以从更广泛的学科领域中获取撤稿数据,还可以把 PubMed 和 Web of Science 的数据做分组对照。这篇研究论文还把出版社的失误和作者的失误做了区分,并将撤稿原因分成九种(见表 6.3)。

表 6.3　1980—2010 年 PubMed 和 Web of Science 的撤稿论文

分类	数量(篇)	在同类中占比(%)
给出撤稿原因	3631	—
欺骗(数据编造/篡改)	602	16.6

(续表)

分类	数量(篇)	在同类中占比(%)
数据失信或解读不当	915	25.2
其他学术不端	123	3.4
抄袭	796	21.9
重复发表	290	15.5
作者署名不当	271	7.5
版权不清	44	1.2
其他出版不当行为	100	2.8
出版社失误	328	9.0
未给出撤稿原因	601	—

注:同一篇论文可以被归到多类撤稿原因。
来源:作者根据 Grieneisen and Zhang(2012)改编整理。

我们来比较一下表 6.2 和表 6.3,会很有意思。这些作者汇集数据的方式有所不同,也许两项研究中最大的差别就是表 6.3 中包含了 Web of Science 期刊的撤稿,而表 6.2 没有包括。表 6.3 中由于抄袭原因而被撤稿的比例是表 6.2 中相应比例的两倍(21.9%和 10.7%),重复发表的比例相差无几(均为 15.5%),而由于数据编造/篡改原因而被撤稿的比例却是表 6.2 的一半还不到(16.6%和 37.4%)。这就意味着生物医学期刊更可能是由于作者本身的研究问题(数据造假)而遭撤稿的重灾区;而其他领域期刊更多的是由于作者发表的问题(如抄袭和重复发表)而被撤稿。

Grieneisen and Zhang(2012)的论文也强调了"惯犯"(不止一次被撤稿的作者)在撤稿中的表现,它提到"有 15 位作者的撤稿数占全部学术不端撤稿论文数的一半以上"。有些作者的撤稿数量惊人,几乎可以承包某个学科领域、某个大学或某个国家的全部撤稿数了,详细的内容可见 Grieneisen and Zhang(2012),以及 Retraction Watch 网站的排行榜。

除了惯犯频出,有些学者也认为整个行业在朝着纵容欺骗行为的方向发展。Honig 等(2013)提出,整个学术界倾向于把研究视为一种"创业活动",作者会铤而走险去与这个体系进行"博弈"。这是由在当今"发表还是淘汰"的环境下,研究者所受的压力和奖励的刺激所致,比如,终身教职和职称晋升都依赖于你手中顶级期刊的发表数量。

Steen(2011)提供了支持性的实证数据,他发现学术造假者更可能瞄准一些顶级的期刊。一些顶级期刊的发表量与投稿量之比都低于十分之一,Steen(2011)认为投稿者很有可能不惜降低道德标准去增加文章发表的概率。所以,在这样的环境下,自我抄袭数量的上升、将文章最大程度地"切割"成可发表的篇幅、被胁迫引述以及对数据和结果进行篡改和操纵等现象就不足为怪了。无独有偶,Elliott 等(2013)也有类似的观点,当发表成果丰硕的教师可获得大量资金配套奖励或可以减免教学时间时,在如此诱惑之下,就催生了不少学术不端行为,这在亚洲地区的几所高校(Ching,2013)的新闻中、Eden(2010)和 Eden(2011)中可见一斑。

另外需要指出的一点是,学术不端行为会自带一系列直接和间接的成本,老话说的"一颗老鼠屎坏了一锅汤"也印证了这一隐忧,学术不端行为会玷污并贬损所有的研究,形成一个"次品市场"(Cottrell,2013)。撤稿还通常被认为只是"冰山一角",这强化了"研究并不是那么神圣"的观点,就好比那些乱扔垃圾的人会向他人灌输"其他人都这样"的想法,怂恿其参与这样的不端行为。

Chen 等(2013)研究了撤稿论文如何被之后发表的论文引述之后,着重探讨了撤稿论文对其他学者和研究所造成的成本。他们的图片资料非常清楚地表明了,那些已经完全融入研究领域但遭到高调回撤的论文,会对整个研究领域造成巨大的破坏,而且对共同作者以及依靠项目主持人提供的数据而撰写毕业论文的博士研究生伤害也很大,因为这些数据带有欺骗性并且是人为编造的,所以伤害甚至可能会伴随他们的职业生涯。比如迪德里克·斯德普一案,其造假的数据至少出现在 55 篇论文中,连带共同作者成为受害者,致使 10 篇博士学位论文接受调查(Bhattacharjee,2013;Levelt Committee et al.,2012)。

商业和管理学期刊的撤稿

如果 Honig 等(2013)和 Steen(2011)没说错,那么高风险的研究造假的投稿就会大量地涌入社会科学的顶级刊物。这就意味着我们的期刊编辑和审稿人需要更好地建立和实施"信任但要验证"的流程,以捍卫学术诚信。

我们通过我们最熟悉的商业和管理学期刊的撤稿率来说明一下情况。Karabag and Berggren(2012)使用了四个数据库(Business Source Premier,Emerald,Science Direct,JSTOR)搜索了经济和管理领域的撤稿文章,发现有31篇管理类论文和不多于6篇的经济类论文被撤回。撤回的31篇管理类论文中有8篇和乌尔里希·利什滕塔勒有牵连(Retraction Watch 的数据表明,他已有12篇论文被撤回)。一旦惯犯的论文数据被移除,撤回论文数骤降。

Karabag and Berggren(2012)对如此低的撤回数量感到困惑,并提供了一些可能的解释。他们给出最为重要的理由是商业和管理学期刊不存在明确的准则去处理抄袭或学术失信问题。是的,大多数商业和管理学期刊在遵循明确的"游戏规则"时都是"慢一拍"的,也许是因为大型出版商(如 Wiley,Elsevier)已经建立了自己的伦理守则,要求旗下所有的期刊必须遵守,而采用 CrossCheck 等软件来识别抄袭和自我抄袭则是近年才流行起来的做法。

作为 JIBS 的前任总编,洛雷恩非常沮丧地发现,索玛兹·F. 卡拉巴格(Solmaz F. Karabag)和克里斯汀·伯格伦(Christine Berggren)作为 COPE 的成员,并没有意识到 JIBS 早在2007年7月就已经出台了明确的针对作者、编辑和审稿人的伦理守则。

JIBS 制定伦理守则的初衷是避免事后撤稿。这样做的理由很简单明了,通过事先制定游戏规则,建立好正式的争议处理和裁决程序,JIBS 希望在论文白纸黑字地出现在 JIBS 页面上之前,先震慑住和捕捉到学术不端行为。JIBS 的编辑寄语、为博士研究生和青年学者特设的伦理工作坊已经具有了相当的知名度,另外我们还充分利用了 JIBS 论文开发工作坊(当前的编辑团队仍然沿袭着这一做法)来大力传播最佳伦理实践。至于如何加强这些规则和实践,洛雷恩曾经带领的编辑队伍的确遇到过一些非常棘手的情况,如表6.1中很多属于作者的错误(主要是抄袭、自我抄袭及署名权问题),但几乎都在发表前的阶段得以解决。所以,不管什么情况下,一定要事前定规则,而不是事后定规则。

然而,依靠 CrossCheck、iAuthenticate 等软件来筛查还远远不够,它们对数据操纵和造假等不直接涉及发表的学术不端行为识别力很低,哪怕是对于抄袭和自我抄袭的情况,软件也不能完全识别。有一位期刊编辑曾提醒我们,软件是"很长的流程中令人很不满意的第一道程序"。软件可能会对一些案例会起到作用,但成本很高,并且会增加编辑们的工作量。

目前,大多数商业和管理学期刊都遵从 JIBS 类似的政策,但随后的处理方式却大相径庭。有些期刊的反应太云淡风轻(比如某一份期刊的出版社加入了 COPE,所以该期刊上的封面上会出现 COPE 会员的图章,但它对传播和加强伦理规则和实践却几乎没什么贡献),其他一些期刊则会持非常鲜明的立场,甚至推出期刊自己的伦理守则,并且向编辑、作者和审稿人广而告之。

这些规则和实践之间也存在着差别,因为执行这些伦理规则要比建立和公开它们付出更多的努力,承担更多的风险。审稿人和读者要随时准备好成为举报者,识别由于作者失误(错误和不当行为)造成的疑似案例。期刊编辑和出版社一定要把争议和裁决程序建设到位,并且有意愿执行它们,而不是使其形同虚设。事实上,至少有一篇论文(Marusic et al., 2007)曾尝试借助 SWOT 分析对期刊责任进行分类,以加强伦理研究。Levelt Committee 等(2012)对斯德普案例的报道很好地展示了大家的这些努力。

撤稿声明示例

分享一些实例将会有助于我们理解这些不同类型的撤稿。我们把原先附在论文后的撤稿声明略微做了修改形成如下的评语,括号中的是论文信息。我们在修改撤稿声明时隐去了作者姓名、期刊和论文细节,所有这些撤稿声明列举的都是作者的失误。

1. 数据篡改

我们注意到××作者发表在某杂志(×年×期×页)上题为×××的论文含有造假的数据,数据几经作者篡改。××大学参与了对该文的联合调查,并最终判定数据失真。因此我们告知各位读者该篇论文已被撤稿,对本篇论文发表所致的问题深表歉意。

2. 数据编造

发表于××期刊上的××论文(×年×期×页)经第一作者、期刊总编和出版社同意之后被撤回。委员会对第二作者所参与的研究工作进行了调查,判定该篇论文的第二作者存在数据造假行为,但他的共同作者,也就是第一作者对此并不知情,并且完全未介入。

3. 统计错误

××作者的××论文(×刊×年×期×页)经论文作者、编辑和出版社同意后被撤回,原因是作者发现论文本身有技术错误并致使论文的很多结论出现错误,所以作者请求撤回,第一作者对这些统计错误承担全部责任。

4. 统计错误和自我抄袭

总编和作者要求撤回本论文(××作者,××论文名,×刊×年×期×页)。作者就论文中的统计不规范之处联系了期刊总编,总编随即就该篇论文以及使用同一数据集而获得发表的其他论文进行了仔细的调查。在此调查基础上,总编最终决定撤回该论文,理由是论文的统计分析存在遗漏变量偏差,以及论文声称的一个"新"测量事实上并不"新",在之前的另一篇论文(××作者,××论文名,×刊×年×期×页)中已经被使用过。这些错误侵害了我们的评审流程,勘误表不足以修改原有的失误,详情请参见我们出版社撤回论文的相关政策。

5. 统计错误

××期刊上的××论文(×刊×年×期×页)经三位作者、期刊编辑和出版社同意后被撤回,原因是所报告的实证分析数据有误,而这些数据构成了研究结论的一部分。第二作者未采集数据,所以第一作者对此技术错误承担全责。

6. 结论不能被复制

经过多次实验,我们希望撤回我们的论文(××作者,××论文名,×刊×年×期×页)。具体原因是,我们未能持续复制图 X 中的结论,我们还在图 Y 和图 Z 中发现了严重错误。尽管这对论文的某些部分影响不大,但论文的关键部分依赖这些错误结果。因此,本论文将被撤回。

7. 自我抄袭

编辑和出版社很遗憾地告知读者,由××作者发表在××期刊上(×年×期×页)题为××的论文与该作者发表在另一期刊的××论文(×年×期×页)雷同。这种行为严重违背了出版伦理,根据出版诚信原则,我们在期刊上专门发布此撤稿通知,并明确该作者在至少 X 年之内不得在期刊上发表论文。

8. 署名权问题

我们代表××期刊的编辑和出版社,在此声明撤回××论文(××作者,×刊×年×期×页)。作者所在的高校调查了该文的作者署名,认为该文以独立作者的身份署名是不恰当的,这样的行为违背了作者所作的关于署名权的保证。鉴于我们接收投稿、安排同行评审、决定收录和发表论文是以作者所作的保证为前提的,所以我们谴责上述不当行为。这篇撤回的论文会保留在网上作为学术记录,但会在每页上都加注"撤回"的水印。

9. 自我抄袭和统计错误

应期刊总编辑的要求,我们撤回××论文(××作者,×刊×年×期×页)。读者提出该篇论文在某年某期刊上曾经发表过,经和作者确认,编辑们决定将该论文撤回。撤回依据有两个:第一,作者未通过专门引述、致谢提及,或者在给编辑的投稿信中披露,还有内容雷同的其他论文存在。信息的缺失误导了处理稿件的评阅人和编辑对论文原创性的判断。如果他们知晓这些相似论文的存在,他们基本都会判定这两篇关联的问题论文在内容上和原创性上都不具备足够的知识贡献,达不到高质量期刊的发表要求。第二,在该篇及其另外雷同的论文中,作者对变量的处理方式也不统一。具体而言,一篇论文中所使用的重要变量,在另一篇论文中则被忽略,这不能不使读者对研究结论的效度和严谨性持疑。如果处理稿件的评阅人和编辑对此有所了解(假如他们注意到还有另一篇雷同论文,并且发现变量的不一致),他们就会因为对研究方法的质疑而拒绝该论文。

10. 自我抄袭和统计错误

经评估,××论文(××作者,×刊×年×期×页)因违背出版标准,现被撤回。首先,该文第一、第二作者对与该文高度相似的已发表论文注述不完整,造成我们对其研究的原创性无法做出如实判断。此外,我们有理由认为把相似论文的变量结合到该文的研究分析中,会使该文的关键结论不成立。

11. 抄袭他人的研究

××论文(A作者,×刊×年×期×页)已被撤回,理由是该文与另一篇已发表论文(B作者,××题目,×刊×年×期×页)有大量篇幅的重复内容。本刊编辑和出版社均认为只有原创的、未经发表且不考虑在他处发表的投稿才会被本刊采纳。

12. 抄袭他人的研究

本刊编辑和出版社非常抱歉地声明,由作者A发表在本刊的XX论文(×年×期×页)与作者B所发表的题为××的论文(×刊×年×期×页)存在着数段重复内容(约X%)。这种做法违背了出版伦理。根据我们的出版伦理守则,该论文必须撤回,特此通告。

讨论思考题

1. 你有没有读到过两篇论文(都已发表,或者一篇已发表,另一篇在发表审核过程中)有很多重复的篇幅?在你看来,这是抄袭或者自我抄袭吗?如果是,你当时做了什么?结果怎样?

2. 作为一个审稿人或编辑,你有没有碰到过投稿论文涉及学术不端行为的情况?你是如何处理的?

3. 我们商业和管理学期刊的撤稿论文数看似很低,对此你有什么看法?原因在哪里?部分原因是不是由于Honig等(2013)所提到的研究活动变得"产业化"了?还是Karabag and Berggren(2012)所提出的缺乏伦理守则和有效的反剽窃软件?

4. 期刊需不需要制定自己正式的伦理守则,还是说成为COPE的成员就足以阻止研究不当行为的发生?

5. 你怎么看CrossCheck等软件?是不是所有期刊都应该使用?

6. 如果某个学术不端行为在发表后暴露出来,应该由谁判定这个行为是否失范?是不是由期刊决定?作者所在的院校应承担什么责任?期刊的出版社有什么责任?

7. 学术不端行为和作者失误应该被区别对待吗?特别是作者失误也应该被"撤稿"吗?

8. 期刊应该如何对待论文撤稿?它们应该提供撤稿的详细原因吗?还是只是列举一下撤稿论文的基本信息?

9. 你认为哪种撤稿声明最有用,哪种最没用?为什么?

10. 期刊应该如何对待学术不端的惯犯?他们该不该被禁止在我们的期刊上发表文章?如果这样,该被禁多久?

参考文献和补充阅读

[1] Bhattacharjee Y, 2013. The mind of a con man[N]. New York Times, 04-26.

[2] Chen C, Hu Z, Milbank J, et al., 2013. A visual analytic study of retracted articles in scientific literature[J]. Journal of the American Society for Information Science and Technology, 64(2): 234-253.

[3] Ching N, 2013. Fame is fortune in Sino-Science[J]. Nautilus: Science Con-

nected, 5.

[4] Colquitt J A, 2012. From the editors: plagiarism policies and screening at AMJ [J]. Academy of Management Journal, 55(4): 749-751.

[5] Colquitt J A, 2013. From the editors: data overlap policies at AMJ[J]. Academy of Management Journal, 56(2): 331-333.

[6] Corbyn Z, 2012.Misconduct is the main cause of Life-Sciences retractions[J]. Nature, 490 .

[7] Cottrell R C, 2013. Scientific integrity and the market for lemons[J]. Research Ethics,10(1): 1-12.

[8] Eden L, 2010. Letter from the Editor-in-Chief: scientists behaving badly[J]. Journal of International Business Studies, 41: 561-566.

[9] Eden L, 2011. Scientists behaving badly: insights from the fraud triangle[EB/OL].(2011-07-27)[2017-02-19]. http://ethicist.aom.org/2011/07/scientists-behaving-badly-insights-from-thefraud-triangle/.

[10] Elliott T L , Marquis L M , Neal C S ,2013. Business ethics perspectives: faculty plagiarism and fraud[J]. Journal of Business Ethics, 112(1): 91-98.

[11] Fang F C, Casadevall A, 2011. Editorial: retracted science and the retraction index[J]. Infection and Immunity, 79(10): 3855-3859.

[12] Fang F C, Steen R G, Casadevall A, 2012. Misconduct accounts for the majority of retracted scientific publications[J]. PNAS, 109(42): 17028-17033.

[13] Levelt Committee, Noort Committee , Drenth Committee, et al. , 2012. Flawed science: the fraudulent research practices of social psychologist Diederik Stapel[EB/OL].[2017-02-19]. www.commissielevelt.nl/wpcontent/uploads_per_blog/commissielevelt/2013/01/finalreportL eveIt1.pdf.

[14] Grieneisen M L, Zhang M, 2012. A comprehensive study of retracted articles from the scholarly literature[J]. PLoS ONE, 7(10).

[15] Honig B, Lampel J, Siegel D, et al. 2013. Ethics in the production and dis-

semination of management research: institutional failure or individual fallibility[J]. Journal of Management Studies, 51(1).

[16] International Committee of Medical Journal Editors, 2013. Recommendations for the conduct, reporting, editing, and publication of scholarly work in medical journals: publishing and editorial issues related to publication in medical journals: corrections, retractions and 'Expressions of Concern'[EB/OL]. [2017-02-19]. www.icmje.org/publishing_2corrections.html.

[17] Jasny B R, 2011. The science retraction experience[EB/OL].[2017-02-19]. http://publicationethics. org/files/u661/Jasny _ Science% 20presentation _ final.pdf.

[18] Karabag S F, Berggren C, 2012. Retraction, dishonesty and plagiarism: analysis of a crucial issue for academic publishing and the inadequate responses from leading journals in economics and management disciplines [J]. Journal of Applied Economics and Business Research, 2(3): 172-183.

[19] Martin B R, 2013. Editorial: whither research integrity? Plagiarism, self-plagiarism and coercive citation in an age of research assessment[J]. Research Policy, 42: 1005-1014.

[20] Marusic A, Katavik V, Marusic M, 2007. Role of editors and journals in detecting and preventing scientific misconduct: strengths, weaknesses, opportunities and threats[J].Med Law, 26: 545-566.

[21] National Academy of Sciences, National Academy of Engineering, Institute of Medicine of the National Academies, 2009. On Being a Scientist[M]. Third Edition. Washington, DC: National Academies Press.

[22] Steen R G, 2011. Retractions in the scientific literature: do authors deliberately commit research fraud? [J]. Journal of Medical Ethics, 37: 113-117.

[23] Van N R, 2011a. The reasons for retraction[EB/OL].(2011-10-06)[2017-02-19]. http://blogs.nature.com/news/2011/10/the_reasons_for_retraction.html.

[24] Van N R, 2011b. The Trouble with Retractions[J]. Nature, 478 : 26-28.

[25] Wager E, Williams P, 2011. Why and how do journals retract articles? An analysis of medline retractions 1988-2008[J]. Journal of Medical Ethics, 37: 567-570.

[26] Wager E, Barbour V, Yentis S, et al. , 2009. Retractions: guidance from the committee on publication ethics[EB/OL].(2009-09-02)[2017-02-19]. http://publicationethics.org/files/u661/Retractions_COPE_gline_final_3_Sept_09__2_.pdf.

[27] Williams P, Wager E, 2013. Exploring why and how journal editors retract articles: findings from a qualitative study[J]. Science and Engineering Ethics, 19: 1-11.

Chapter 7

第 7 章

在谷歌和 PowerPoint 大行其道之时谈谈双盲审制度

双盲审同行评议制度是学术界最受推崇的法则。它的目的是确保我们的学术期刊只凭借论文本身的质量,与期刊的匹配度,以及对知识的贡献度,来决定是否录用一篇论文。但双盲审制度有利也有弊,在当今谷歌和 PowerPoint 盛行的时代,它似乎正变得形式有余而效力不足。

简 介

2008 年,有一百三十多万篇论文发表在实行同行评议制度的期刊上(*Sense about Science*,2009)。依据同行评审意见来决定是否录用和发表这一做法可以追溯到 17 世纪 60 年代,从 20 世纪 40 年代开始被大多数学术期刊采用(Mulligan et al.,2013)。在社会科学和人文科学领域,双盲审同行评议是行业规范,它指的是在整个过程中审稿人和作者都处于匿名状态,作者不知道谁是审稿人,审稿人也不知道作者是谁。

虽然有一些社会科学学科(如经济学),单盲审比较普遍,但总的来看,大多数从事社会科学研究的教师所要投稿和发表的期刊,几乎都采用了双盲审形式。我们是否在遵守双盲审的规范呢?请看下述案例。

案　例

1. Martha 参加系里的招聘会,看到一位求职者正在介绍自己的学术活动,这些活动被非常清楚地分类为"已发表""评审中"和"撰写中",其中"评审中"这一项引起了 Martha 的注意。这位求职者列出了作者姓名、论文标题、投稿的期刊名,以及审稿目前所处的状态(第一轮审稿、修改或修改后再投稿等),然后他开始逐一介绍每篇论文——尽管此刻他与审稿人同处一室的可能性非常高。

2. Thomas 是系人才招聘委员会的委员,需要阅读求职者的申请书和简历。他同时还在为那些需要申请终身教职和职称晋升的申请人写推荐信。在这两种情况下,所有申请人的简历上均列出了"目前的研究",并提供作者姓名、论文标题、期刊名、评审所处的状态等详细信息。

3. Frank 在学校的网站上更新了他的简历。作为一个为本科学生授课的教师,学校要求他把自己的简历上传到学校网站上,便于学生了解。在他的简历上,他列出了自己目前所有参与的研究,包括哪些论文在什么期刊上处于审稿状态,以及哪些论文完成后准备向哪些期刊投稿等。

4. Olivia 是某个专业协会奖项评审委员会的成员,在申请该奖项时,所有的被提名者均要提供自己的简历。Olivian 看到所有的简历上都列出了参评论文的作者名下目前处于审稿状态的期刊名。

这里会涉及什么伦理问题吗?我们该如何看待双盲审制度?

双盲审制度的好处

《自然》杂志(Nature,2008a)曾有一篇评论报告,2008 年,由来自自然学科和人文学科的 3000 名学者组成的出版研究学会所做的调查显示,71% 的被调查者对双盲审制度有信心,56% 的被调查者表示更愿意采用其他形式的评审方式(比如审稿人知晓作者,但作者不知审稿人的单盲审制度)。

Sense about Science(2009)调查了四千多个学者,发现四分之三的被调查者更偏好双盲审制度,理由是双盲审制度是"最为有效的同行评审,因为它摒除了偏见,鼓励审稿人发表直截了当的观点,让审稿人专心审阅文稿的质量"。

"双盲审的目的是把评估过程重点放在论文的质量上,不会被作者的声誉、性别和所在学校等影响,从而形成先入为主的偏见。"(McKinley,2008) McKinley(2008)回顾了好几篇文章发现,双盲审制度的确减少了偏见,提升了编辑流程的质量。《自然》的编辑评论(Nature,2008a)也同意"双盲审制度减少了对女性作者的偏见"这一观点,但该期刊之后的一篇编辑评论(Nature,2008b)又撤回了该条陈述,新评论提出那些双盲审和性别歧视相关性的研究存在着多种混合结论。

过去十年,关于双盲审的争议主要围绕着性别或种族问题展开。本章的参考文献中有几篇研究论文,例如 Budden 等(2008)仔细分析了《行为生态》期刊在采取双盲审制度之前和之后的文章,发现自从采用了双盲审制度,第一作者为女性的论文刊发数量有大幅度的提升,因此建议学术期刊都必须采用双盲审制度。除了性别和种族,OKike 等(2016)发现如果在单盲审,论文中出现著名的学者或机构名字,审稿人更倾向于接受论该文。因此,马太效应(Merton,1968)在单盲审制度中更为明显。

双盲审制度的弊端

双盲审也不无问题,我们来举例说明一下。

第一,《自然》的编辑评论(Nature,2008a)提到,平均而言,审稿人能够在 40% 的投稿中识别出一个作者(甚至更多)。Hill and Provost(2003)发现自引能够在40%—45%的情况下让审稿人识别出作者是谁。审稿人可以很容易用谷歌搜索投稿论文的标题,然后立马发现全文刊载或者会议论文的摘要。这就意味着评审过程并不是我们所认为的那样"双盲"。

第二,Chen(2011)从另一角度提出了批评,他认为作者们可以用各种小伎俩去与这个评审制度进行"博弈"。比如,在投稿之前先把论文外送评阅,这样作者们可以估测出哪些人容易提出负面意见。作者再将这些持负面意见的评审人放到论文的"致谢"部分中,这样期刊编辑就可能不再选择这些"持异见者"作为评审人。有些作者甚至在没有给评阅人阅稿、没有真正收到评语的情况下,特意在致谢中提及那些传说中非常严格的审稿人,以图影响期刊编辑对审稿人的选择。

第三,单盲审也不乏好处。如果审稿人知道作者的身份,那审稿人提出的问题有可能会更为犀利。尤其是当一个作者团队用同一个数据集、同一个论题已经发表了两篇论文时,审稿人就更有可能获知这种情况,从而更好地判断这次投稿的论文的新颖性。目前,如果作者不完全透露之前的研究成果〔不管是保留双盲审制度还是Chen(2011)列举的情况〕,审稿人更可能会高估此文的新颖性,从而倾向于给出肯定的评议意见。Eden(2010)把这样的伦理困境视为"交叉检验失败"。

第四,我们在和其他学者的邮件往来中发现了另一些问题。假如身为作者,要想认真维护双盲审制度的神圣性,就需要在简历里、论文宣讲会上、求职过程中隐藏处于评审过程中的各种论文的信息。如此严格的信息保密对即将毕业的博士研究生和青年学者来说,是非常严酷的现实考验,因为他们太需要向招聘方提供阶段性的研究成果了。此外,和同人们分享、讨论各自的阶段性研究成果是我们学者的日常工作,也是创造性过程的正常需要。加之从投稿到最终发表有很长的时滞(通常耗时几年),作者们在被审稿过程中到会议上去介绍论文太正常不过。大多数的学术会议规定:递交的论文不可以之前被宣读过,不可以已约定宣读,更不可以在期刊上发表或被录用过。如果论文正处于评审过程中,那么在该会议宣读之前一定是还未发表的。这些现实的考虑意味着作者对正在被审稿的论文"不能透露"信息,这不仅给作者造成诸多不便,也是对专业和教育活动的扰乱。

编辑政策的选择

所以,最后的结论是:双盲审制度的成本和收益并存。因此,各类期刊对评审政策的选择差别也很大:从无同行评审(编辑定夺)到彻底的双盲审制度。

有些期刊的编辑和出版社斟酌过利弊之后会决定从一种评审形式跳跃到另外一种评审形式,那么,他们转换评审方式的依据是什么呢?

首先,有些转变评审形式的期刊是想"脚踏两只船"。《自然》期刊就是一个例子。《自然》期刊历来采用单盲审制度(Nature,2008a),编辑评论中给出的理由是"总体上,《自然》期刊之前几年的政策提高了透明度,加上双盲审的益处依据不足,所以本期刊一直抵触将双盲审设为默认的评审政策。"但是从 2015 年 3 月起,所有《自然》期刊投稿都采用起双盲审制度(Nature,2015)。该文指出,变革的理由是在研究领域中双盲审制度已被普遍采纳。《自然》引用了 Mulligan 等(2013)的研究,该研究显示 76% 的研究者将双盲审制度视为"有效的同行评议体系",20% 的研究者赞同开放式评议,还有 45% 的研究者支持单盲审制度。文章还提到编辑对"非自愿性别歧视"的担忧。

其次,也有一些期刊从双盲审转向单盲审制。2011 年 7 月,美国经济协会(American Economic Association)旗下所有的期刊用单盲审取代了双盲审制度,包括著名的《美国经济评论》,该协会向单盲审制度转换的理由是:搜索引擎的存在及其易获性,限制了双盲审流程中保持作者匿名状态的有效性,双盲审制度还提高了期刊的行政成本,对评议人来说更难识别出潜在的利益冲突,比如咨询活动导致的利益冲突。

《高等教育编年史》(*Chronicle of Higher Education*)的一篇文章对美国经济协会的评审政策变化做了评论,《政治分析》(*Political Analysis*)的联合编辑

有过令人难忘的金句:"在谷歌时代,双盲审制度被幻化成了虚构小说。"(Jaschik,2011)

我们对单盲审和双盲审制度的观点非常明确,当洛雷恩还是 JIBS 总编时,她编写了非常推崇双盲审制度的伦理守则,这套伦理守则数次提及双盲审,还有一节专门阐述双盲审制度。虽然 JIBS 的确偶尔会发表单盲审论文,但都有正式声明说明他们采用的是单盲审评议流程。JIBS 的伦理守则中,作者、编辑和审稿人被告知必须"确保双盲审流程中的保密性"。作者被告知必须明确列出之前的成果和想法,但同时要"规避可能会违背双盲审评议要求的自引"。此外,在初稿投递过程中,作者被要求同意"不能将正处在评审过程中的论文上传到互联网上"这一选项,以减少那句"双盲审制度被幻化成了虚构小说"的可能性。

JIBS 的伦理守则并没有对作者做出其他一些限制,比如:在和参会者交流或求职会面时故意泄露信息,或者在简历中提及他们论文的状态、在哪家期刊被审稿,等等。也没有训诫作者不可以将他们的阶段性研究成果或在审稿阶段的论文放到简历或宣讲幻灯片中,等等。

期刊伦理守则辖区之外

在学术会议、工作坊和求职面谈时,我们经常看到作者们会违反双盲审制度,有时自己也不例外。

McKinley(2015)针对这个问题写过博客,对常规之外的期刊评审流程,包括外审委员会和会议投稿等,给出了一些有用的建议,以提高双盲审的有效性。但是,对那些"自吹自擂"的确会间接影响到出版和发表流程的作者该如何加以限制呢?有没有专门的伦理守则呢?如果我们真的把双盲审当回事儿,那我们是不是要对写简历、发简历、求职面谈、讨论自己的研究等方式做出相应的改变呢?

在谷歌和 PowrPoint 大行其道之时,双盲审可能算不上是"虚构小说",最多可以算是一块"遮羞布"。

讨论思考题

1. 如果你写的一篇文章在被一家采用双盲审制度的期刊审稿,那你会在简历、会议的论文宣讲幻灯片、求职面谈等材料或场合中提及论文目前的状态吗?

2. 作为审稿人,你有没有经常碰到这种情况:作者向你透露他/她的一篇论文目前在审稿过程中,而你恰巧是这篇文章的审稿人。如果是这样,你接下来通常怎么做?你会告诉期刊现在你知道文章作者是谁了吗?如果你选择告知,那编辑是如何作出反应的?

3. 作为一个期刊编辑,你对双盲审制度持什么立场?如果你所在的期刊采用双盲审制度,你作为期刊编辑,会给作者和审稿人提出什么自我监督的建议?作者在投递简历、求职会谈等场合把自己论文的所有状态全盘透露,你对此怎么看?他们是否应该把"在某期刊接受审稿过程中"和"第二轮修改并重投"等信息在简历、会议论文宣讲和求职会谈中去掉?

4. 作为一名教师,你如何告知你的博士研究生?他们应不应该把自己处于审稿过程的论文在网站上、简历中,在求职面谈和会议宣讲时透露出来?

5. 如果你是所在学科领域专业协会的会员,你对双盲审持什么立场?应不应该把双盲审改成单盲审?应不应该改成让作者自我监督,不把正在被审稿的论文告知他人的方式?或者,像"金发歌迪丽和三只小熊"的故事那样,当前的"中号碗"刚刚合适?

参考文献和补充阅读

[1] Alam M, Kim N A, Havey J, et al., 2011. Blinded vs unblinded peer review of manuscripts submitted to a dermatology journal[J]. British Journal of Dermatology, 165(3): 563-567.

[2] Budden A E, Tregenza T, Aarssen L W, et al. , 2008. Double-blind review favours increased representation of female authors[J]. Trends in Ecology and Evolution, 23(1): 4-6.

[3] Chen X P, 2011. Author ethical dilemmas in the research publication process[J]. Management and Organization Review, 7(3): 423-432.

[4] Eden L, 2010. Letter from the editor-in-chief: scientists behaving badly[J]. Journal of International Business Studies, 41(4): 561-566.

[5] Fisher M, Friedman S B, Strauss B, 1994. The effects of blinding on acceptance of research papers by peer review[J]. Journal of the American Medical Association, 272(2): 143-146.

[6] Garvalov B K, 2016. Who stands to win from double-blind peer review? [J]. Advances in Regenerative Biology, 2(1).

[7] Hill S, Provost F, 2003. The myth of the double-blind review? Author identification using only citations[J]. SIGKDD Explorations, 5(2): 179-184.

[8] Jaschik S, 2011. Rejecting double blind[EB/OL]. (2001-05-31)[2017-02-19].www.insidehighered.com/news/2011/05/31/american_economic_association_abandons_double_blind_journal_reviewing.

[9] McKinley K S, 2008. Editorial: improving publication quality by reducing bias with double-blind reviewing and author responses[J]. ACM SIGPLAN Notices, 43(8): 5-9.

[10] McKinley K S,2015.More on improving reviewing quality with double-blind reviewing, external review committees, author response, and in person rogram committee meetings[EB/OL].[2017-02-19]. www.cs.utexas.edu/users/mckinley/notes/blind-revised-2015.html.

[11] Merton R K,1968. The matthew effect in science[J]. Science, 159(3610): 56-63.

[12] Mulligan A, Hall L, Raphael E, 2013. Peer review in a changing world: an

international study measuring the attitudes of researchers[J]. Journal of the American Society for Information Science and Technology, 64(1): 132-161.

[13] Nature, 2008a. Working double-blind: should there be author anonymity in peer review? [EB/OL].[2017-02-19].www.nature.com/nature/journal/v451/n7179/full/451605b.html.

[14] Nature, 2008b. Working double-blind [Corrected][EB/OL].[2017-02-19]. http://blogs.nature.com/peer-to-peer/2008/02/working_doubleblind.html.

[15] Nature, 2015. Nature journals offer double-blind review[EB/OL].[2017-02-19]. www.nature.com/news/nature-journals-offer-double-blind-review-1.16931.

[16] Okike K, Hug K T, Kocher M S, et al., 2016. Single-blind vs double-blind peer review in the setting of author prestige[J]. Journal of the American Medical Association, 361(12): 1315-1316.

[17] Sense about Science, 2009. Peer review survey, 2009: full report[EB/OL].[2017-02-19]. http://senseaboutscience.org/activities/peer-review-survey-2009/.

[18] Snodgrass R T, 2006. Single-blind vs double-blind reviewing: an analysis of the literature[J]. ACM SIGMOD Record, 35(3): 8-21.

[19] Van R S, Godlee F, Evans S, et al., 1998. Effect of blinding and unmasking on the quality of peer review[J]. Journal of the American Medical Association, 280(3): 234-237.

[20] Ware M, Monkman M. 2008. Peer review in scholarly journals: perspective of the scholarly community: an international study[EB/OL].[2017-02-19]. http://publishingresearchconsortium.com/index.php/prc-documents/prc-research-projects/36-peer-review-full-prc-report-final/file.

什么、该做什么也很困惑。离开那次研讨会后,我们都坚信这些故事不能随着研讨会的结束画上句号,而应该将其在 AOM 年会上广而告之。

我们努力还原研讨会上所探讨的伦理问题,形成了下述四个案例,希望能激发更大范围的讨论。这些案例在保持真实度的同时,也保护了当事人的身份信息。在次年也就是 2008 年 AOM 年会的 12 场博士学会专场培训中,我们就把这些案例用在了一小时的培训讲座中,现场的热烈气氛和参与者的投入程度大大超出我们意料。博士学会的师生都对案例中所涉及的伦理问题表现出浓厚的兴趣,你争我议好不热闹。这些案例完全以 AOM 的伦理守则为依据,更出乎意料的是,在某几个博士学会上,有些教师和学生声称某一个案例完全不涉及学术违规。

为了进一步佐证案例中的做法的确是违规行为,我们代表 AOM 伦理教育委员会,制作了一系列视频,大家可以在 AOM 网站或 Youtube 上观看。视频中,我们分别就这些案例所涉及的伦理问题,对 AOM 领导、思想领袖和期刊编辑做了采访。这些案例引发了非常热烈的讨论,在视频中,各位专家把伦理守则和各个案例做了非常清晰的关联,为整个辩论画上了圆满的句号。

我们强烈鼓励教师们阅读这些案例并观看这些视频,在 AOM 的圈子中,个人对伦理标准的无知,不能成为违反学术伦理托词。我们的职业是以最高水准的学术理想和道德为基础的,所以,对那些进入学术生涯的人来说,他们应该知晓专业人员必须要恪守的伦理守则。这些案例和视频是学习和教授 AOM 伦理守则的优选途径。

接下来我们就来介绍一下 2007 年开发的四个伦理困境,之后我们一直在 AOM 的各种会议中使用这些材料。希望你们提出宝贵意见,并同时促进同行们相互切磋和讨论。

困境一:数据操纵

"数据"教授是一位非常高产的学者,多年来学术成果丰硕,因为非常高此行为,你会如何处理?

与其在事发后处理,不如预先培训,通过预设一些伦理困境来帮助教师和博士研究生对可能遭遇的复杂伦理问题提高警惕,防患于未然,并提供一些寻求外部帮助的渠道。

戴维斯—马德森伦理场景

詹姆斯·戴维斯(James Davis),犹他州立大学(Utah State University),james.h.davis@usu.edu。

苏珊·马德森(Susan Madsen),犹他山谷大学(Utah Valley University),madsensu@uvu.edu。

詹姆斯和苏珊在担任AOM伦理教育委员会联合主席时,提出了几个研究中的伦理困境,并从2008年开始,在好几次AOM年会上对博士研究生做过专场培训。伦理培训的目标就是为了唤起学员的伦理意识,激发对话和讨论,并引导、教会大家使用线上的伦理资源。

在AOM年会上,詹姆斯和苏姗通常会邀请学会旗下的期刊的编辑一起,到每个博士学会造访,这些伦理困境的资料会被分发给参会者。参会者都会被分组并安排对一个伦理困境做重点分析,然后各组之间进行辩论,各自阐述如何从伦理角度来剖析和解决问题。小组讨论的内容会向整个大组公开,每个小组派代表汇报,在座的期刊编辑和研讨会主持人会逐一点评。

接下来我们介绍詹姆斯和苏珊所提出的这些伦理困境,并分享他们发起和参与这个培训项目时的一些体会。

在AOM 2007年年会之前的一场研讨会结束之后,我们开始着手打造"伦理困境"这一议题。在这次研讨会上,一批期刊编辑描述了他们所经历的出版界的一些学术违规事件。在座的听众,包括博士研究生和拥有各种背景、职称的教师,也纷纷讲述了自己所遭遇的伦理问题及随后陷入的职业困境。我们对学术违规涉及面之广、复杂程度之深感到非常惊讶,对于参会者能做什么、该做什么也很困惑。离开那次研讨会后,我们都坚信这些故事不能随着研讨会的结束画上句号,而应该将其在 AOM 年会上广而告之。

我们努力还原研讨会上所探讨的伦理问题,形成了下述四个案例,希望能激发更大范围的讨论。这些案例在保持真实度的同时,也保护了当事人的身份信息。在次年也就是 2008 年 AOM 年会的 12 场博士学会专场培训中,我们就把这些案例用在了一小时的培训讲座中,现场的热烈气氛和参与者的投入程度大大超出我们意料。博士学会的师生都对案例中所涉及的伦理问题表现出浓厚的兴趣,你争我议好不热闹。这些案例完全以 AOM 的伦理守则为依据,更出乎意料的是,在某几个博士学会上,有些教师和学生声称某一个案例完全不涉及学术违规。

为了进一步佐证案例中的做法的确是违规行为,我们代表 AOM 伦理教育委员会,制作了一系列视频,大家可以在 AOM 网站或 Youtube 上观看。视频中,我们分别就这些案例所涉及的伦理问题,对 AOM 领导、思想领袖和期刊编辑做了采访。这些案例引发了非常热烈的讨论,在视频中,各位专家把伦理守则和各个案例做了非常清晰的关联,为整个辩论画上了圆满的句号。

我们强烈鼓励教师们阅读这些案例并观看这些视频,在 AOM 的圈子中,个人对伦理标准的无知,不能成为违反学术伦理托词。我们的职业是以最高水准的学术理想和道德为基础的,所以,对那些进入学术生涯的人来说,他们应该知晓专业人员必须要恪守的伦理守则。这些案例和视频是学习和教授 AOM 伦理守则的优选途径。

接下来我们就来介绍一下 2007 年开发的四个伦理困境,之后我们一直在 AOM 的各种会议中使用这些材料。希望你们提出宝贵意见,并同时促进同行们相互切磋和讨论。

困境一:数据操纵

"数据"教授是一位非常高产的学者,多年来学术成果丰硕,因为非常高产,所以他被视为该领域的思想领袖。你最近开始和"数据"教授合作,发现了他非常有意思的研究方法。他通常是先收集和分析数据(包括使用他学生的数据集),然后"考虑这些数据是否可以说明些什么"。你还发现他经常篡改数据,改变因变量,确保统计数据显著,这样可以提高在一些重要期刊上发表的概率。

1. 你有没有碰到过类似的情况?
2. "数据"教授的研究方法符合学术道德吗?为什么?
3. 你可以/应该做些什么?

困境二:重复发表

"重复"教授的简历乍一看非常光鲜亮丽,她有着一长串的会议宣讲论文和发表成果的列表。但仔细一看,你发现很多成果大同小异。有一天你遇到了"重复"教授,对她的成果量当面做了评价。她说她但凡写东西,就要引起足够的关注,否则她宁可不写。她还说,她也会对有些论文的题目做些修改,然后用作会议论文。另外,由于她花了很多时间收集数据,所以她觉得运用同一个数据集和理论多做几个研究会有更高的产出。

1. 我们可以进行自我抄袭吗?
2. 如何规范使用数据?
3. 同一篇论文可以既用于期刊发表,又用于会议宣讲吗?

困境三:署名权困境

有一个晚上,三位博士研究生(Chi,Square,Pearson)聊起了他们博士学习中的烦恼。Chi说她已写完了她导师教授的一门课的课程论文,她问导师这篇论文是否值得向会议投稿,她导师给了她肯定的回答,让她增加一些参考文献,并且要求她把自己列为共同作者。Square说:"这算什么,我来告诉你们我导师让我干什么吧。"于是他说他在导师"吝啬"先生的大力帮助下，刚刚完成自己的博士论文。最近导师坚持要求，日后所有基于博士论文的发表成果均要把他的导师列为第一作者。Pearson更是抛出了王牌，说他的导师是其博士论文所有数据集和知识产权的所有者，因为是他指导这项研究的。

1. 你的博士论文所衍生的研究成果是如何决定署名顺序的？
2. 你博士论文的知识产权和数据的所有者是谁？

困境四："创新"研究方法

你正处于一场进退维谷的困境之中：你从事的一项研究已持续很长时间，但进展不佳，研究结果令人相当沮丧。你的研究可以说大大拓展了内外部战略联合理论的边界，对推动知识的发展有不小的贡献，但问题在于实证结果并不如人意：不确定性、混合交叉、不够有说服力。在理论阐述部分，你的观点是你所归纳的一些联合特征会影响企业绩效，而企业绩效是由两个特定的理论驱动型量表来测量的。有一天正当你一筹莫展之时，你发现当你把二分变量调整成连续变量时，你就能得到你想要的结果。你还发现，当你限定了另一个变量的范围之后，你能得到更好的结果（不只是去除异常值、相关性不呈曲线形等），这样会增加发表在重要期刊上的可能性。

1. 你认为应该继续这些修改吗？这里是否涉及学术不端问题？
2. 在什么情况下，数据分析变成了数据窥探（data snooping）？
3. 你该如何继续你的研究？

Chapter 9
第 9 章

思想领袖（一）：
迈克尔·希特的伦理研究

社会科学领域中那些具有影响力的思想领袖是如何思考和实践研究伦理的？迈克尔·希特（Michael Hitt）教授是全球最受尊敬、学养丰厚的管理学者之一。基于多年来与各种学术团体的合作和教授博士研究生的亲身经历，洛雷恩和迈克尔·希特教授就研究伦理这个议题展开了对话。

思想领袖

Nichols（2012）把"思想领袖"定义为"在某一领域具备广泛的经验或出众学术研究能力的专家"。最早用到"思想领袖"一词的场合是在邀请特约嘉宾发表观点的采访中。现在我们对"思想领袖"的定义更为宽泛，主要指那些对他人能产生影响的专家，他们的思想、语言和行为可以推动和激励千百万同道中人。

Nichols（2012）认为这些思想领袖往往会具备以下一些与众不同的特征，所以才能成为行业翘楚：

- 乐于分享：他们主动地与他人分享自己的研究、理论和思想，并非常乐于接受他人的质疑。

- 外向:他们喜欢和人打交道,热爱交际,喜欢自由地分享观点。
- 自信:他们对自己的工作和智慧非常自信。
- 写作:他们爱好写作,并把写作视为重要的交流形式。
- 对话:思想领袖通常会是话题人物,人们关注思想领袖的观点、话语和行为。

迈克尔·希特教授其人

在接受我们采访时(2012年9月),迈克尔·希特是德州农工大学Joe B. Foster商业领导力讲席教授,声名卓著。他是AMJ的前任编辑、《战略创业杂志》(Strategic Entrepreneurship Journal)的创始人和联合编辑,还是AOM和战略管理学会(Strategic Management Society,SMS)的前任会长。在《美国管理学展望》(Academy of Management Perspectives)2012年发表的《重新审视学术影响》这篇文章中,共统计了384位具有高影响力的管理学学者,发现迈克尔·希特教授的被引用率排名第十五位,在谷歌搜索中排名第九。按总体排名,迈克尔·希特教授与斯坦福大学的荣誉教授詹姆斯·G.马奇(James G. March)不分伯仲,并列第一(Aguinis et al., 2012)。所以,迈克尔·希特教授被称作思想领袖当属实至名归。

对 话

作者:在一项生成多篇论文的课题中,处理多个作者的关系时会有什么样的挑战?

希特:如果一个课题涉及好几篇论文、好几位作者,这的确会带来不少挑战,包括如何部署工作,如何落实到个人,意见不一时如何处理分歧,等等。

我很少有课题到最后搞砸(未能发表),原因是我全程盯着项目的进展

(对于我认为有价值的研究,我不想随便放手)。当我认为一个研究有价值时,我就有一种主人翁的意识,会去推动项目的进展,直到看到它瓜熟蒂落。只有极为少数的几个未果项目,由于我对它们没有太上心,所以没能推着项目往前走,最后都移交给了课题负责人。

每一个参与课题的作者都应该扮演重要的角色,为课题增添价值。我很少碰到半途而废的合作者,如果有合作者对课题有所贡献,我反而会中途把他们增添为共同作者。

有一次我们增加了一位作者,原因是我们的研究课题需要获取一个特殊的数据库,这个数据库是学院的一位教师投入了很多时间、精力甚至财力开发而成的。在这种情况下,学院教师的投入是有价值的,所以我希望把这位教师的名字放上,以体现他提供数据的这部分工作。其他类似的例子中,同事们还会以其他的方式为课题增添价值。

作者:与独立作者/单篇论文的课题相比,多作者/多论文的研究课题是否会产生不同的伦理困境?

希特:我想我们应该比以前更能意识到学术不端问题,报纸上不乏类似的报道,在我们的期刊(评论)上也有越来越多关于这个议题的讨论。对青年学者来说,发表的压力和负担更是有过之而无不及,我们一定要对这些压力保持敏感。

当团队参与课题研究时,我们通常是由一个研究者处理所有的数据分析工作,如果其他合作者既不检验数据,也不检查分析,那总有可能会出现错误,也许只是误差,也可能是为了获得"更优"结果而故意为之。我一般对我的合作者采取信任的态度,相信他们中的大多数人和我秉持着同样的职业道德,但是如果你觉得不放心,可以要求看一下模型以及结果分析(如回归统计结果),这是查找统计错误的一个办法。另外,仔细检查描述性的统计结果也很有用。

此外,可以让研究团队的成员自行分派工作。在课题某个阶段,第一作者可以让一个或一个以上的备选成员去复查阶段性的成果。比如,如果一个人主要负责数据分析,那就让团队中的另外一到两人去检查这些数据和分析,以增加额外的检查工序。

在最近几年中,期刊也注意到了自我抄袭和分割论文(同一个课题最大化地生成多篇论文)等学术违规现象。我担心期刊对这些问题有些过度在意了。首先,重写论文中的研究方法是非常耗时的,而研究方法这部分是可以适用于两篇及以上论文的,我担心期刊编辑对这个问题变得过于敏感。

如果两篇论文共享同一套数据集,但独立成文,我认为这两篇论文可以投向不同的期刊。唯一的建议是在一些情况下(比如一篇做主因分析,另一篇做调节变量分析)可以考虑将两篇文章合二为一,尽管文章篇幅会加长,但合二为一的讨论会更使文章结论更有力。我知道青年学者希望将一个课题(或博士论文)拆分成好几篇论文,但这样做的话要注意是否会削弱论文的贡献。有的作者选择将论文分别发表在几个低级别的期刊上,而不是在顶级期刊上发表一篇高质量的文章,这会让自己的论文掉价。尽管很多高校重"量"不重"质",但我认为把眼光放远,潜心耕耘,出品优质的论文,反而对作者是最有利的,尽管看起来发表的成果数量并不多。

如果将两篇论文投向不同的期刊,我认为作者应该保持信息透明,向期刊编辑解释两篇论文各有侧重,以及差异在哪里。但是,我还是担心有时候这个问题过于敏感,让期刊编辑更小心翼翼了。

作者:作者的排序会涉及伦理问题吗?

希特:作者的排序不会总是涉及伦理问题,但有时候确实会。我有一个非正式的原则,对我来说比较管用。我认为:第一,作者必须是具有原创观点的研究者,并且基本主导着课题的进行。第二,这个研究者必须是主笔者,并且/或者撰写了论文的理论研究等关键章节。当然,所有的作者都应该积极参与课题的研究和论文的形成,并贡献自己的价值。

我的这个基本原则也可以有例外。比如,一位资深学者有好的构思,想写一篇论文,但由于种种原因,他可能会让一位青年学者主持一项课题(成为第一作者)。如果这位青年学者愿意担当这个责任,那么他就会成为第一作者。

还有一个例子,如果资深作者和多位博士研究生共事,他担心如果将自己列为第一作者,那么学生的功劳就不会被完全认可。这种情况下,我偶尔会把自己排到后面,以突出共同作者的重要性。

还有一种例外情况,两位作者一起撰写了几篇论文,投入和贡献不相上下,他们决定每写一篇论文就更换一下作者排名顺序(比如第一篇按姓氏字母顺序,第二篇按姓氏字母倒序,第三批按姓氏字母顺序……)。

如果论文作者的先前排序并没有反映出他们的贡献度,比如完成初稿的第一作者不再主持这个课题,也不再带领大家继续推进论文的进展,那么问题就会暴露出来了。即便这是个问题,如果我觉得另一个共同作者的贡献应该得到更多的认可,我一般也只会当面找到这位第一作者,和他面议这个问题。我会直接和原来的第一作者提出作者排序问题,并且表达我对另一位共同作者的贡献可能不被足够认可的担忧。

作者:如何管理课题的进度?

希特:如何把握多个课题的时间进度和日常管理也是个挑战。首先,我几乎总是把"修改和再投稿"(revise and resubmit, R&R)置于最高优先级。R&R是一件让我喜忧参半的事儿,它们已经接近发表的最后关口了,需要立即高度关注。其次,"最后期限"也是课题进度的推手,例如,某个期刊增刊投稿的最后期限即将临近,这也是当下要马上处理的事项。

作者:资深教授在指导博士研究生论文和日后基于博士论文发表成果时会遭遇什么伦理困境?

希特:我认为那些设计研究思路、亲自实施调查并最终撰写博士论文的学生应该是论文的所有者。因此,他应该是任何从其博士论文中衍生出来的论文的第一作者。如果学生让我成为他博士论文衍生出来的论文第一作者,我会婉言谢绝(曾经发生过类似事情)。

当我同意指导学生博士论文时,我会直言相告,这是他们的论文,我一般会愿意投入精力指导,但不会要求在以后博士论文衍生的论文上署上我的名字。如果学生希望我指导他们日后用博士论文发表论文,我会同意当共同作者,而不是第一作者。

然而,我知道有一些教授要求至少在一篇衍生论文上成为合作作者,因为在指导学生的博士论文期间他们投入了大量的心血。如果论文导师和学生在博士论文开题之前就达成共识(尽管我不会这么做),那我感觉这也没什么问题。我的观点是,在论文开题或者完成之后,导师再把"署名"作为条件就不太妥当了。

我不希望我自己的研究项目依赖博士研究生来完成,我有自己的研究议题,并对此孜孜以求。我很乐意帮助博士研究生,但他们的论文写作应该依照自己的研究意愿和兴趣。有些教授的研究议题是由学生的论文选题所决定的,但我特意避免这种做法。

关于论文导师成为由博士论文衍生而成的一到两篇论文的共同作者这个现象,我还有两个告诫补充一下:

第一,当系里的教授开发了一套非常独特的专属数据集,让学生用于他的博士论文,如果日后有论文发表,我认为这位教授的名字也应出现在作者列表中。在这之前,我会和学生商谈好,以确保对此理解一致。其中的关键点就是要"信息透明",系里的教授和学生开诚布公地交换意见,彼此都把自己的期望表达出来。

但是,我通常希望学生自己开发数据集,也非常鼓励他们这样去做。创建自己的数据集能提高学生的独立自主能力,这对他们日后的职业发展至关重要。当然,在有些情况下,使用导师的数据集也情有可原。

第二个告诫是另一种状况,也就是一个作者在未告知另一位作者的情况下署上了后者的名字。比如说指导博士论文的导师在不知情的情况下被论文作者署名为另一篇论文的共同作者,也许论文只是用来参加会议投稿,也可能用于实际发表。不管如何,这种未经许可就擅自署上我名字的做法都会招致我的不快。这样会给被署名者带来麻烦,比如一般会议论文的作者名字不可以出现三次,如果作者不知情,就可能会无意识地违反这项规定。

在我看来,不管是处理和共同作者的关系,还是博士研究生和导师的关系,关键点都在于"信息透明"。

作者:最后您对青年学者还有什么忠告吗?

希特:最后一个忠告是学者们一定要有长远观念。确保数据准确,不要去对数据和分析做手脚。要做高质量的研究。要对自己的工作有足够的信心,与同事的合作也要问心无愧。我知道大家被发表的要求压得喘不过气来,但采用不当行为所付出的代价更大。我坚信只要你做符合你价值观的好研究,假以时日,你就会有收获。

讨论思考题

下面这些问题是洛雷恩和希特教授对话时抛出的引子,在此列出,供其他学者在与同事或博士研究生探讨学术伦理问题时参考。

1. 论文中的作者排序,谁排第一?为什么?什么时候应该改变顺序?

2. 如果有人只提供数据,你如何处理署名及作者排名顺序问题?

3. 有一位同事为课题提供了数据,但他不把数据和团队其他成员共享,他设计了所有的方法并且把分析结果告知了整个团队。对此您有什么建议?

4. 我们知道,要加上一位作者必须是这位作者做出"足够多"的贡献,可怎样算"足够多",怎样算"很少"?例如:有一位同事因为不能成为共同作者,所以犹豫不想进入另一个课题。在之前的论文中他"只"撰写了文献综述部分,并坚持在另一篇文章上也要署上自己的名字。

5. 谁是课题数据集的"所有者"?如果在没有第一作者参与的情况下,数据集被用于另一个课题,那么一位作者可以对另一位作者(或者课题主持人对学生)加以限制吗?

6. 团队成员什么都要做吗?还是可以把一个课题进行任务分工?比如一个人专门负责实证部分,一个人负责撰写,等等。

7. 你和你的共同作者在撰写新论文、改写被拒论文、修改和再投稿时是如何处理相关伦理困境的？你如何将你的做法告知你的合作者？你关于"修改和再投稿"的做法会因期刊而异吗？还是你有一个通用的做法？

8. 你有没有将自己从作者名单上移除的情况？哪怕只是为了修改和再投稿？在没有明确共同作者的情况下，如何确定作者名单？

9. 在博士论文阶段，指导老师对帮助学生写好论文有什么期望？其他成员有什么期望？其他委员会成员对博士论文的衍生论文署名权有什么想法？

10. 论文导师作为博士论文衍生论文的作者问题。更为普遍的情况是，导师/学生或资深/青年教师之间的权力较量。

11. 你如何在研究团队中安排修改和再投稿工作？

12. 你对审稿人的行为有什么看法？在我们这个行业中，审稿人的作用非常关键，所以这应该是个重要的话题。

13. 你认为哪些算学术不端行为？你能就你知道的或者亲身经历的事件做一下评论吗？不要只是"客观"罗列我们不提倡的行为。比如，我们都知道性骚扰是不道德的。有什么比较容易招致风险的情景？你可以试着举例吗？或者描述发生了什么，如何解决的？

参考文献和补充阅读

[1] Aguinis H, Gonzalez I S, Lannelongue G, et al., 2012. Scholarly impact revisited[J]. Academy of Management Journal, 26(2): 105-132.

[2] Nichols J, 2012. Are you cut out to be a thought leader? [EB/OL].(2012-09-27)[2017-02-19]. www.forbes.com/sites/jimnichols/2012/09/27/are-you-cut-out-to-be-a-thought-leader/.

第二部分

教学中的伦理

Chapter 10
第 10 章

不只是传授课程内容：教学中的伦理困境

尽管各个学科授课的内容各不相同，但大多数教师在教学过程中所遭遇的困境却大同小异。本章先列举一些贯穿在教学过程中的基本伦理困境，并介绍后续章节的主要内容安排。

教学困境

下述情况有何共通之处？
- 批改学生作业公平公正、标准统一。
- 在决定学生期末总成绩时会把学生的一些"特殊"生活状况或个人需求考虑进去，比如期中考试时怀孕分娩或者照顾病患家属。
- 发现学生在线上讨论时将个人隐私和不当信息告知了他人。
- 对那些数次挂科的学生，会考虑其面临的极端后果，比如国际留学生可能被遣返，或者使家族蒙羞等。

你猜对了，作为授课教师，我们时常要面临这些问题，并做出伦理判断。

这会儿，我们希望能做一个概念的区分，为后续的章节做一下铺垫。

作为一个学科领域，"教学伦理"的能量场非常巨大，"教学伦理"涉及传授的课程内容是否符合伦理道德，他可以是一门独立的课程，也可以融合到本科和研究生的各个学科科目中。与之不同（当然也不是完全不相干）的表述是"教学中的伦理"，后者更强调以流程或判断为导向，横跨所有学院、各种学科形式的课程。教学中的伦理和授课环境相关，我们在教学过程中与学生讨论和交流哪些伦理议题？教师的教学方法、学生管理实践、学生信息管理实践，以及课程管理政策等，对于学生是否都符合伦理规范？后面这一范畴，也就是"教学中的伦理"是我们本章接下来要探讨的内容。教学中的伦理困境包括学术诚信和欺骗、教育关怀、为表现一般的学生写推荐信、学生评教的不确定性、师生及他人在社交媒体上的互动等议题。教学的核心是一种具有道德关怀的付出，我们邀请各位继续阅读后面的章节，它们展示了教学中不同方面的伦理问题。

Keith-Spiegel 等（2002）曾经写道："专业人员如果经常开放性、建设性地审视自己的行为，一般不会失职失范，不会达不到学生、学校乃至本职工作的需求和期望。"如果我们总是习惯性地上课迟到 15 分钟，或者对学生的问题不屑一顾，在网上聊天时发表不当言论，那我们就在传递与伦理政策和职业精神相悖的行为规范。身为一名教师，应该彰显应有的职业担当和师者胸怀？

关于"教学中的伦理"这个议题，我们的讨论几乎可以覆盖所有可能出现伤害，需要介入伦理判断的学科：哪些场合容易出现伤害，哪里需要我们介入伦理判断。例如，体验式学习过程可能会给学生带来潜在的情感伤害；学生在接触一些自己不赞同的理念时会产生不适感；现场观察式的研究方法固然提供有价值的洞见，但也有可能会使学生之后对"他人"的评价产生连带的负面影响，比如观察的对象是入狱的青少年或精神病患者（Meisel, 2008）。我们常用的那些成熟的教学法其实也不乏伦理问题，只是它们早已约定俗成，我们很少从新的角度进行反思。

一方面，大学教育应该让学生接触新的甚至可能具有颠覆性的思想，但有些学者(Trelstad,2008)却让我们对"自由的学习环境总是好的"这一设想持保留态度。有些学生对那些直接挑战他们核心信念体系的思想无法接受,从而对自己的身份认同产生怀疑。课堂活动和课堂讨论本身也会动摇学生的身份认同感,很可能弊大于利(Lund and Jolly,2012)。所以,当我们传输我们认为是"好"的理念给学生时,也许学生会觉得这些信息与他们的自我认同格格不入甚至产生敌意,所以这里就会涉及一些伦理考量。如果学生因为价值观受到冲击而进行反抗,师生的对话就会陷入更为复杂的境地,有不少报道记录了这种趋势,这一趋势使师生之间的关系发生了很大的改变。

教学中的伦理问题无处不在,也许课内课外都会遇到,很多学科和相应的学术协会都会提供伦理声明,但实际操作呢?能不能拿来就用呢?本书接下来的几个章节就是希望能解答这些问题。

先来思考以下几个场景吧,你碰到类似情况会如何处理呢?每个案例中涉及哪些伦理问题?

"考试杀手"

你是拉吉州立大学(Large State University)的管理学教授,因治学严谨而备受尊重。你的考试挂科率一般为30%—50%,所以你是一个严格的教授,名声在外。你之所以出题刁钻,是希望那些表现不尽如人意的学生早些退掉你的课程,使你可以更全力地教授那些表现好的学生。

Susanne勉强通过了你的第一次考试,但第二次考试没能通过。她必须考过这门课才能毕业,所以她打算第二学期重修。她来到你的办公室,和你交流她上课的表现,并且寻求建议。她告诉你,如果不按时毕业,她可能会因为家境困难而辍学,你会如何建议?

"好过了头"

学生们很喜欢你"讨论式"的授课方式,而不是一人"唱独角戏""满堂灌"。你鼓励学生要多多参与口头讨论,如果学生贡献了有思想深度的观点,你也有相应的奖励措施,总之你不准备改变你的授课风格。

Kyle 是班上一位思维敏捷且活力十足的学生,并且他在课外进行了大量的阅读,所以他对你提出的每一个问题都积极响应,每次提问他都高高举手以求发言机会。他的确经常会在讨论过程中提出一些很有意思的观点,但也有在同学面前显摆和说教之嫌,有时甚至开始漫无边际地闲扯,占用了很多课堂时间。你不想遏制他的参与热情,但你也从同学们的肢体语言中看出他们的不满。在你所统计的课程期中评估中也有人提到了,Kyle 在课堂上总是滔滔不绝,希望在讨论时你能给其他人表达观点的机会。请问,你将如何处理 Kyle 的问题?

讨论思考题

1. 你会如何处理 Susanne 和 Kyle 带来的困境?为什么?
2. 你有没有过类似的真实经历?发生过什么?现在你怎么看待它?
3. 在你的讨论小组中,有没有一些共同的困扰对你的教学或所在高校而言是很特殊的?就如何妥当地处理这些问题,有没有一些注意事项?
4. 你认为就教学实践而言,我们对学生负有哪些职责?

参考文献和补充阅读

[1] Bruni F, 2016. College turmoil, signs of a changed relationship with students [N]. New York Times, 06-23.

[2] Chory R M, Offstein E H, 2017. Your professor will know you as a person [J]. Journal of Management Education, 41(1): 9-38.

[3] Keith-Spiegel P, Whitely B E, Perkins D, et al. , 2002. The ethics of teaching: a casebook [M]. Mahwah, NJ: Lawrence Erlbaum.

[4] Lukianoff G, Haidt J, 2015. September: the coddling of the American mind

[EB/OL].[2017-02-19]. www.theatlantic.com/magazine/archive/2015/09/the-coddling-of-the-American-mind/399356/.

[5] Lund D K, Jolly J P, 2012. Student identity, disengagement, and learning[J]. Academy of Management Learning and Education, 11(2): 228-243.

[6] Meisel J S, 2008. The ethics of observing: confronting the harm of experiential learning[J]. Teaching Sociology, 36(3): 196-210.

[7] Trelstad M, 2008. The ethics of effective teaching: challenges from the religious right and critical pedagogy[J]. Teaching Theology and Religion, 11(4): 191-202.

Chapter 11
第 11 章

教学和伦理:关键事件

有时候师生之间的一起意外事件或互动交流,会暴露出我们在处理教学中伦理问题的过程中存在的重大问题。本章中,一位学生的"坦白",为我们探讨学术诚信所需要的伦理原则、印象管理和动机探究埋下了伏笔。

凯茜最近碰到了一件有意思的事情,她之前从未遇过如此奇事。当所有学生递交了一个战略管理的作业(用五力模型和 SWOT 等基本工具分析的一个案例)之后,她的学生斯科特(Scott)来到她办公室,让她把自己作业的最后一页撕掉,因为那是他在课堂讨论时匆匆忙忙写的,所以不应该算他完成作业。斯科特说:"我一定要来见您,我一整夜都没睡安稳。"当时凯茜已经批改完作业,并没有意识到他是在潦草应付。

凯茜很少像这样一时竟然不知如何反应。过了一会儿她才站起身来,握了握他的手,并真诚地感谢他如实告知"他其实未按时完成作业"。当他离开后,这段互动让凯茜陷入了沉思,她一连想到了好几个方面的问题,所以后来凯茜问斯科特是否可以把这个小插曲写成一个小案例供学术团体讨论。

首先,她在想是什么原因促使他来到办公室坦白自己的行为。当然,可能是他的道德指南针自动进行了校准,对他而言这是很简单的情况:犯错了,所以首先要承认,然后承担行为产生的后果。本书三位作者都认可这一说法:学生既然来找你,就是为了做他认为正确的事情。但这种情况并不总是发生,事实上,这么多年来只有很少一部分学生会主动认错。那除此之外还有什么可能呢?

虽然我们的课程规定里包含了学校的学术诚信政策,或者我们期望学生遵守的守则,但是总有一些政策的表述让人感觉学校对学术不端行为的惩处缺乏足够的震慑力。由于学界所曝光的学术不端行为的广泛性和严重性,所以我们应该认真地将学术诚信政策的道德劝诫纳入思考的范围(Teixeira and Rocha,2010)。我们的学生,尤其是低年级、高年级和 MBA 学生,基本上对这些学术诚信政策的文字持漫不经心和想当然的态度,Langer(1993)的研究也表明了这一观点。

其次,也有可能是凯茜之前上课时就已经认识斯科特,他很看重他们之间的师生情谊。去欺骗一个你敬重的人会让人更难受,凯茜喜欢斯科特,也信任他,这是他们互相交往建立起来的关系。也许我们在项目中或者在整个学期中多找一些机会和学生接触,会是促使他们恪守学术诚信的一个途径。

再次,也可能是因为这个作业只占课程 1000 分中的 50 分。如果这个作业占到总成绩的 20% 或 25%,那又会怎么样?小作业作弊认个错,哪怕受罚也无足轻重,但也有文献报道称,小犯规比大越界更容易有解释理由。

最后,我们再来看看不那么温情的一面,斯科特也许是未雨绸缪,希望给凯茜留下一个好的印象,期许她日后为他写一封推荐信;也许是希望凯茜在他找工作时给他做证明人;也许他想着如果报考研究生,这些教授还会是授课老师,所以他这么做是出于对未来的考虑;也许他知道他的失范行为哪怕被我们抓到,老师将之呈报给上级的可能性还是不大,不会对他产生过于不利的影响(McCabe et al.,2001)。所有这些假设都有可能。不过斯科特看上去很诚恳,在凯茜的职业敏感度在线的状态下,斯科特不太可能这么长时间哄骗凯茜而不被识破。所以我们或许还需要一个结论。

在讨论这个案例时,让我们倍感惊讶的是,从一开始我们就不太愿意相信,是斯科特的自我道德感驱使他来到凯茜的办公室坦白事实。在每一个我们工作过的机构,我们发现这样的情况非常强烈地影响着人们的道德行为,所以我们成了互动型伦理决策模型的膜拜者,最先提出这个模型的是Linda,他在1986年的一篇开创性论文中对其有详细论述(Trevino,1986)。投机取巧的动机如此之强,但案发的概率又这么低,上述出于"纯粹"的道德意愿的行为让我们一时半会儿有些难以信服。

至于动机,我们思考的最后一点是"还可以有什么奖励他的方式"。凯茜的感谢很真诚,我们认为斯科特也应该意识到这一点。既然同辈行为对人的行为方式影响最大,那我们可以如何借助"斯科特决定向凯茜坦白"这一事例去警示其他同学呢?公开表扬的方式在这个场合显然完全不合适——"大家看,斯科特做了什么"。凯茜没有对他的作业进行处罚,也许就是最好的"正向强化"。无论如何,这个事件都是一个珍贵的案例,我们在想该如何好好利用它,把它作为践行教学伦理的一个契机。

讨论思考题

1. 如果作业在总成绩中占比很高,你觉得斯科特会选择如实告知吗?为什么?

2. 你在制定课程规定时,有没有无意中助长了不道德行为的动机?请举例说明,并思考你会如何做出改变?

3. 在你看来,或根据你的经验,学生的荣誉规范(honor codes)是否有效?关于荣誉规范,你有过什么经历?

4. 我们可以用哪些方式来鼓励斯科特"主动坦白"的行为,但又不姑息他?除了文中提到的一些,还有其他的吗?

参考文献和补充阅读

[1] Langer E J, 1993. A mindful education[J]. Educational Psychologist, 28(1):

43-50.

[2] McCabe D L, Trevino L K, Butterfield K D,2001. Cheating in academic institutions: a decade of research[J]. Ethics and Behavior, 11(3): 219-232.

[3] Teixeira A C, Rocha M F. 2010. Cheating by economics and business undergraduate students: an exploratory international assessment[J]. Higher Education, 59(6):663-701.

[4] Trevino L K, 1986. Ethical decision making in organizations: a person-situation interactionist model [J]. Academy of Management Review, 11 (3): 601-617.

Chapter 12
第 12 章

如何把握课程难度：尤其面临同行压力时

我们给学生布置作业的良好意图,常常会因为同事的做法而大打折扣。因为学生经常把不同课程和不同教授所要求的学习强度拿来互相比较,特别是同一门课的不同章节,因此我们会有一些隐性或者显性的压力,去和同事布置的学习任务和要求作比较。而且,如果学生认为我们的作业量过多,或者评分标准比我们同事设定得更严格,那么我们的学生评教分数就会遭殃。如果我们的教学方式与学生的应知应会是匹配的,但因为课程学习强度差别使得而我们不得不妥协,这里就会引发问题。

有一位同事给我们发了一封信,描述了他多次碰到的一类场景,这类场景应该会在其他教师中和学界引起强烈共鸣,我们自己也遭遇了好几次。请看:

十年里,你一直教授一门你喜欢的必修课,教学效果也还不错。一开始几年,学生给你的课程评教分数很高,其他方面的反馈也显示你的课深受学生喜爱,你的教学很有成效。但是后来,尽管你还是一如既往地授课,讲课风格也没什么改变,但你的课程评教分数开始不理想了。

背后的原因是现在的学生感觉你这门课的学习强度太大,特别是和其他上同一门课的教授相比。当你刚刚开始教授这门课时,90%的同学评价学习强度"适中",几年过去,现在只有20%的学生这么认为。对那些考虑是否要选你课的同学,在坊间听闻你是一位非常严格的教师,并且所授课程的作业量惊人。所以,不仅你的课程评教分数一路走低,选你课的学生数量也在逐年下降,这还招致了其他同事的不满,因为学校希望维持学生数量,并且扩大班级规模。而你自己认为你布置的作业量对课程而言完全适度。

你为课程评教分数下滑而烦恼,你看了同样教授这门课的老师的教学大纲,发现他们因为学生的类似反馈,已经开始逐渐降低课程学习强度。该课程似乎只要一个小组汇报(没有相应的书面作业),以及一个期末考试(由多项选择题构成)就算达到课程要求了。与其他教授这门课的老师相比,你的课程要求是最多的,事实上这些要求也很常规——几个书面作业、小组书面项目、两个简答题型的考试。

你要怎么办?

不管是依赖学费的私立学校还是按招收人数接受州政府拨款的公立学校,我们敢说各自都面临着保证招生数量的压力。与此同时,所有的利益相关者又要求学校有翔实数据支撑的学习保障体系和高质量的教学环境,各自的目标互相冲突,如果你觉得听到的是混杂的讯息,这不是偶然。这里的价值和利益冲突实则是两难的伦理困境,值得引起我们关注:你是应该降低标准从而提高学生满意度和课程评教分数呢?还是应该继续保持你个人的严谨风格,但会有学生评教分数不高的风险,甚至更为严重地影响到你的总体绩效评估?你是否应该屈从于同辈压力,效仿他们降低标准,同时为自己的个人价值观被迫妥协而黯然神伤?

我们这些同人所要做出的选择,并不只是考虑是否要降低自己的课程要求而向其他的授课教师看齐这么简单。这里涉及好几个问题,比如学生对分数的期望和我们的课程评教之间是否存在着实证关系(Clayson et al., 2006),比如我们越来越强调学生的满意度和学生数量之间的市场化"货币"

交换关系(Arum and Roska,2011)。这些似乎都回归到之前高等教育全面改革的原点,很多人撰文表达了对高等教育日益企业化的恐慌。我们也经历了上述这些困境,它们是以我们熟知的"学生即客户"这些类比体现出来的,一点儿不开玩笑。当学习变成一种"交换协议",不管是隐性的还是显性的,而且诸如奖励体制的管理结构都相应做了改变,那我们就陷入了麻烦。Marcis and Burney(2010)做过一项研究,调查当学生对学科成绩的期望和实际表现不相匹配时,有哪些认知偏见在起作用,他们对当前学术环境的描述是一个"既要保持严谨治学、还要追求最大化的学生数量并维持学生满意度,并解决这些互为冲突的目标的场所"。所有这些冲突在这里统统都存在。

正如上面提到,我们这学期就遭遇到类似经历。凯茜在她的高级综合课程(capstone course)中安排了一个非正式的期中考试,她的学生指出她这门课的工作量太"离谱"了,和他们的其他作业完全不在一个强度等级上。凯茜最初的反应是:"得了吧!这是你们高年级的综合课程!"当然后来,她的反应更为职业化一点,但学生们的反应的确促使她思考学生们对以后的期末考试会做出什么反应,并且考虑换成其他可能的选择。

和我们所观察到的其他情形一样,在面对任何两难的伦理问题时,我们最先的选择都是非此即彼。面对两难问题,似乎很容易就滑入"不是……就是……"这样的思维定式中:要么我们屈从让步、降低标准,要么我们就等着被学生打低分。选项尽管看似二元,但实际并非如此。就拿凯茜的例子来说,她后来请了其他三位教授同类课程的老师看了她的课程要求,结论是她的作业要求虽然与他们的不同,但总体上强度并没有太大。知晓这一信息后,凯茜对期中考试的评分做了一次非常有益的开放式讨论,引导学生说出了他们自己的焦虑,原来他们很担心自己作为高年级的成绩会比一二年级低,以及凯茜给的课程成绩评分会不会和学生评教的结果之间存在相关性。最后发现,这些担心来自他们对成绩和学习表现的不安,无关乎学习强度。

回到开篇案例,我们的同人可不可以把教授这门课程的所有教师召集到一起,制定一些共同的课程期望和要求?可不可以把那些含糊不清的反应明朗化,和学生开诚布公地一起讨论?可不可以对学生直言相告,大学阶段提倡严谨治学是为了什么,帮他们理解建立这些严格的标准并不是惩罚他们,而是真正在关心他们的学习?可不可以和他们分享我们自己的一些故事,当通过执着的努力最后达到一开始认为"无法企及"的目标后,我们会因此对自身的能力建立起很强的自信?

工作中有一些阻力会将我们置于学生的对立局面,使我们忘记了学生并不是我们的敌人。由于总体上教育事业向"产业化"偏离,学生们也逐渐被物化,实际上他们只是不知道我们为什么要坚持原则、恪守标准,他们可以从中收获什么。Robinson(2006)在他的广受欢迎的 TED 演讲中说道,教育体制是由那些在教育领域中最为成功的人士制定的,也就是那些在高校停留了很长时间并荣获博士学位的那一批人!在面对常见的问题时,摒弃我们的思维定式和隐性偏见,可能会发现"优于二元法"的解决方案。

讨论思考题

1. 你们学校对不同课程之间不同的学习强度、打分要求和出勤率等是如何对待的?

2. 这样的差异会对你的学生评教带来麻烦吗?如果有,你是如何处理的?

3. 如果学生对你的评教分数比较低,其中主要的负面评价和学习强度有关,你会从学校管理部门获得支持吗?或者你会受到批评吗?你为什么这么认为?

4. 我们该如何让学生去理解课程之间学习强度、打分要求、课程管理规定存在差异的原因?是不是需要这样去做?

参考文献和补充阅读

[1]Arum R, Roksa J,2011. Academically adrift: limited learning on college cam-

puses[M]. Chicago, IL: University of Chicago Press.

[2] Clayson D E, Frost T F, Sheffet M J, 2006. Grades and the student evaluation of instruction: a test of the reciprocity effect[J]. Academy of Management Learning and Education, 5(1): 52-65.

[3] Marcis J G, Burney R B, 2010. Evidence of cognitive biases in students: academic self-assessment in the introductory finance course[J]. Proceedings of the Academy of Accounting and Financial Studies, 15(2).

[4] Robinson K, 2006. Do schools kill creativity? [EB/OL]. [2015-08-13]. www.ted.com/talks/ken_robinson_says_schools_kill_creativity.

Chapter 13

第 13 章

教学和说教：课堂中的说话之道

也许我们是自己学科的狂热爱好者，持有很多深刻的观点，尤其对那些有争议的议题，但这样的热情和观点并非一定受学生待见。本章探讨的是当听众权力在起作用时，"教学"会变为"说教"。

美国 2012 年的总统大选季时，有很多具有重大社会意义的州级措施出台，例如婚姻平等权。在我们两位作者生活和工作的明尼苏达州，是当时可以就"禁止同性恋者享受婚姻平等权利"这一条例进行宪法修订的四个投票区之一。大选前几周的一个周日早晨，凯茜一家起床后发现院子里的"反对"标牌被偷走了。接着去做早礼拜时，他们又听到了牧师的一些布告，这些布告在他们听来非常刺耳，但又不得不端坐在那里，恭听那些自己完全不认同但又被灌输是唯一真理的观点。当我们回想那天的事件时，突然有种感觉，自己的课堂何尝不会如此？当我们把自己坚信的"真理"输出给学生时，学生在什么情况下也会感觉很无奈，尽管并不表露出来？在什么样的课堂情境中学生们会感到他们必须要相信我们所相信的，才会顺利拿下这门课程？作为教师，我们的职责是让学生参与和我们课程相关的一些重要议题，即我们通常所说的"教学"。2012 年的大选季，当然还有之后 2016 年的大选季,让我们反思"教学"和"说教"之间的边界在哪里,什么时候我们会把"教学"混淆成给学生"布道",甚至"洗脑"。

我们所面临的社会问题错综复杂、千差万别,需要我们调动极大的热情去应对。这和管理者以及组织所面临的重大问题性质一样:我们的市场需要多少规范和监管?什么才是对员工最有激励作用并且最公平的薪酬方式?在全球经济体系中,我们如何平衡环境现状和生产需求?我们需要为学生提供讨论这些重要话题的机会,但我们几乎没有人会对这些问题的最佳解决方案持中立态度,所以这不是件容易的事儿。想象一下这样一个场景:你和你的学生在讨论一个颇有争议的伦理问题,气氛热烈,观点丰富,交流深入,比你预期的效果要好很多。假设涉及的话题是亚利桑那州移民法的社会公正,或者是本地企业需要在"以煤为燃料的传统方式"还是"转用可再生新能源"之间做出选择,抑或是谁入主白宫谁就会改变食品补贴方案等政治问题。总之,你为这次讨论准备了充分的素材,也搜集了很多事实和数据,你很自豪最后能有勇气和耐心选择这个讨论议题,学生们肯定会对此表达一些激烈而各异的观点。

整个讨论展开得很不错,有一个学生问:"斯密斯教授,您怎么看这个问题?"因为你现在对这个主题已经了然于胸,你对"该如何回应"有非常明确的观点,所以你就和全班同学分享了你的观点。你认为你的观点表达清晰,还有各种数据佐证。当你侃侃而谈刚告一段落,你突然意识到教室的气氛有些异样,在陷入一篇寂静之后,没几个学生和你还保持着目光交流。你试图重新开启对话,但学生们不怎么愿意再挑战互相的观点了,之前如此活跃的讨论,现在突然熄了火,变得单向而且生硬。你对刚才那个同学的问题做了充分的回答,并且有理有据。

哪里出错了?为什么这也是一个伦理问题?

分不清"教学"和"说教"的边界,会在课堂中扼杀不同意见的表达,尤其是一些有难度和有争议的问题。我们的课程尤其是研究生的研讨课,在一些重要的学习对话过程中,我们既是催化师又是参与者。作为伦理学者,我们研究过这些比较重要的伦理问题,并且对这些问题也形成了一些比较固定的见解,严格地说,我们课堂中所有议题都包含了一些有伦理影响的讨论。学生们通常会对我们的观点有兴趣,但如果分享观点是我们的学习目标之一,那我们就需要巧妙处理这种情况了。换言之,我们需要决定,我们分享的过程和内容究竟是会促进学习呢,还是恰恰相反让讨论戛然而止,或者是制造在意识形态上有些敌对的空间,学生像落入陷阱的困兽一样不得不坐在那里听我们训诫。

让讨论戛然而止或者制造了一个敌对的学习空间,多多少少都因为有说教的原因在里面,我们应该对"教学"和"说教"的边界有所注意。

对教师应如何给出见解这一问题,我们从高等教育的文献中搜索了"教学"和"说教",Pfatteicher(2001)提到,在我们的学术生涯中,布道者和教师的身份兼而有之,但对"何时展露比较得体的身份"这一问题应该持谨慎态度。我们可以就一些固定的理念给学生"布道",比如全球可持续发展的过程,或为低薪资员工提供更好的受教育机会;我们也可以根据一些实证经验和数据"讲授"关于这些理念的最佳实践,但我们自己需要对两种角色的差异有所了解,并且也要让学生意识到这一区别。

我们还发现那些研究"教授自我暴露"(professor self disclosure,PSD)的文献可以为我们提供解释。"自我暴露"一般指的是一个人把自己的信息透露给其他人以求信任,或增加人际好感度。在课堂中,教授的自我暴露更多的是指用通过与学生建立个人关系来促进学习成效。Wheeless and Grotz(1976)的研究将"人际自我暴露"和"教授自我暴露"做了区分,它们的目标不同:教授与他人分享信息并不是为了博得和学生的亲近,而是为了推进对话式的学习方式,尤其是对于一个有难度和深度或者带有浓厚情感色彩的话题。

Cayanus and Martin(2008)指出教授自我暴露可以帮助学生更好地学习一些复杂的概念,促进情感交流,更为有效地帮助学生解决学习困难。Mazer等(2007)发现学生喜欢从社交媒体的个人简介上了解授课老师,所以用社交媒体等一些以计算机为媒介的工具可以营造更好的课堂气氛。从沟通的角度看,教授自我暴露非常有助于在课堂中拉近和学生的距离,使原来比较艰难的对话变得容易展开。

以上是好的一面。

现在来谈谈可能会搞砸的一面,为什么教授自我暴露事实上涉及伦理问题。假设我们是学生,或者回想一下你自己的学生时代,你的授课老师用不妥当的个人观点极力取悦学生,这些观点对学习没有任何用处,反而可能耽误学习。比如在我们本科学习时,有一位教授总是大谈特谈他和自己母亲交恶的故事。我们的学生时代一定身陷过这样的教学环境,而且应该对犹如困兽般的学习经历仍然历历在目。当我们的课堂变成了一个思想意识说教课,学生被迫听我们讲述个人意念,而不是学习和课程相关的内容,那我们已经在伦理上越界了。

教授自我暴露还有第二个方面需要我们注意,那就是权力。Ejsing(2007)的研究讲述了她自己的亲身经历,她曾经与学生分享自己的经历,目的是为了表达同理心,并与学生拉近关系,但最后事态的发展和学生的反应却完全出乎意料。

如果我们忘记自己处于权威的位置,我们的观点表达会变成冗长的说教,在如今这样一个以名字互为称呼的对话式学习环境中更易发生这种情况。见解也是一种权力,我们可以用下面一段内心独白来理解:我可以让你坐在那里做听众,在学习过程中我们之间的层级关系可以对你实施某种影响,让你即使对我所说的内容持反对态度但也要保持沉默,课程分数和其他潜在威胁会限制你的反应模式,而我可以无所顾忌地想说什么说什么。这样不对!对有些群体来说,政客特别具有煽动力,可以把各种观点强加给别人,但这样的行为很值得商榷,类似的故事太多了。

和其他大多数事情一样,有难度的是在操作层面上如何区分"教学"和"说教",以及掌握教授自我暴露的尺度,即如何做,做什么,做到什么程度。Cayanus and Martin(2008)认为让"自我暴露"发挥有益的作用,需要满足一些条件。如果自我暴露的内容和课堂教学对话相关,那就是有益的,如果是抱怨没买保险的司机,那就不合适。如果自我暴露的次数适当,那可以促进学习;如果每次踏入教室都大谈我们感兴趣的八卦,那就不合适。最后,如果我们主要分享的是积极的故事和事例,那么教授自我暴露可以对学生的学习产生积极的影响;如果我们讲的故事很负面而且有挖苦的意味,让学生如坐针毡,那就不合适。

让我们回到开场的案例,我们碰到过好几次这样的情况。当我们在查阅有关教授自我暴露的文献时,突然发现一个关键点:最终,我们希望学生学到什么?我们的发言能有助于学生学习吗?还是会产生其他意料之外的影响?我们不可以认为,给学生提供有说服力的观点和事实,就是在推动他们的学习。我们希望让学生知道,我们对某个议题已经做过充分的准备,在讨论一个复杂的问题时,我们可以是一个"不带偏见"的证据资料库。我们应该说的少而又少,可以把形成观点的一些证据分享给学生,而不是分享所有的证据。我们应该更注意学生的肢体语言,比如他们开始往后靠,交叉双臂,或者不再和我们有目光接触。与其我们自己滔滔不绝,不如让他们对我们所说的内容进行评述和质疑。最后,我们应该对我们在课堂中的权力地位保持警觉,对对话式的学习方式所需要的微妙平衡要保持敏感:提供有证据支撑的讨论框架,同时不干预学生的学习体验。在上述案例中,尽管我们的教授自我暴露的观点和当时学习的内容非常相关,但在"数量合适"和"事例积极"这两方面则未能满足条件。

了解我们自己是在教学还是在说教,需要我们进行自我感知。也许有些议题我们很难不带立场地参与讨论,你怎么察觉这种情况呢?学生在课程评价(或者其他反馈机制)中一般会提到这些问题,或者当你在安排一些课堂讨论时,可以让你的同事来旁听,观察你那些容易让讨论陷入僵局的行为。如果你认为参与有些话题时中会有"说教"风险,我们这里提供一些非常好的选择:

- 邀请和你持有相反观点的嘉宾来授课。

- 请一位你信任的同事和你一起主持讨论,这样可以平衡一下,少一些说教,多一些教学。
- 从法学院和政治学系借调一些学生,组织一场结构化的辩论,安排好两队人马,充当正反两方的辩手,为比如"增加最低薪资"这样的问题各自找到支持和反对理由,然后在课堂上一一陈述。等学生结束陈词,你轮流为双方发言。因为你正反两方都有触及,所以没有一方会因为你个人观点的加持而觉得偏心。

类似于其他伦理问题,我们找不到一些硬性的规则。如果我们感觉自己有说教之嫌,这在本科阶段发生的可能性要高于硕博士阶段。法学教授McElroy(2011)让我们这样思考教学和说教:"尽管我们并不信奉我们是'台上的圣哲'这样的教学理念,但我们仍然是舵手,这样的权力拉扯是不是需要强行保持一定的职业距离?"

讨论思考题

1. 在你的学科领域,什么时候就一个有争议的话题和学生分享观点是可以接受的?你如何处理学生有可能感受到的"说教"问题?
2. 你是如何允许或者鼓励课堂出现不同见解的?
3. 当学生自己在讨论时争论得面红耳赤,你在"裁定"这样的冲突时起什么作用?
4. 在面对哪些问题时,你永远不会表达你的观点?为什么?

参考文献和补充阅读

[1] Cayanus J L, Martin M M, 2008. Teacher self-disclosure: amount, relevance, and negativity[J]. Communication Quarterly, 56(3): 325-341.

[2] Ejsing A, 2007.Power and caution: the ethics of self-disclosure[J]. Teaching Theology and Religion, 10(4): 235-243.

[3] Mazer J P, Murphy R E, Simonds C J. 2007. I will see you on 'Facebook': the effects of computer-mediated teacher self-disclosure on student motivation, affective learning, and classroom climate[J]. Communication Education, 56(1):1-17.

[4] McElroy L, 2011. What is too much information for students? [EB/OL]. [2017-02-19]. www. dorfonlaw. org/2011/09/what-is-too-much-information-for-students.html.

[5] Pfatteicher S K A, 2001. Teaching vs preaching: EC2000 and the engineering ethics dilemma[J]. Journal of Engineering Education, 90(1): 137-142.

[6] Wheeless L R, Grotz J,1976. Conceptualization and measurement of reported self-disclosure[J]. Human Communication Research, 2(4): 338-346.

Chapter 14

第14章

"我的学生想和我套近乎!":
社交网络界限和师生关系

在社交媒体几乎遍布人际交流方方面面的数字世界中,教授和学生之间在建立"朋友式"的关系时,应该好好设立边界和规则。本章探讨的是我们可以设立哪些界限,师生关系的演变给我们带来怎样的思考。

社交网络关系

一周前,这一学期结束了,我们按惯例进入了忙乱的节奏:考试、最后评分……高年级的学生焦灼地盼望能通过高级综合课程。但这次的期末又有了新的动态:Facebook 上有不少很快要成为"以往学生"的人要求加我为好友。他们说仍然想与我保持联系,因为诸如 Twitter,Snapchat,Instagram 和 Facebook 这样的社交媒体网站是很重要的联系渠道。本章中,我们就用 Facebook 指代所有社交网络平台,很大程度上是因为它是社交网络中最常被提及的平台,也是有关师生关系文献中被描述最多的社交媒介。这里我们必须要明确一下,类似于 LinkedIn 之类和职业相关的平台并不具有 Facebook 和其他社交网络所存在的潜在问题,在 LinkedIn 上和学生保持联系,能帮助学生找到未来的就业和实习机会,完全没有不妥之处。

作为"数字移民"(digital immigrants)(Prensky,2001),我们对 Facebook 和其他社交媒体网站都有些避而不及。一些非常私人的生活花絮会被人晒出来让其他人看到并互相评论,对此我们感到很是吃惊。我们不单是对内容感到担忧,还有 Facebook"推荐好友"的功能,在学期结束之前,各种便利的算法已经会推荐我们和学生加为好友。

我们向学生发出"加为好友"的邀请是否合适?在什么情况下合适?反过来,如果之前或现在的学生向我们发出好友邀请,我们作为教师该怎么办?我们从未主动加过学生,但对学生的好友申请有接受,也有拒绝。有很多同事和好友(真实而非虚拟)对此有很多忠告,我们还是来看看文献中对这种边界模糊的做法有什么最新的讯息。这里触及了什么样的伦理敏感区?

Facebook 代表着公域和私域之间的有趣切换,也就是我们的职业角色和私人角色的交叉。2007 年年底,Lipka(2007)写过这样一段话:"大学舞会时躲在舞池角落中的老人,会让人有毛骨悚然的感觉,Facebook 群落中出现的教授也会给人如出一辙的印象,这个线上集聚地最早的原住民是学生。"但最近的 Facebook 使用者信息显示,大学生使用者(18—24 岁)的数量占比已经下跌到一半以下。增长最快的使用者群体是 30 岁以上的人群,所以,Facebook 的使用已经远远超越了服务于大学生的初衷。因此,2007 年时,教授是否要加入 Facebook 的问题被一个新的问题取代了:如何恰如其分地管理好我们和学生共同构建的新型虚拟关系?

我们可以把"和学生互加好友"看作为社会网络关系网加上一道新的"主菜",但学生会认为我们是在搅乱他们的聚会。就像在真实的世界中,哪怕是学生邀请我们加入他们的聚会,可一旦被"禁止"的活动开始登场,他们就后悔了。

Facebook 在教师和学生之间呈现出不少问题,因此,我们也开设了自己的 Facebook 账号,经历了一些 Facebook 特有的师生关系挑战。我们曾经定期地和同事们讨论过这些挑战,现在我们来谈谈其中几个问题。

界　限

　　Meyers(2009)很明智地提醒大家要划分好"教师"和"朋友"之间的界限,并帮助我们认识到这一界限是有利于教学的。教授让学生使用自己的汽车,或者定期把自家客厅作为教学课堂,这类行为是否是合适的教学关爱？我们把 Facebook 看作真实世界的延伸,界限问题是目前为数不多的几篇研究教师使用社会媒体和学生互动的文献中最普遍的问题。

　　目前我们所看到的文献都清楚地表明,应该由学生发出邀请。有些学者就"合适/不合适的师生行为"这一主题对学生开展了调研,发现"不合适的行为"包括了 Facebook 上所有的评论功能——有关状态、照片和链接的评论等。学生似乎想和老师保持一定的互动界限,从统计显著性上看,女生认为师生在 Facebook 上互动不合适的概率更大。因此,我们需要非常谨慎地划分好边界,不要随便做一些 Teclehaimanot and Hickman(2011)所称的"活跃"行为(如评论、发消息等)。对女学生而言,还存在一个隐含的权力威胁,所以对划清这个界限,特别是男教师和女学生之间的界限,需要更多的注意和审视,如果越界可以拒绝"好友申请"。

　　我们还需要关注师生在社交媒体上的互动引发的潜在法律纠纷,比如侵犯名誉、骚扰、监控和侵犯隐私等,这些都是严重的问题。密苏里州和其他一些州曾禁止师生建立朋友关系,但这些法律立刻遭到了猛烈攻击。事实上,密苏里州这一法律出台几个月后就被废除了。全国的学校都处在一个两难的境地:一方面,制定的政策需要尊重个人权利,维护师生在社交媒体上互动的积极面;另一方面,则要警惕关系边界的模糊化(Grisham,2014)。

　　社交媒体有很多需要考虑的维度:互动发生的社交空间的"所有者"是谁？什么时候上传的帖子是自由言论,什么时候是侵犯名誉？什么时候保护学生的行为会变成侵犯隐私的不当行为？已出现的各种情况更多的是发生在体制层面,而不是个体层面。但是,当学生在Facebook上给老师写出负面的评价,或者反之,老师在Facebook上抱怨学生的作业,那么这些问题就立刻带上了个人的烙印。

角色和期望

在使用Facebook时,从哪个节点开始,学生可以感受到我们的存在,这是我们要考虑的关键点。我们自己使用Facebook的时候基本上是置身在真实的世界,我们在Facebook中的好友是真正的朋友,是一路陪伴我们从高中到大学时代的朋友(这要归功于各种算法的更新迭代)。在使用Facebook的各种应用时,我们的身份是"上网娱乐的保罗"或者"上网娱乐的洛雷恩"而不是"教授"。在Facebook上角色和与之对应的行为会变得模糊不清,所以考虑清楚我们用什么角色去做出回应是明智之举。比如,Karl and Peluchette(2011)专门研究了"当教师想和学生交朋友时会发生什么"(有点奇怪,不是学生想和教师交朋友时),结果发现学生在两种情况下的反应非常消极,分别是最差的教授和新认识的教授请求加他们为好友时。这项研究中,两位作者发现这两类教授要求加好友给学生带来的怀疑多于恼怒,这真是和真实世界呼应的有趣发现!为什么学生要和一个他们怀疑有其他外在动机、想和他们套近乎的教授交朋友?这个学期结束就不再联系!从道德上讲,我们对自己加学生为好友的动机要保持诚实。

面对不同学生,我们要扮演不同的角色,社交网络可以帮助我们维护这些角色。但有些角色会因为制度文化甚至国家文化而受到制约。一位在中国工作的同人提到,在中国文化中,师生交友若超越了公认的界限,就是不合适的。在这种情况下,哪怕我们个人觉得和学生交朋友没什么不妥,但最好还是遵从世俗规范。

如果我们已经和学生在课外建立了关系,比如和我们的研究助理,那Facebook是继续两者交往的一个渠道,当然这种交往是基于双方自愿和默许的。如果我们认为教师可以持续地为学生提供资源（写推荐信、搭人脉等），那职业导向更为明显的 LinkedIn 这类社交网络更为合适。有些人既有职业网页又有个人 Facebook 网页，这也是一种选择。关键似乎是要确保学生对我们的角色定位和理解与我们自身大体相当，对日后关系发展的期望也比较一致。

是关爱，还是侵犯，还是……

有时候，Facebook 是与学生保持联系最有效便捷的方式，否则老师就会和学生失联。看看学生们在 Facebook 上的更新，或者看到他们没有出现在课堂中就和他互动一下问问为什么缺课，我们也许会认为这是在关心他们，但是这类行为是非常不受学生欢迎的。请回忆之前提到的那些造访学生聚会的教师，这些行为会让人感到不适。

也许 Facebook 代表的是沟通交流和维系关系的新风尚，但"老派"的做法依然经久不衰。原则上，如果我们主动要学生和我们联系，那不妥当，但通过电话、短信、学校邮箱的方式，了解他们的动向，完全无可厚非。有些关于高等教育的文献尤其强调了师生个人交往时用打电话的方式可能会比较具有暗示性。此外，学生也许并不想和我们互动，也不希望我们对他们 Facebook 上的照片进行评论，但我们知道有不少同事会保留着"在一些美国传统节日期间邀请外国留学生去家里做客"的传统，有可能是觉得他们比较孤单，但这会比较勉强；有可能是为了给国际留学生提供一个文化学习和体验的机会，如共进感恩节大餐、装饰圣诞树等。也许师生之间有这样的传统由来已久，究竟出于什么原因我们也不得而知，也许是因为这样的互动目的非常单纯透明。

针对如何参与社交媒体的互动，各个高校陆续出台了不少政策，同时他们也意识到，社交媒体是在校学生和未来学生获取信息和建立连接的重要阵地。所以学校处于两难境地：一方面既需要制定行为规范和风险管理政策,另一方面又希望让更多同学融入这一社交网络平台、提高流量。我们只需用谷歌搜索一下"高校 Facebook 使用政策",就会出现很多高校一系列正式、完备的规定,这些规定不仅仅针对师生间在社交媒体上的互动,而且涉及学校中使用这些社交网站的所有人。

我们之前工作和现在所在的高校都属于上述"一方面,另一方面"的情况。爱达荷大学(凯茜之前的学校)对使用社交网络、博客和其他互联网网站有一个相关保密政策,有信息访问的相关说明。但在爱达荷大学的主页上,整个网页的下半部分都是三大社交媒体(Facebook, Instagram, Twitter)的信息和帖子。古斯塔夫·阿道尔夫学院并没有专门针对教师们使用社交媒体的正式规定,但是和爱达荷大学一样,学校主页上都有热门社交软件的标示,并实时发布各种更新的信息。洛雷恩所工作的梅斯商学院,有社交网络的使用政策,表明由于社交网络的无处不在,其使用者基本上需要"责任自负"。德州农工大学的主页也在其下端标志了所有社交媒体,甚至还有 Pinterest 和 Youtube 上传和关注的选项。这样模棱两可的处理方式当然让我们左右为难,但这其实是让每个老师自行判断或者参考一些非正式的规范,去摸索暗藏玄机的社交媒体关系。

这促使我们写下这段思考作为本章结束语:

回到之前提到的角色区分,Facebook 的确可能会模糊我们的角色定位,如果忽略这点,会给我们带来一些严重的后果。也许我们都听说过,几年前有同事将学生非常差劲的作业晒在社交网站上,并配上吐槽文字"你能相信这是学生交给我的作业吗?"等类似事件。当凯茜刚建立个人网页时,见过不少类似原帖。我们无一例外地认为这是非常无礼和幼稚的行为,而且一点儿也不好玩。我们的一个朋友(生活中的朋友,同时也是 Facebook 上的朋友)也有过类似行为,当我们问她,怎么可以如此心安理得,她回答说"我设定的是学生不可见模式,而且我们不在同一个圈里"。尽管不乏各类善意的(也是为减少法律风险)提醒政策,但很显然,我们对 Facebook 之类的虚拟空间的理解是不同的。上述事例在我们看来属于不假思索"从不,永不"会做的事情,但其他教师会把 Facebook 空间视为私人领地,他们可以在其中分享与学生交往的恼人经历,以求支持或博取一笑。他们是教授,但也想分享共同的教学经历。我们的观点是:如果一个帖子是以"暴露他人"为代价的,请不要上传。从伦理视角看,我们知道这样绝对会招致麻烦,但是我们可以肯定地说,在 Facebook 上传这样的信息是不道德的行为。

讨论思考题

1. 你们学校对师生之间使用社交网络交流有什么政策吗?你认为这对设立界限有用吗?为什么?

2. 你认为和授课期间的学生交朋友可以吗?以其他形式交往呢?比如用手机发送信息或者使用 GroupMe 这样的应用软件。

3. "联邦第九条报告"(*Federal Title IX*)使社交媒体之间的互动更为复杂化,基于社交媒体的现状,你们学校是如何应对"第九条报告要求"的?如果有政策,请描述。

4. 运用社交网络和学生维系关系有没有帮助你更成功地达成教学和学习目标?请分享这样的经历,并说明为什么你认为这是成功的经验?

5. 请和你的讨论小组成员分享:在各种社交媒体平台上学生向你发来好友申请时,你是什么反应?你为什么做出这样的反应?

参考文献和补充阅读

[1] Grisham L, 2014. Teachers, students and social media: where is the line? [EB/OL].(2014-04-09)[2017-02-19]. www.usatoday.com/story/news/nation-now/2014/04/09/facebook-teacherstwitter-students-schools/7472051/.

[2] Karl K, Peluchette J, 2011. 'Friending' professors, parents and bosses: a facebook connection conundrum [J]. Journal of Education for Business, 86: 214-222.

[3] Lipka S, 2007. For professors, 'friending' can be fraught[J]. Chronicle of Higher Education, 54(15): A1-A28.

[4] Meyers S A, 2009. Do your students care whether you care about them? [J]. College Teaching, 57(4): 205-210.

[5] Prensky M, 2001. Digital natives, digital immigrants[J]. On the Horizon, 9(5).

[6] Teclehaimanot B, Hickman T, 2011. Student-teacher interaction on Facebook what students find appropriate[J]. TechTrends, 55(3): 19-30.

Chapter 15
第 15 章

"当学生陷入绝望时,我们该怎么做?":
教育关怀的思考

  教育关怀可以有很多表现形式,它要求我们对学生的各种纠结甚至挣扎保持警醒。本章将分享我们自己的一些经历,学生需要从我们这里获得的帮助远远超过我们一开始的预期。我们用"意识—动机—能力"模型来构建我们的反应模式。有些学生似乎把自己学业的里里外外都搞成了一团乱麻,我们该怎样对这些学生提供帮助?本章会对此做一个利弊分析。出于教育关怀对师生关系的反思和上一章中对社交媒体中师生关系的解读是两码事儿。

  凯茜上周刚批改完她高级综合课程班的第一次作业,和历届学生一样,第一次作业的完成质量不尽人意,学生们没能从概括文章大意跨越到对文章观点做有理有据的评述。这是一个复杂的学习过程,因此她给了学生大量的讲义和辅助材料,以减少他们的焦虑。第一次作业的平均成绩一般都是C,而有一个学生,怎么说呢,完全翻车——鲍勃(Bob)对文章的内容和结构完全摸不着头脑,对作业的要求也是一头雾水。

  近五年里我们才慢慢获知一件事情:当学生的作业完成得很差时,他们希望我们在返还作业之前提前和他们沟通一下,而不是按照惯常那样,把他们的作业和其他同学的作业一起发下去。即便我们周一上课时发作业,上一周周五联系学生告知实情,也好不到哪去,因为整个周末他们都会郁郁寡欢。当鲍勃周五收到这份令人不愉快的邮件后,他是这样回复凯茜的:"当知道其他人的表现后,我几乎一回家就想退课了,因为我一点也听不懂……当其他人在课堂上侃侃而谈时,我感觉自己和他们完全不在一个水平。"

所以凯茜和鲍勃约好见一面。凯茜有一条规定是,学生可以重做第一次作业来弥补第一次成绩一半的失分。鲍勃心存感激地接受了这个机会。周日他写邮件给凯茜:"我昨天重写了这篇论文评述,准备周一交上来,希望可以弥补些分数……谢谢您的关心,没有对我不理不问。"

恐怕你这会儿会想,凯茜把这些故事写出来,是不是显得有点自吹自擂?应该说,她很晚才成为"教育关怀群体"中的一分子。她从教二十余年,在最近几年才开始对学生的落后表现提前拉警报,并在和学生的交往中增加了教育关怀的行为,包括主动询问一些数次缺勤学生的状况,找专业课成绩大幅下降的学生一对一谈话,或者给学生一些中肯而尖锐的反馈,帮助他们审视"乔哈里视窗"(Johari Window)中的自我认识盲区(Luft and Ingham, 1955)。

这么晚才想到伸手帮助那些困难的学生,她对此一点儿也不觉得有什么值得夸耀的,她可以给你很多关于多年来她采取不干预政策的解释,如按照Myers Briggs 的分类,她是典型的"思考者",并不擅长考虑自己的课堂实践是否会对学生学习的心理过程造成负面影响。再比如,她教授的学生是成年人,所以她从来没想过要紧盯他们的学习状况。从她角度看,这完全是学生自己的职责,如果有任何问题,应该是学生来主动找她才对。还有就是她不想因为和学生长时间的交流而耽误宝贵的时间,她有科研要做!

我们对陷入困境的学生伸手相助,做到什么程度比较合适?为了帮助我们的学生跟上课堂学习的节奏,我们作为一个教育工作者负有多大的伦理责任?凯茜后来从和鲍勃的对话中意识到,鲍勃的问题远不是重写一个作业就可以解决的。坐在教室里既不知所云,又无从参与讨论,那种几近崩溃的无力感是非常沮丧和孤独的感受。根据最近几年的经历,我们发现鲍勃的情况很具有代表性,当今的学生是一个既成熟独立又需要教学引导的特殊群体:他们有足够多与课程内容相关的生活经历愿意分享,但同时他们又有求于我们,希望我们能确保他们学业有成,而不是让他们成为唯一的落后生。

我们的一个同事、也是我们的好朋友汤姆·霍克(Tom Hawk),曾和我们一起写过一篇文章,他对我们的教育关怀行为影响重大。他和他的合作者保罗·莱昂斯(Paul Lyons)收集了六个学期的数据,确认了我们对学生缺乏哪些教育关怀行为。2008年他们发表了《"请不要抛弃我":当老师漠不关心时》一文,极具感染力,我们马上意识到自己的一些"不作为"恰好出现在了他们的清单上。我们中枪的几条有"对学生是否理解学习材料全然不顾""即使学生很明显根本不理解,但接下来的整个课程中还是完全忽略学生"。嗯,我们对此深感内疚。2017年,霍克又发表了《了解学生以及教育关怀》一文,他对原来的文章做了更新,重述了之前的理念——和倍感受挫的特困学生保持联系。同时,他还提出了一些积极帮助学生的新方法。所以,我们究竟该怎么决定何时帮助受挫学生解决学习上的困难?什么解决方法最为有效?越来越多翔实论述伦理决策和行为的文献表明,所有的变量都对我们的道德意愿、推理和最终行为有调节作用。但是有一点很显然,先要具有伦理意识,然后才会引发正向行为。当我们思考如何应对学生的挫败感时,有几个经典的分析框架(Chen,1996;Miller,1990)对我们非常有用——**意识**到问题所在(问题不全是显性的),有**动机**去帮助(我们的参与原因很重要),以及有**能力**去帮助(我们必须为学生的特殊需求提供合理的辅导),我们将其称为"意识—动机—能力"框架模型。

在上面提到的各种场景中,学生令人失望的作业质量给"意识到问题所在"提供了线索,只需稍稍问究一下就可以看出鲍勃的问题不仅仅在于一个作业,而是陷入了全方位的学习困难。学生的内心挣扎未必那么明显,就像那些长期在外作战的军人,在战争结束,重返故土之后所经历的困惑和沮丧,只能是冷暖自知。还像我们所看到的遭受家暴的几个女学生,她们是受害者,却选择独自默默承受痛苦,不让外人看出自己遭受的苦难。这意味着我们必须有意识地对一部分深受煎熬的群体可能存在的问题保持警醒,不能装聋作哑、得过且过。同时这还意味着,我们要参与一些情感教育,有点像实际生活中对待创伤后遗症的处理手法。

在这个事例中,也许"意识—动机—能力"框架模型中最难以把握的环节是动机。为什么我们最终要出手提供帮助?是因为我们更喜欢这个学生吗?如果另一个我们讨厌的学生有同样的问题,我们会不会一样帮助他?我们是不是心怀私念,希望得到一个好的学生测评分数?我们是不是认为我们的干预最终会提升学生学习本课程的能力,甚至有助于他学习整个大学阶段的课程?如果我们动机不纯,学生们能够感受到;如果我们出于不正当的原因帮助他们,他们也会很快捕捉到我们的目的。

最后,我们需要估测一下,我们帮助学生到什么程度,即我们的能力。回到刚才鲍勃的例子,帮助鲍勃是凯茜力所能及的事情,主动积极地提供帮助是凯茜的职责。几年前,她有个学生的弟弟不幸夭折,整个家庭因此陷入了无限悲伤甚至崩溃的境地。当这个学生来到凯茜办公室与她讨论如何备考时,整个对话变成了一场心理辅导课,而她并不具备心理辅导的能力。我们需要了解什么时候我们所面对的问题已经超出了我们专业知识的范畴,在刚才这种情况下,继续"辅导"对凯茜而言就是不规范的行为。所幸的是,我们学校有专业的心理辅导中心,学生后来得到了辅导中心的专业帮助,直至现在这个学生都心存感激。

我们的能力还受到每学期班里有多少学生的影响。有些课程是小班授课,照顾个人化的需求是可行的。而如果我们接手的是300人的大课,就几乎不太可能和学生有一对一的互动,这种情况怎么办呢?也许我们可以通过监测每个学生成绩起伏的方式来了解学生的学习状况,但给他们的关心也达不到给25人小班学生的那种关注度。在这样的大课中,我们可以做怎样的教育关怀?最终,哪些东西可以为你所用,哪些不能?老实说,其中的关键是要看看我们擅长什么样的技能。

我们随后在教学过程中增加了一些关爱的举动。几次小小的尝试之后,随之而来的效果表明,我们完全有能力改变学生的感受和体验,使他们从消极的心理转向积极的学习心理,从感到被疏离转向沉浸式学习。我们可以来看一下这个第二周才加入凯茜课程的学生写的评语,很明显他对课程的规范和要求都感觉很吃力:

> 一开始我并不喜欢凯茜的授课风格,但她注意到了我,并从我身上尽可能地挖掘闪光点。于是我开始在课堂上找到了学习的兴趣,最后竟然有非常棒的体验。如果以后有机会,我还会选她教授的任何课程。

"以前"的凯茜会看到他学习有困难,但不会找他单独谈话,因为主动找老师是"他"的职责。"现在"的凯茜在第三周课后就找他交流,提醒他违反了课程的哪些规定,对他的总评分会有何种影响,并且鼓励他在课堂表现中做出相应的改变。

这一切还在摸索过程中,我们还没有完全搞明白。对我们而言,要进行这样"一对一"的谈话,依然是我们需要有意为之并掂量成本和收益的行为。但是,到目前为止,没有发生过一例事件说明我们对学生的关爱是徒劳无益的,或者对学生的表现、态度等方面都没有带来明显的改善。反之,我们很清楚,无论如何我们都不再可以打着"学生责任自负"的旗号,对学生的痛苦等闲视之。

讨论思考题

1. 请分享你教学经历中学生陷入绝望的情景,你当时是怎么处理的?你是不是可以有不同的处理方式?
2. 教育关怀的成本是什么?收益是什么?

参考文献和补充阅读

[1] Chen M, 1996. Competitor analysis and inter firm rivalry: toward a theoretical integration[J]. Academy of Management Review, 21(1): 100-134.

［2］Hawk T, 2017. Getting to know your students and an educational ethic of care［J］. Journal of Management Education, 41(5): 669-686.

［3］Hawk T, Lyons P, 2008. Please don't give up on me: when faculty fail to care［J］. Journal of Management Education, 32(3): 316-338.

［4］Luft J, Ingham H, 1955. The Johari Window: a graphic model of interpersonal awareness. Proceedings of the western training laboratory in group development［M］. Los Angeles, CA: University of California Press.

［5］Miller G E, 1990. The assessment of clinical skills/competence/performance［J］. Academic Medicine, 65(9): 63-67.

［6］Noddings N, 2005. Caring in education［EB/OL］.［2017-02-19］.www.infed.org/biblio/noddings_caring_in_education.htm.

Chapter 16
第 16 章

从"台上圣哲"到"场边指导"：教师的角色转换

随着越来越多的外部力量迫使学界推行改革，"教"和"学"的主体机构也被置于显微镜下。一些积淀已久、被广泛传播的教学实践，在为学生的大学学习经历增添价值这方面，已变得落伍和过时。本章将探讨这些关键的推动力，发掘促进教学主体机构变革背后的伦理意义。我们将着重阐述这些变革为学生所经历的高等教育提供的附加值，以及我们有哪些方式帮助我们的同人重塑教学实践模式。通过反思"大学"的意义，教授们可以为提升学生的求学体验有更多建树。

2000 年之后，我们经历了好几个多事之秋，令人震惊的企业道德失守（商学院被诟病在输送道德漠然的管理者），肮脏的财务交易，全球经济低迷扰乱了芸芸众生的生活状态，等等。作为商学院的教授，对此感触良多。改革的推动力也加剧了这些事件对我们商学院的影响。Colby 等（2011）也影响了我们关于高等教育本身价值的思考，我们想在本章中继续讨论这个话题。这份题为"大学商科教育再思考：专业人文教育"的报告将商科教育机构所面临的重大挑战描述得淋漓尽致。Colby 等（2011）的这份研究报告基于一个通俗的假设,那就是:商科教育在过去的几十年中走了很长的弯路。他们这样说完全正确。几位学者认为,商科教育只钟爱一种思维模式,即实用化的推理,而没有鼓励学生启用全方位的思考模式,比如反思,以及多框架、多"真相"的分析路径。将实用化的推理从传统的人文学科思考模式中分离出来,导致我们所输送的商科毕业生难免缺乏全局思维,很难对商业实践所产生的影响有感性的理解。至少从近十五年的现实看,我们对这一结论无从辩驳。

在其他类似《哇,这里不再是堪萨斯了,教授!》的新闻报道中,我们对穆迪(是的,就是那个信誉评级公司)给予高等教育机构的高度关注颇感惊讶。2013年1月16日,穆迪的报告将整体教育产业的前景做了降级,2017年12月5日的报告又重申了这一评估。该机构对高等教育的商业模型和营收状况表示持续的担忧,他们提到,高等教育作为一个产业,对调整并改变收入来源(我们不能只是靠涨学费)以及学生数量的减少(他们不会继续承受不良债务水平)这些问题的反应都非常迟钝。我们所面临的这些挑战,似乎毫无争议。

这些持续存在且重要的外部力量,几乎改变了高等教育中所有至关重要且曾备受重视的方方面面,也已经切切实实地占据了我们的视野。因此,接下来我们要问:这对教学中的伦理有什么意义?

价值的伦理

对我们的教学事业构成挑战的一些创新,逐渐打破了象牙塔的岁月静好。我们当然需要重新思考,我们该提供什么样的价值主张,否则就会像美国汽车业那样陷入萧条——美国汽车业持续无视那些冲击行业现状的重要外部创新,其傲慢导致了现在的困境。所以,这是本章的第一个关键伦理问题。

长久以来,我们惯常使用的教学模式一直是在分享"内容"——上课传授相关的专题知识,布置章节作业,考查学生是否掌握了相关的"知识"。哪怕提倡"教育转型"的人士也认为高等教育应该围绕"掌握知识内容"这一主题

(Slavich and Zimbardo,2012)。大学的学位是一份综合证明,证明学生研修过相关课程,掌握了课程的理论知识,到现在,雇主招聘时还是要应聘者出具大学文凭。

然而,大规模开放式线上课程慕课(MOOC)的横空出世,打破了高等教育行业的游戏规则。大学课程的内容逐渐被商品化,获取的成本低而又低。尽管有评论者指出这些慕课的最终完成率很低,因而有过度渲染和虎头蛇尾之嫌,但是认为"慕课算不上什么冲击"从而摒弃慕课将会是个严重的失误。现在许多慕课中的课程都收费,而世界级顶尖学府课程的标准价格一般在49美元(Cook,2016)。教育机构和"企业大学"所提供的慕课课程数量呈指数级增长。举例说明一下增长率吧,2011年有1家大学和16万在线学员,到2015年,570家大学和12家课程提供商已拥有了3500万学员(Cook,2016)。线上教学和课堂教学的体验感知差距也在缩小。Friedman(2013)所预见的未来学习是,学生"在学习了全世界最好的教授开设的最好的线上课程之后,制作自己的大学文凭,象征性地支付一些费用,取得结业证明。这将会改变教学、学习和就业的通道"。Friedman(2013)认为在未来的就业道路上,雇主需要的不一定是大学专业学位,而可能是一系列花费并不昂贵的考试证书,证明应聘者已具备了相关的知识,这些考试证书被雇主们认可,完全等价于大学文凭。如果内容的输出可以如此轻易地被线上课程或者慕课取代,而且企业未来也愿意接受考试证书作为"学历"证明,那我们怎么解释高昂的学费有其合理性呢? 据CNN报道,2012—2013学年有151家大学和学院每年的学费、杂费、宿舍费等费用的总和超过了5万美金,而2011—2012学年只有123家学校,2010—2011学年更少,只有100家学校。2015年,在服务维持不变的情况下,有50家大学和学院的收费超过了6万美元。穆迪认为,我们并没有为学生四年的本科教育提供与20万美元等值的教学和学习价值。所以,如果旧模式已经过时,那新模式该是什么样呢?

在关系中学习，Y 一代及其他

我们必须重新展望一下"大学"对学生的学习意味着什么，并从中去寻找答案。有一个说法是，我们置身其中，去促使学生成为完整的人，成为群体的一分子，成为终身学习者。甚至还要超越传统的通识教育模式，我们要给学生人文关怀，和他们建立辅导关系，并将这种关系持续保留到毕业之后。总而言之，在学生成长和发展时，我们要对他们施以关爱！

举个例子，Ferris(2002)把"教授—学生"的关系重新设想为资历较深的伙伴在带领一个新手上路，即师徒制的形式。Ferris 的这个比喻比"把学生当作客户"的说法更让我们充满希望，更让我们意识到自己应有的担当，但这也要付出成本：指导年轻伙伴是一种长期的关系，我们的毕业生作为一个活跃的群体，一直和我们的学校保持着联系，在人生任何阶段都可以从学校获得支持和帮助。不少学校的校友团体已经运行得非常成熟，凯茜本科阶段的母校——圣母大学(Notre Dame)，几十年来非常系统地培养了一批校友和导师队伍。我们都从属于自己母校的校友团体，并致力于帮助其他毕业生取得成功。现在，学校支持网络的价值必须成为我们和学生建立关系的一部分。

从教学上看，我们需要给学生提供更有吸引力的学习环境，体验式和主动积极的学习须常规化。如"台上的圣哲"一般的一言堂教学法要让位于"旁观式的引导"。这种变化在"翻转课堂"(flipped classroom)的教学理念中陆续出现，传授内容的环节通过技术平台出现在课堂之外，把课堂时间留给了手把手、个人化的师生互动活动。这是一种关系化的模式，强调"内容的灌输"只是我们学习过程中的一个模块，你愿意的话，可以把它看作一道主食，为一对一参与的真正价值锦上添花。

这就是说，我们要和学生共享权力、控制和权威，创造一个共同学习的群体。这也意味着一个根本的改变："曾经的大学"等同于内容的输出，"现在的大学"是一个全方位、和学生的发展建立关系的过程。

互 助

这就引出了我们本章的第二个伦理问题:我们如何互相帮助,重新构建我们的日常工作?对大多数教师而言,和学生建立长期密切的师生关系违背了他们一直以来所受的专业训练,也一反他们在博士阶段和研究过程中所树立的学科领域专家这一形象。我们无法做到突然拨动开关,教师们就能瞬间领悟体验式教学法的真谛,摸清指导学生和强化校友关系的门道。对于如何完成这种戏剧化的转变,履行这些职责,我们为同事提供的辅导和基本的帮助都很不到位,我们缺乏一批懂得"学习过程远比知识传授更重要"的专业师资队伍,这也是我们亏欠学生的地方。

再看看在关系中学习的有关实践,大学必须为师资发展提供资源,我们一直认为在职场中,没有人希望被淘汰,没有人希望他们驾轻就熟、训练有素的技能有朝一日不再奏效。参与式和关系式的教学方法用起来并非看上去那么容易,教师如果打算在课堂中实践一下,可能会搞砸(Keith-Spiegel et al.,2002;Lund and Jolly,2012)。

我们周围存在着不少教学和学习的协会以及团体,我们的同事可以为高等教育所面临的挑战答疑解惑:管理和组织行为教学协会(Management and Organizational Behavior Teaching Society)在过去几十年中,分享了很多关系式和体验式的学习技巧。大多数专业协会现在都会在年会时开办一系列教学创新的工作坊。体验式教育全国协会(National Society for Experiential Education)为一群专注于体验式学习的教学工作者提供了大力的支持。教授年会(teaching professor annual conference)为积极的参与式学习提供了跨学科的平台空间,与数百位年会参加者分享了具体的建议和技巧。

还有不少其他的资源渠道,但最为重要的伦理观,就是面对那些对新教学法尚有抵触的同事,我们不要轻易流露出对他们的不耐烦——他们也许知道应该改变教学模式,但还不知道具体用什么招式取代原有的方式。这里我们不妨引入"传帮带"的模式。同样，我们也不应该忽略，我们自己也要主动去开发和学习新的教学技能，我们对学生负有责任，作为教师队伍中的一分子，我们还要帮助所有的教师都跟上时代的节奏。我们行业的兴衰就靠此一搏了！

讨论思考题

1. 展望未来十年，你认为有哪些关键的外部力量会推动塑造新的教学格局？

2. 你和你的同事们有没有就这些变化对你们学校教与学产生的影响，进行过深入讨论？

3. 你身边有没有像"台上的圣哲"这样的同事？如何帮助他们实践关系式教学？你有什么建议？

4. 你参加过哪些教学创新方面的会议和培训？或许这对你同事也会有用，请和他们分享。

5. 尽管为学生提供支持、建立关系看似是显而易见的好事，但它会有哪些潜在的成本和弊端？从你的角度看，关系式教学会有哪些伦理问题？

参考文献和补充阅读

[1] Berrett D, 2012. How 'flipping' the classroom can improve the traditional lecture [EB/OL]. (2012-02-19) [2017-02-19]. http://chronicle.com/article/How-Flipping-the-Classroom/130857/.

[2] Colby A, Ehrlich T, Sullivan W M, et al., 2011. Rethinking undergraduate business education: liberal learning for the profession[R]. Stanford, CA: The Carnegie Foundation for the Advancement of Teaching.

[3] Cook M, 2016. State of the MOOC 2016 [EB/OL]. [2017-02-19]. www.onlinecoursereport.com/state-of-the-mooc-2016-a-year-of-massive-landscape-

changefor-massive-open-online-courses/.

[4] Ferris W P, 2002. Students are junior partners, professors as senior partners, the B-school as the firm: A new model for collegiate business education[J]. Academy of Management Learning & Education, 1(2):185-193.

[5] Friedman T, 2013. Revolution hits the universities[N]. The New York Times, 01-26.

[6] Keith-Spiegel P, Whitley B E, Ware B, et al. , 2002. The ethics of teaching: a casebook[R]. Mahwah, NJ: Lawrence Erlbaum Associates.

[7] Lewin T, 2013. Students rush to web classes, but profits may be much later [N]. New York Times, 01-06.

[8] Lewin T, 2013. Universities abroad join partnerships on the web[N]. New York Times, 01-20.

[9] Lund D K, Jolly J P, 2012. Student identity, disengagement, and learning[J]. Academy of Management Learning and Education, 11(2): 228-243.

[10] Moody's Investor Services, 2013. Moody's: 2013 outlook for entire US Higher Education sector changed to negative[EB/OL].(2013-01-16)[2017-02-19]. https://www. moodys. com/research/Moodys-2013-outlook-for-entire-US-Higher-Educationsector-changed--PR_263866.

[11] Rae T, 2011. Postdocs can be trained to be more effective than senior instructors, study finds[EB/OL]. [2017-02-19]. http://chronicle.com/article/Postdocs-Can-Be-Trained-to-Be/127525/.

[12] Slavich G M, Zimbardo P G,2012. Transformational teaching: theoretical underpinnings, basic principles, and core methods[J]. Educational Psychology Review, 24(4):569-608.

Chapter 17

第 17 章

如何正确对待学生评教：学生评教制度的伦理分析

本章我们将探讨"学生评教机制"（student evaluation of teaching，SET）这个棘手且涉及多层面的伦理难题。我们运用奎恩（Quinn）的冲突价值模型（competing values framework）来展开讨论，试图探究谁在使用学生评教机制？谁希望使用这个机制？情境、互为冲突的因素以及最为重要的"有效性"等涉及哪些伦理问题？我们还会考虑如何使用学生评教的数据——是模板化还是概括式地使用这些数据。我们应该给我们的教师提供怎样的保障流程来提升他们的教学效果？最后我们将呈现一场和达林·古德（Darrin Good）的对话，他曾是古斯塔夫学院副教务长兼学院院长，曾引领过学校的 SET 改革。

每次学期结束时，我们都有一系列收尾工作要完成，其中有一项颇为隆重的仪式，是对 SET 结果的处理。当我们做了一些研究之后，清楚地发现，在我们的学术生涯中，很少有像 SET 那样会激起我们情绪反应的事物。我们花了整整半天翻看博客上对 SET 的评论，可谓群情激昂、众说纷纭。Schuman（2014）认为 SET 很片面化，无甚价值；而 Burt（2015）则认为尽管 SET 存在着内在偏见，但从中可以看到权力在教和学过程中是如何相互作用的；还有一些学者,如 Patton(2015)提到,把 SET 数据作为考量教师水平、衡定收入以及决定留任与否的标准的机制,充斥着不少问题,它让教授们整天想着如何去满足某一项评分指标,这会招致很多敌意。

我们学校陆陆续续地修改过 SET 的工具,这是一桩毫不讨巧的任务,最后遭受了很多阻力,就像在逆风中前行。正好我们可以从伦理的角度来审视一下 SET。改进 SET 工具是件很棘手的事儿,相比于推行 SET 之初,现在所遇到的风险要大很多。奎恩的冲突价值模型有助于我们思考,为什么开始使用 SET 时它所发挥的作用到现在已经完全走偏。长话短说,冲突价值模型阐述的是管理者的评价指标,这些指标一般反映在 2×2 的矩阵模式中,纵轴是结构因素,横轴是聚焦因素。结构因素的两端是灵活性及控制度,而聚焦因素的两端是内部和外部。我们接下来基于这些连续轴展开讨论,尤其要关注的是学生评教机制的构建和数据使用,如何受制于不同利益相关者之间相互冲突的诉求。

聚焦因素:内部和外部

SET 的缘起可以追溯到 20 世纪 20 年代,其创立可以归功于普渡大学(Purdue University)赫尔曼(Herman)和雷默斯(Remmers)的研究。20 世纪 40 年代和 50 年代,只有十来所高校采用了 SET,但到了 60 年代,学生对教师信息的需求日益上升,由此推动很多高校逐渐引入了 SET。

使用 SET 的初衷是帮助教师开展新的教学实践,为教和学最直接的参与者——学生、教师、系主任或学术院长等——打造反馈闭环,它是窥见教和学过程(通常比较模糊)的一个窗口,原则上可以作为一项持续改进的工具(Galbraith et al.,2012)。与奎恩的冲突价值模型中"内部过程"的作用相似,学生评教分数一直是教师绩效评估的组成部分,如在职称晋升、终身教职的考评,或者教学奖项的评审中,被作为参考指标。

这些 SET 在高校内部所起的作用还在持续着,但近年来学生评教分数被赋予了更多的权重,我们怀疑这样做可能超出了创建者的预期。这些数据原来只掌握在少数人手中,现在流到了学术体系之外,有时甚至完全超出了学术圈可以掌控的范围。当前有很多人觊觎学生评教的数据,最近有证据表明,学生评教的数据从内部利益相关者手中转移到了高校之外,这样做是为了向圈外人士"证明"高校有着统一的内部机制,确保教师们在提供高质量的教学、高校在创造全面的教育价值(Spooren et al.,2013)。对评估信息的需求又推动并衍生出了新一类非学术的民间评教机制,比如"为我的教授评分"(Rate My Professor)网站和有些校园合作机构所采纳的社区影响力评价工具。这是一个信息透明的时代,只要手中有台电脑,谁都可以给教授的表现打分。高校管理者和教师对这些网站几乎无法控制,因此会产生不少伦理隐患。

从外部环境分析,学生评教信息已变成了一长串统计列表,被别有用心地去围捕那些绩效堪忧的教师,要么减少他们的科研资助,要么向他们兜售专业技能培训。正是这些 SET 附带的"功能",让全国范围内的教师都对"如何对 SET 进行改革"这一问题持非常审慎的态度。SET 所涉及的伦理问题变得错综复杂、含糊不清。我们认为其中最大的三个问题是:情境缺失,利益冲突,以及(也许是最重要的)有效性问题。

情境缺失

有些人拿到学生评教的信息往往无视情境因素,因而无法去正确地解读这些数据。比如家长看到一位教授的评分比较低,就会认为这位教授的授课水平不高,而没有意识到这也许是一门通识课的先修课程,要求严格,历来评分就低。这种现象在很多学科都存在(Clayson et al.,2006)。或者某一位学生因为对某一门课提不起兴趣,又或者特别不喜欢授课教师的教学风格,所以给出了很低的分数,而看到这些评分的州教育委员会成员可能不会将学生的个人因素考虑进去。总之,产生评教分数的情境非常重要。

利益冲突

各个利益相关者之间的诉求也会相互冲突。学生评教的测评分数一般不会发放给学生,绩效评估的测评分数也只会保留在管理者和员工之间,教授们当然有权利要求绩效测评的信息也由他们自己掌握。但是,学生们希望能够事先知道哪些老师教学效果好,哪些老师教学效果差,他们很讨厌在信息不足的情况下选课,有时不得不依靠之前学生的口口相传来避免撞到糟糕的老师,还有就是依靠学校之外的一些网站(如"为我的教授评分")来获取信息。学生们还告诉我们,当他们发现某位老师即使多次收到学生评教的反馈,清楚地知道学生们希望他能在哪些方面改进教学,却在接下来的一段时间毫无改观,他们就会在"给我的教授评分"网站上上传吐槽帖子。当然,有些网上流传的教师信息未必是真实准确的。但是,每学期和学生们的交流给了我们两个提示:第一,这种非正式渠道分享的信息实际上是对路的;第二,任何组织中的人都讨厌所谓的"参与错觉",换言之,他们认真提出的意见貌似被听取了,结果却没有改观。所以,出于某些原因,对学生评教的分数进行保密没什么不妥,但从学生的角度来看,公开这些信息也没什么不对。

让我们来看看下面这段引述,一个名为比尔的网友看了一篇关于公布学生评教结果的博文之后做了如下回应:

> 老实说,我不明白教授们凭什么可以身处一方圣地,如此随心所欲、不讲公平、无逻辑又脱节而免受处罚,在大多数高校中他们已经合法享受了很多免责的权利,在被服务的人面前又处于隐身和匿名的状态,这些人支付了超过 5000 美元的学费来上课。这无异于在说做"消费者报告"的机构不应该做消费者满意度调查。

很显然,比尔之前和教授们一定有过过节,他认为"教授们"的做法在伦理上值得商榷。让我们不爽的是,像 Bill 一样有人居然认为,我们的绩效评估信息和我们做研究时上网搜索的"消费者报告"并没什么分别。尽管我们在学界拒绝将学生比作"付费的客户",但对一个要为自己的体验支付一笔不小费用的学生而言,Bill 的要求是不是也不无道理呢? 我们觉得他言之有理。所以,关于学生评教的结果,有待处理的问题是平衡好教授的隐私和学生的知情权。

有效性

在我们看来,SET 的有效性是最大的问题。在日益扩大的范围内使用学生评教的结果,更是将这一问题置于人们视线的焦点上。

一般而言,学生评教系统的信度不成问题,但关于效度的实证结果是:我们所查阅的所有文献、网上评论以及新近的研究(Flaherty,2016)都表明,学生评教系统是一个被广泛使用的工具,但其是否有效,却经不起推敲。在很多学科领域的研究中都详细记录了学生评教结果所涉及的性别歧视问题(Boring,2017),有证据表明女性教师的分数整体偏低。如果学生评教分数被用来做老师绩效考评决策的依据,那么这些证据应该引起足够重视。

衡量"教学效果"与"学生学习"密不可分(Stehle et al.,2012),而这两者的关系又常常盘根错节、含糊不清。不管有没有上过课,任何人都可以在"为我的教授评分"的网站上给教师们评分。尽管有一项研究认为"为我的教授评分"可以作为一些重要评估的构成要素,但"为我的教授评分"中的"火爆度"点评无法让人们当真。

随着学习保障体系的出台和推行,尤其是认证机构的兴起,外部利益相关者对高校普遍缺乏制度性和专业性的公信力和响应度,表现出了担忧和焦虑。对于他们的抱怨,我们非常理解,在很多情况下甚至表示同情。州政府、社区和家长一直合力呼吁各个高校进行改革,推动高校提高透明度、加强行动并落实更多方法,总之一句话,重视教育质量。但是,把学生评教作为惩罚或者以偏概全的手段,或用作单一的数据指标去衡量教授的课堂表现,都是非常不明智的。

特殊情况

堪萨斯大学(University of Kansas)的校董事会曾于2013年12月投票通过了一个条例,限制教授在社交媒体上表达观点的权利,以维护学校的声誉(Summers,2014)。当今的时代,高校受制于捐赠者、害怕卷入各种纷争的倾向越来越明显,我们完全理解堪萨斯大学管理层的这一举动。他们真正担心的,是哪个学生对学校某个教授的教学方法或课程目标不满意,然后因此引发一场公开大声讨,让学校蒙羞。我们认为这种情境下的评教模式是无效的,因为外人根本不明就里,而且不符合我们鼓励异见、挑战权威的角色设定。Schuman(2014)提出:"不应该由一群完全不知情的网民决定教授的去留。"我们反对"那些毫不知情的人"在我们的总体绩效评估方面拥有如此大的评论权利,这是教学伦理中新出现的不道德行为。

评估和支持:灵活性和控制度

我们这里讨论奎恩冲突价值模型中的纵轴,是为了解释为什么要使用这些评估信息。我们相信应该用发展的眼光看待绩效评估,而不是简单地把绩效评估视为一种评价体系(研究教学评估的权威们喜欢用"形式化"和"概括性"等术语来表达类似的意思)。当我们在其他行业里,采用绩效考核模式管理员工时,我们注重的是如何建立期望,并为员工提供支持,以达成目标。对管理者而言,因为我们知道,自己无法对员工的所有表现都了如指掌,所以评估的"过程"远比评估的"内容"更为重要。我们认为,这同样也适用于SET以及正确使用这些信息的方法。正是因为对SET的效度存在着不少有理有据的质疑,对教授教学"有效性"的衡量又千差万别,所以僵化地考虑或者直接就把学生评教分数视为教授唯一"教学效果"评价数据是不道德的。对每一方而言,寻求更多的质量控制方法确保教学的效果是好事,从我们的体验来看，整个改进过程还应该融入更多的包容度和主人翁意识，具有伦理精神的人力资源管理过程应该更加灵活和人性化，而不只是简单的控制。

学术界需要注意这个"控制"的概念。我们从来没有看到过哪个人可以通过单一、直接和可测量的方法让学生学习。对于学生能学到些什么，我们其实很难有多少控制，事实上我们真正能通过"教学效果"影响学生的，也就是学生的学习过程。因此，那些将学生评教分数视为控制体系工具的人，高估了"教"与"学"之间的关系。我们这一职业有一个神奇之处，那就是会见证不同的学生在不同的时刻展现出"顿悟"的神情。为了让这些闪亮时刻不断出现，我们希望可以主导它们的发生过程，并因材施教。然而很遗憾，从我们三位作者多年的教学生涯中，很难找到这样一个定式。

把持话语权

我们承认需要维持某些形式的 SET 并不是什么标新立异之举。尽管效度存在问题，尽管在使用时被抽离了情境，尽管是一锤定音式而不是用发展观的角度看待这些数据，SET 的使用范围还在逐渐扩大，并没有被看作一场失败的实验而被限制。我们越早投入到这一不可避免的态势，就越能对 SET 的应然状态和使用事项有话语权。

我们希望能更多地参与学生评教系统的未来发展，是因为我们想到还有其他很多类似情况与对学生评教的抵触情绪相仿，比如我们对突然进入学术和高校的其他外部力量也有过抵触。我认为最为类似的例子就是如何看待学习保障体系的文档记录。所有的高教认证机构都有某种形式的学习保障体系，这一体系在 21 世纪早期流行开来，要求高校必须有详细的文档记录，证明学习目标和学生学习成效的关系。凯茜曾写过一些思辨类的文章，评论类似这种用文件记录学习的方式，我们仍然记得有些同事对这一方式公然持反对意见。听说在一次非常重要的会议上，有人说："学习保障？他们不可能让我们做根本不想做的事情。"呃，然而，他们做了。到这次抵制大范围使用学生评教的数据,我们发现情况如出一辙。因此,我们不能放弃话语权,当我们听到别人说"他们"不能要求将学生评教体系纳入我们的教学实践中,"他们"不能以我们专业教育人士的最佳利益为代价使用这些数据时,我们不能再像鸵鸟一样把头埋入沙中。我们高校内外部利益相关者都有权知晓我们教师的本职工作表现,对于如何制定考核标准,我们必须要在场。

我们对学生评教系统的管理没有太多的干预权限,但非常关注 SET 如何规范化地运行。比如,盖茨基金会(Gates Foundation)资助了一项研究,基于他们之前大获成功的 K12 研究课题,开发一套兼具信度和效度并且实用的高教学生评教体系。这些研究课题推崇的是多管齐下的评价方法,包括课堂观摩、学生成绩,还有某种学生评教工具。和大多数的评估一样,三角互证才是正道。在那些单一的 SET 占绝对主导的高校,教师们应该大力提倡采集更多的评估数据值。

"那现在怎么着?"

从伦理层面分析 SET 的话,它应该包含的一条内容是负责任地使用多种工具。近年来,大家整体上不愿分享教学情况,并强调学术自由,这使得钟摆被摇向了另一端,即相比于之前,我们的掌控度变低了。教授们有责任认真对待学生的反馈,哪怕我们知道有时候来自学生的评论和建议不免有局限性。也许学生们当时对某门课草率地做了负面评价,但之后却发现这门课所传授的知识改变了他的人生,非常有价值。我们的工作性质就是如此,但不是每一个学生的评论都有这样的体会。他们的有些评论是客观真实的,我们需要听取意见并采取行动。每年我们都会借用期中和期末评价工具进行测评,并且我们发现学生的评价和建议非常难能可贵。最有效果的是,事先告知学生们,什么样的评价和建议对我们是有用的。每个学期学生评教都会促发一些富于创意且我们自身难以想到的改进。我们的体会是,当我们向学生表示并示范他们的反馈如何对我们起到重要的作用时,我们就会得到一些有价值的建议,收获教学实践新的动能。

学生们也有责任本着公平和善意的原则给予评论和建议。学生评价之所以不受待见,有部分原因是学生有时候写下的评语基于个人立场,不乏恶毒言语。我们需要教导他们如何给出建设性的反馈,让教授们愿意接受并学习,比如对事不对人,只针对课堂教学的问题,而不是教授个人的问题。与同行审稿过程类似,有些审稿人也需要学习如何给投稿人提出尽责且有建设性的反馈。我们不能简单地假设学生们都知道如何提供中肯的学生评教数据,而不让它变成毫无用处的个人泄愤行为。

管理者也有责任为教师提供一个机制。教师可以对学生评教的信息进行反思,比如年度绩效评估、每年重温一下教学理念、建立同辈辅导小组等。管理者应该避免在不提供辅导和支持改进体系的情况下,把这些信息直接用作惩处教师的依据。他们还有责任掌握并考虑这些数据中存在的内生偏差,如果要使用这些信息作为师资评估的依据,应该充分考虑其使用的情境。最近十年,我们观察到教学实践发生着巨大变化,教师的角色从以讲授为主的"台上圣哲"转换到了"场边指导",各种学习管理系统应运而生,翻转课堂及越来越大胆的诸如"社区参与联盟"(community-engaged partnership)等体验式学习方法层出不穷。教师们无从立刻上手实践这些新方法,更不用说对提升学习成效满怀信心,有效推行充满情感关怀的学习模式,并不像我们从一个教室换到另一个教室那么简单。我们需要专业发展的资助和支持体系的保障,去实现前沿化教学的改革。当我们所作尝试失败,导致学期末学生评教结果一团糟时,我们需要获得帮助,从这段经历中振作起来,并从中吸取教训。

外部利益相关者也同样负有责任。对于外界要求教育界更为透明化、要求教学质量的某种公信力等改革的呼声,学界的确有抵触情绪。但是改革从来就不是一蹴而就的,而且不应该从上而下,引发民众的恐惧心理和风险规避意识。比如,慕课自称是一种前所未有的便捷性学习渠道,但在国内辖区,议论的焦点更多集中在它们是否会成为一种削减学习成本的刀片,降低了它的学术地位。诚然,SET能够提供一些有意思的信息,但对于教授们如何帮助学生通过学习成为最好的自己，却很难通过电子表格和测试成绩反映出来。也许你帮助 Sherry 战胜了在众人面前发言的恐惧感，也许你帮助中学毕业的 Sid 在若干年后找到自信成功申请进入了法学院……生活在变化，但很可能你的学生评教分数并没有太大变化，外部利益相关者应该明白的是，学习效果的显现是一个复杂且漫长的过程。

继续前行

好了，讲了那么多，现在我们还要说，尽管 SET 存在着缺陷，但我们仍然支持使用它来帮助我们提升教学技能。支持的前提是在用发展和变化的角度看待 SET，关键点在于只提取我们需要的信息，并运用这些信息帮助我们学习如何成为更好的教师。

为了了解我们所构想的 SET 的大致模样，凯茜和达林·古德进行了对话，古德是古斯塔夫学院 2012—2015 年的副教务长兼理学院和教育学院院长，现在是惠蒂尔学院（Whittier College）的学术副校长和师资院长。他在古斯塔夫学院时，曾引领过 SET 的改革。

关于学生评教的争议不仅仅是评教体系中应该设置哪些问题（我们想有效测量的指标），而且还关乎我们该如何使用这些数据。尽管达林已对凯茜直言说我们需要设计一个让教师们信赖的评价工具，但我们还是问了一些有趣的问题：学生评教数据该不该被持续用于绩效考评，哪怕是对于已获得终身教职的老师？除了教师本人，谁还可以获取这些数据？对那些收到学生负面评价或者"有待改进"等评语的教师，我们该提供哪些支持？

委员会（以及所有与凯茜交流过的同事们）都认为当前的评教工具的确需要改进，但是，委员们对如何改进这一问题很难达成共识。因为上述这些问题的答案会产生深远的影响，大家各执其词也就不足为奇了。当凯茜问达林如何回应学生评教的效度问题时，他说："学生评教可以表示亮红灯，并不一定是要提请注意，但好的委员会可以看到某些数据点，如果教师们需要的话,可以花时间做改进。"他说的委员会可以是非正式的辅导团队或者致力于互帮互助的传帮带小组,将学生评教的反馈和课堂观摩的结果提炼成教学实践的改进。他还说:

> 我们要清楚地知道我们从哪里可以拿到(在哪里拿不到)有用的学生反馈信息,这能让我们发现哪些地方亮红灯了,这一点很重要。有些情况下,学生可能无法定义或讲清楚教授的教学出了什么问题,但他们知道这个教授的课就是不对劲,这时候委员会就需要刨根究底,和教授一起深挖到底怎么回事儿。

我们很喜欢达林对这个支持过程的详细描述,回到之前讲的整体绩效评估的内容,对过程也要给予重视,道理是一样的。

对下面的观点我们也表示认同:

> 只有一小部分的教师不希望改进,去提升他们的教学。如果有一种获得教师信赖并提供有效反馈的工具,并有一个真正能给教师带来帮助的委员会到位,且委员会提供的帮助不带有威胁性,以非正式群体为基础,那么,在这种氛围下,教学势必会有所改善。

至此,我们以达林的一段话作为本章的结束语,它们非常好地概括了本章的主要内容:

> 我们对好的教学法知之甚多。我们希望了解的是教师们的努力和投入总体上是否促成了良好的学习效果。教学行为是否健康?教学任务是否合理?课堂教学的成功之路多种多样,就像领导风格各具特色。我们现在希望聚焦的是学生评教工具本身,以及如何提高它的效度和意义。

讨论思考题

1. 让"学生评教机制"发挥正确的作用,对你们学校意味着什么?
2. 学生评教的内容应该是什么?使用过程是怎样的?

3. 学生评教应该是强制性还是出于自愿？为什么？

4. 如果你可以选择一些学生评教存在的问题，你会选哪些？为什么？

5. 如何管理学生评教机制让它为教授所用？我们可以做些什么？为了提高这一机制的有效性，我们应该让学生做些什么？

6. 你有没有看到过教师操纵学生评教的案例？既然学生评教机制一般作为主要或者唯一的教师评价标准，那我们"只按照评价标准进行教学"的行为是聪明之举吗？就像我们鼓励学生完成作业时要考虑到评分标准一样？

7. 我们需不需要特别考虑或者保护那些博士研究生？因为他们才刚刚开始执教，所以一般评分都比较低。作为求职者，他们一般都被要求出示学生评教的数据，这很可能是他们职业生涯中得分最低的阶段。从伦理角度看，我们该不该特殊对待这些学生？

8. 你们学校是否使用不同的工具对未获终身教职、已获终身教职以及资深教师进行分别评价？为什么？你觉得公平吗？

参考文献和补充阅读

[1] Boring A, 2017. Gender biases in student evaluations of teaching[J]. Journal of Public Economics, 145: 27-41.

[2] Burt S, 2015. Why not get rid of student evaluations? [EB/OL]. [2017-02-19]. www.slate.com/articles/life/education/2015/05/a_defense_of_student_evaluations_they_re_biased_misleading_and_extremely.html.

[3] Clayson D E, Frost T F, Sheffet M J, 2006. Grades and the student evaluation of instruction: a test of the reciprocity effect[J]. Academy of Management Learning and Education, 5(1): 52-65.

[4] Flaherty C, 2016. Zero correlations between evaluations and learning[EB/OL]. (2016-09-21)[2016-10-16].www.insidehighered.com/news/2016/09/21/new-studycould-be-another-nail-coffin-validity-student-evaluations-teaching #.V-LSMoCLo_g.mailto.

[5] Galbraith C S, Merrill G B, Kline D M, 2012. Are student evaluations of teaching effectiveness valid for measuring student learning outcomes in business related classes? A neural network and bayesian analyses[J]. Research in Higher Education, 53(3): 353-374.

[6] Patton S, 2015. Student evaluations: feared, loathed, and not going anywhere[EB/OL]. [2017-02-19]. https://chroniclevitae. com/news/1011-student-evaluations-feared-loathed-and-not-goinganywhere.

[7] Schuman R, 2014. Student evaluations of professors aren't just biased and absurd, they don't even work[EB/OL]. [2017-02-19].www.slate.com/articles/life/education/2014/04/student_evaluations_of_college_professors_are_biased_and_worthless.html.

[8] Spooren P, Brockx B, Mortelmans D, 2013. On the validity of student evaluation of teaching: the state of the art[J]. Review of Educational Research, 83(4): 598-642.

[9] Stehle S, Spinath B, Kadmon M, 2012. Measuring teaching effectiveness: correspondence between students' evaluations of teaching and different measures of student learning[J]. Research in Higher Education, 53(5): 888-904.

[10] Summers J, 2014. Educators not satisfied with revised Kansas social media policy[EB/OL]. (2014-05-25)[2017-02-18].www.npr.org/sections/ed/2014/05/25/315837245/educators-not-satisfied-with-revisedkansas-social-media-policy.

Chapter 18
第 18 章

学生推荐信：写还是不写，这是一个问题

尽管写推荐信再平常不过，但这远非看上去这么简单！本章我们将从推荐信的要求者"学生"出发，从各种伦理角度探讨有关推荐信的事儿。如我们会考虑那些毕业多年突然联系我们写推荐信的学生（有时候感觉他们从天而降）；我们会考虑那些线上推荐信的模式，比如 LinkedIn 等使用综合者通用的推荐信；我们会考虑推荐信中的内容是否会触及隐私等法律问题。如果学生在我们递交推荐信之前可以看到推荐信内容，这会对我们写推荐信的人有什么影响？最后，不同文化背景下的人对可以接受的程度有不同的理解，这里又隐含什么伦理问题？

第 14 章中，我们重点讨论了师生之间社交关系的伦理，也就是在社交网站这一灰色地带，什么时候和学生交朋友是合适的。这个话题可能因为临近学期末而更加凸显，我们会接到很多"加好友"的请求。还有一个标志着学期临近结束的征兆是，有一大波学生要求我们写推荐信。和你们大多数人一样，尤其是教高年级学生或者研究生的，我们每学期也都会收到很多让我们写推荐信的请求，以备他们深造或求职之需。有些很容易，比如 Shawn，他在一门难度很高的研究生课程中获得了高分，是那种一在课堂上发言就赢得同

学羡慕眼神的学霸之一。但有一些就不是这么回事儿了，George 是个成绩中上的学生，但他傲慢无礼招人讨厌，与其说他是请求，不如说他在要求你给他写推荐信。还有 Tina，她学业表现平平，既不出彩，也没有太差，我们该不该给她写推荐信？还是应该把名额留个那些"Shawn 们"？

学生即将迈入的是一个竞争日趋激烈的社会，因此，写推荐信这件事就被赋予了伦理意义。一封有分量的推荐信可能成为学生获得机会的关键因素，缺少了就有可能会和机会擦肩而过，所以我们不能对自己这个看门人的角色掉以轻心。每当收到学生的请求时，我们发现他们无外乎有下面几种需求，我们就来一一讨论一下，并抽离出其中的伦理问题。

要求写推荐信的是班级里的差生

我们这里不讨论那些像 Shawn 一样的绩优生们，对于他们提出的写推荐信要求，我们肯定是不假思索、乐意效劳的。当一些学生的表现远远达不到我们可以欣然给予推荐的水平，而又向我们发出请求时，我们必须要谨慎地思考该怎么做。我们可以答应他，然后随便敷衍他一封信，避免可能的冲突——你责任自负呗，对不对？如果你碰到一个难缠的学生，或者出于权宜之计，这样做比较容易，但这样既不如实又不全面反映学生表现的做法是非常不可取的。我们应该诚实地告诉学生，为什么我们不能写一封粉饰他的推荐信。他们请求我们写推荐信时，事实上在表明他们认为自己能够胜任他们所心仪且要求更为严格的新角色。我们认为，当我们不同意写推荐信时，我们会很难和学生开口解释，给他/她一些有事实依据的反馈，这会对他们的自我认知带来很大的冲击。

要做到这样并不容易，有些时候我们希望类似的观点讨论能够形成模板化的应对模式。我们的学生对此反应不一，大多数学生知道他们自己的表现存在问题，然后腼腆地承认自己并非学术明星；然而另外一些则对自己的表现认识不足，偶尔会有几个学生对自己的短板死不承认。我们所能做得就是不带恶意地如实相告,告诉他们我们为什么这么认为,并提供依据。在这样的对话之后,我们从来没有碰到过一例学生坚持让我们写推荐信的事情(这应该属于不当行为了)。

Schall(2006)评述过:

> 有时候我们能为学生做得最有善意、最负责任的事情是拒绝为他们写推荐信……最执着的学生会坚持找你,认为你是最佳推荐人,你的信对他来说意义重大。
>
> 当碰到这些学生时,我们还会注意到另外一些事情,我们和这类学生的对话就更为直白了。我们的经验表明,这样的执着另有原因,最终我们拒绝写推荐信是明智之举。

我们对学生并不了解,无法如实写推荐信

有时候学生希望我们对他们的总体表现做一些评论,比如人品或爱国精神,有意于服务政府安全机构或者从事金融业的学生会要求我们回答这些问题。我们认为这些问题并不是太难处理。如果学生要求写一封推荐信,我们无从做出判断,可以有这么几个选择:我们可以婉言拒绝,就说我们没有足够信息;我们也可以拒绝对这些问题做出评述,理由是没有直接经验;我们还可以通过和学生交谈找到素材,给学生补上这些缺失的信息;或者我们也可以从别人那里打听相关信息,并在信中注明信息的来源。

我们不可以凭猜想杜撰或者简单相信一些我们自己并未亲眼所见、亲耳所听的信息,学者们都对此表示同意。根据我们的经验,拒绝提供某些我们不知情的信息并不会抹杀学生的机会,反而会使推荐信的其他部分更为可信。

这个学生不招人不喜欢,甚至让人生厌

为性格乖张的学生美言包装实在是强人所难的一件事情。从伦理的角

度看,我们还是要视学生表现而定。除非他的讨厌之处的确会对他的未来前途造成明显的负面影响,一般在这种情况下,推荐信里应该对此有所描述。回想一下开篇中的"George"——因为他要申请的项目完全在他的能力范围之内,所以我们就写了推荐信。我们意识到 George 所要进入的领域(以及那个雇主)中都是像他一样的同类,某种程度上这就促成了我们最终为他写推荐信的决定。我们写推荐信时斟酌了字句,有理有据地表明他的能力完全能胜任项目的需求,并把他常挂在嘴边的"嗨,美男"的招呼语也写入了推荐信的某处,没有夸大其词,也没有刻意掩盖。

这只是个普通学生,没什么出众的表现

由于经济持续不景气,学生需要让自己显得有竞争优势或者与众不同,因此这样的推荐信请求越来越多。当我们收到了非学霸或者学业表现不尽人意的学生的要求时,我们就想到了自己看门人的角色。我们从《管理伦理》一书(Hosmer,2010)和该作者的其他著作中了解了一些特别有用的流程。当我们写推荐信时,有如下四问:

1. 谁获益?获益多少?
2. 谁受损?受损多少?
3. 我亏欠了其他人什么?
4. 其他人亏欠了我什么?

前两个问题是以结果为导向的,而后两个问题是以义务为基础的,所以这是一个非常简单粗暴的结构化评估过程,它帮助我们在决策时思考一些重要的方面。虽然完全记录整个评估过程太过冗长,我们就大概考虑一下每一个方面:

如果我们写推荐信,那么像 Tina 这样很普通的学生可能会拿到一个激起她热情的职位,她的整体表现可能会因此起色不少。也有可能是一个改变人生的机会,比如我们一个表现平平的学生,意欲实习之后转为专业岗位,否则

她很可能就做一个秘书。至于有谁受损,我们通常参考绩效评估的流程,如果我们给 Tina 写推荐信,她继续将平庸的表现沿袭到职场,那么很有可能因为业绩不达标而被淘汰出局。如果我们不写推荐信,那么她连入门的机会也没有,受损的范围也许会更广、历时会更长。

我们认为从义务的角度分析更有意思。如果没有如实地给出评价,我们绝对认为对推荐信的阅读者是有所亏欠的,所以我们会比较谨慎,不使用过度修饰或笼统的措辞。对于 Shawn 这样的学霸,我们的评价会是:"Shawn 的团队组织能力非常强,深得其他同学的尊重。"而对 Tina 这样的中等学生,评价会是:"Tina 所在小组的同学认为她总能出席小组会议。"我们有小组同学互评的记录,所以这条评论是有理有据的。所以说我们的评价要尽量具体而准确。我们还认为亏欠了 Tina 一些东西,比如我们的推荐信没有提到她的其他技能,因为我们意识到,教授对表现并不引人注目的学生容易贸然下定论。其他人对 Tina 有亏欠吗?也许是 Tina 的一次求职机会,但很多求职者也有类似的情况。求职市场在过去十年中非常缺乏尽职调查,所以我们更关心我们和 Tina 的交流会给她的前景带来什么影响,以及我们的如实评价会给 Tina 带来什么影响。

除了以上几种情况,互联网和社交媒体使得早年毕业的学生也能够找到你,哪怕你已经辗转去了其他高校。另外,法律的更改也会影响我们写推荐信的行为。接下来就是另外几种值得我们思考的情景。

早年毕业的学生来找你写推荐信

社交媒体能让人找到早就在"现实世界"中消失的人。我们之前的一个学生 Sydney 毕业 13 年后来找我们写推荐信,而且这些年之间我们处于失联状态。虽然我们记得她,但我们根本无法回忆起她在课堂上的表现。我们该不该为她写这封推荐信呢?如果我们没有特别的绩效标准和学生目前的才能作为参考,我们有责任婉拒这位学生的请求。也许这样做会导致她失去某些工作机会,但这些学生更应该去基于现有的人际关系,挖掘更能准确评估他们能力的人脉。当我们拒绝这个学生时,她并没有表现得太意外,我们有时候会怀疑是不是因为她毕业之后的表现太差,以至于她逮到谁都当作救命稻草。

学生要求一份电子版"综合推荐"或通用推荐信,就像 LinkedIn 上的那样

学生 Blake 需要一封 LinkedIn 上的电子推荐信。他是个绩优生,但他给我们的要求是写一份全面的推荐信,强调它包括团队精神、写作技能等在内的综合能力,而不是只针对某一个职位的推荐信。这类推荐信有多少用处?当我们搜索信息时,碰巧发现了 Adams(2012)发表在《福布斯》杂志上的观点非常受用。

和老派的推荐信类似,推荐信里基于技能的描述越具体、越真实越好。Adams(2012)指出推荐信不宜使用过于华丽的辞藻、含糊或冷淡的措辞,或者撰写过多的份数(超过 50 封)。她还认为虽然这样的推荐信很有用,但雇主也并不会以求职者没有电子推荐信的原因就令其与所申请的职位失之交臂。所以,我们用的伦理分析框架大体和之前相当:如果你能很公平、准确并且具体地描述出学生深受许多雇主喜爱的技能,比如时间管理、化解冲突的能力等,那么电子推荐信至少可以聊胜于无地存在。如果你无法证明这些可以被转化的技能,那最好还是拒绝写推荐信为好。尽管 LinkedIn 是需要注册的,但它就在网上,很多人都可以看到你写的推荐信,我们的确为 Blake 写了 LinkedIn 版的推荐信,提到他一些非常具体的工作能力。这非常容易,因为他是一名绩优生,我们刚给他上过课,所以一切都记忆犹新,但我们声明只写那些具体的能力,他对此表示理解。故事的结局是他拿到了心仪的工作录用书,而这份 LinkedIn 版的推荐信功不可没。

法律风险,尤其是 FERPA

家庭教育权利和隐私法案(Family Educational Rights and Privacy Act, FERPA)的出台是为了保护学生的学业表现信息,并允许学生自行决定可以获取这些信息的人群。各地对 FERPA 的解读各不相同,但推荐信所隐含的法律意义是非常清晰的。学生有权看到你所写的推荐信内容,除非他明确表示放弃这一权利,有时候研究生院和专业院校的招生处要求推荐信保密。要求学生放弃 FERPA 权利,可以让我们推荐人向招生官更坦诚地介绍学生的能力。同样重要的是,对我们所写的推荐信严格保密,也意味着不允许学生穷追不舍地到处打探,究竟是谁让他们失去继续深造的机会。学生会因为无法参与项目而责怪我们,有很多教授自己就要求学生弃权,不看推荐信的内容。我们做过一些非正式的调查,有些同事不管学生是出于求职还是深造的原因来请求他们写推荐信,他们一律需要学生表态放弃 FERPA 中有权知晓推荐信内容的主张。

十年中,我们为非商科学生或法学院学生只写过几封推荐信,但我们为想继续就读 MBA 的学生写过不计其数的推荐信。对我们来说比较奏效的方式是,和学生开诚布公地交流他们在未来研究生学习中所应具备的能力和特质。这样做有两重结果:要么学生非常优秀,我们写推荐信,他们看到也没什么问题;要么学生的表现不值得我们推荐,我们婉言相拒。现在,一个比较关键的问题是,和我们关系紧密的学生会请求我们写推荐信,而那些关系不太熟的不会让我们写。我们觉得目前的做法尚可行,因为我们没有遇到过同事们所碰到过的怪罪和埋怨推荐人的同学。从伦理角度看,我们所用的资源都符合"评论要有理有据"这一要求,也就是说,实事求是,就事论事,只讨论我们有直接经验和事实依据的学生学业表现。

令人悲哀的是写推荐信这个过程,在如今还具有了"看门人"的作用,滋生出这么多争议和法律问题。我们理解学生们的急于求成,想要提升学历的压力如此之大,以至于再理智的人有时也难以保持淡定,所以我们要在为学生提供这一重要资源时,也做好自我保护,而这之间的界限并不是黑白分明的。

会不会有文化解读的差异?

我们有一位同事是在北美以外的地方长大,并且仍然居住在国外,他寄来了如下的案例(我们略做修饰):

John 教的都是超过百人的大课,所以一般对学生不太熟悉,但他收到过几次写推荐信的请求。他拒绝过一位国际留学生的要求,因为他感觉无法根据对方机构所要求的标准对学生的表现做出评价。事实上,这个学生来找他写推荐信时是 John 第一次见到她,根据她交上来的几次作业看,她是一个差等生。当 John 告诉她,自己没法不顾原则地给她写推荐信时,她说她父亲可以为推荐信付费。当 John 再次拒绝之后,她似乎还不理解。

也许在北美地区的世界观下,这是毫无疑问的"很遗憾,我不能帮你"的情况,但 John 说,他的这位学生被拒绝时真的感到很困惑。从文化的角度看,部分原因可以从 2012 年《哈佛商业评论》(*Harvard Business Review*)上的一篇文章(Currell and Bradley,2012)得到解释。文中详细阐述了导致新兴市场出现腐败现象的一些推动因素,如处处刁难的官僚做派和来自跨国公司本身渗透市场的紧迫压力。在这样的环境中成长的学生不会认识到"好处费"在西方国家被负面解读的严重性,他们有权利通过清晰明了但不贬损的对话方式知道我们为什么不能帮助他们。John 的态度一点都不含糊,但随着教育的全球化和课堂日益的多元化,我们确信,我们会收到越来越多这样的推荐要求和类似的反应。

如果你同意写推荐信,这些推荐信应该包括如下一些内容:

首先,真实评价学生的能力、以往的表现和胜任未来角色的潜能。

如果我们回顾了学生的强项和弱项之后,发现无法写出一封支持型的推荐信,那就必须要对学生坦诚相告。推荐信中所用的依据对读者来说必须显而易见,对未来承担新责任的潜力预测,最好能与该领域的同事们先沟通一下。比如,你给法学院的学生写推荐信,那应该包含为什么这个学生在未来的项目中会成功,你如果和法学院的同事商讨一下,一定会为申请者的推荐信添上相当有价值的一笔。如果你在考量了学生的能力之后,不认为你可以写一份内容比较积极的推荐信,那就和学生直说。

其次,对学生的明显缺点做出解释。

有时候学生表现会不稳定,有一段时间的成绩可能非常差,要不是有这个瑕疵,他的学业表现堪称优异,评估者希望知道背后的原因。学生允许的话,可以告知是因为家里有人生病,或者什么其他情况导致了这一波动。我们曾经有一位学生一直遭受家暴,不难理解,她在整个春季学期表现非常糟糕。我们通过本地一家机构给她提供了帮助,当她逃离家暴之后,重修了大多数课程,后来她拜托我们帮助她申请一个非本地的研究生项目。基于她的综合表现,我们给她写推荐信并不难,我们还非常配合地专门注明了她之前的家庭状况。哪怕学生的表现并不是非常抢眼,我们还是应该指出学生在之前学业经历中的缺陷,并就如何克服它们提出建议。举个例子,假如一个学生遣词造句能力欠佳,那么日后他可以自己花钱找专业的文字编辑弥补这一缺陷。

最后,解释你和学生的关系——你们怎么认识的?你了解他哪些方面?

和学生认识、接触可以通过很多种形式,推荐信的读者需要知道你为什么可以对他的表现做出评价。你是授课老师,还是指导老师,又或者是客户咨询项目的导师?提供这些线索有助于读者了解你的角色,为学生的总体评估增加可信度。

为什么要冒风险?

推荐信可不是个小事儿。它们可以是非常重要的考量因素,可能会决定学生是否被优质的研究生项目录取,是否获得梦寐以求的提升机会,是否可以成功获得研究经费的资助等。他们也可以因为思想意识上的碰撞,演变成一场到底谁可以评判谁的大争吵。我们脑中浮现的是2003年那场备受关注的争端:德州理工大学(Texas Tech University)的一位学生起诉了他的生物学教授Michael Dini,因为这位教授拒绝为他写推荐信。教授在自己的网页上列出了一系列条例,表明在何种情况下他会出具推荐信,其中有一条是认同"进化是基于生物性学说"这一说法,而该学生出于宗教信仰,拒绝接受这一条例,于是退学离开了德州理工大学,并且起诉了这位教授。

这个案例的情况略微复杂。幸运的是,多数情况下写这些推荐信是一件愉悦的事儿,不会招致法律诉讼。肯定学生努力的态度,为他们从大学到研究生院的求学深造搭建桥梁,或者为中层经理荣升高管助一臂之力。正因为这很重要,所以值得我们特别留意推荐信谁该有、谁该无。Schall(2006)提到过推荐信的互惠性:"我们今天取得的成绩,都得益于别人为我们写的推荐信。所以我们中的大多数人都认为只要学生请求,我们就有义务为他们写推荐信。"我们基本同意他的主张,但"只要学生请求"这一说法值得商榷,它需要我们谨慎作出伦理考量,这一点在Schall(2006)一文中也做了详细探讨。

讨论思考题

1. 是否有学生让你写推荐信而你对此犹豫不决?为什么你会犹豫?发生了什么事儿?你最终怎么做的?为什么?

2. 什么时候可以拒绝为学生写推荐信,哪怕他是个好学生?

3. 请分享一些你写过的推荐信中比较好的措辞,或者你评价学生表现时比较有效的语言组织方式。

4. 如果你的学生让你在推荐信中加入虚假的信息,你会帮他吗?

5. 如果在发送之前你的学生可以看到你写的推荐信,你会对推荐信的内容做出修改吗?

参考文献和补充阅读

［1］Adams S, 2012. Everything you need to know about LinkedIn recommendations［EB/OL］. (2012-02-08)［2017-02-19］. www.forbes.com/sites/susanadams/2012/02/08/everything-you-need-to-know-about-linkedinrecommendations/#55d12a3562d3.

［2］Currell D, Bradley T D, 2012. Greased palms, big headaches［J］. Harvard Business Review, 90(9): 21-27.

［3］Hosmer L T, 2010. The ethics of management［M］. New York, NY: McGraw-Hill.

［4］Schall J, 2006. The ethics of writing recommendation letters［J］. Academe, 92 (3): 41-44.

Chapter 19
第 19 章

思想领袖（二）：
罗伯特·贾卡罗内谈"道德失灵"

罗伯特·贾卡罗内和马克·普罗米斯洛（Mark Promislo）2013 年联名在《管理学习和教育》（Academy of Management Learning and Education）上发表了《道德失灵：善行的污名化和商业伦理教育》（简称《道德失灵》）一文（Giacalone and Promislo，2013）。本章我们先对该文做个回应，然后和大家分享一下我和罗伯特的对话。我们还节选了波士顿大学卡布里娜·克雷贝尔·张（Kabrina Krebel Chang）对此的一部分回应，她是波士顿大学苏西洛全球经济伦理学院（Susilo Institute for Ethics in the Global Economy）的执行院长，引领着管理学院的全面伦理教育改革。

罗伯特其人

在第二部分结尾处，我们开始探讨教学伦理之本身，而不是教学中的伦理问题了。Giacalone and Promislo（2013）描述的是我们接收的学生，在道德上处于失灵状态。当我们阅读了这篇文章之后，特别想提出在讲授伦理课程,尤其是在讲授商业伦理教育时所面临的两大挑战:第一,厘清坚守伦理原则的组织成本;第二,我们可以在教学中做些什么,去承担这些成本并且继续向前推进。Giacalone and Promislo(2013)认为,商学院通过运用"规范"的语言、模型和量表,可以让那些"道德失灵"的学生保持敬畏伦理的视角和态度。该文认为,伦理教育要比我们想象的困难,因为学生进来时不是一张白纸,在进入我们的教室时,他们已经对"商业"的本质和他们的领导责任带有诸多固执而纷扰的假设。我们希望和罗伯特交流一下他们在文末所提出的一些"解决方案",也想了解他对这个议题的一些后续想法。

罗伯特是伦理教育领域中最有见地并且著作等身的学界领袖之一,在管理、灵性和宗教领域也一样。他是约翰·卡洛尔大学(John Carroll University)教授,之前是丹佛大学(University of Denver)商业伦理课程的讲席教授。在成为讲席教授之前,罗伯特在天普大学(Temple Univetsity)任教九年。凯茜很高兴和罗伯特在美国管理学会中的管理、灵性和宗教分会团队中合作多年。当罗伯特出任主编时,凯茜是《管理、灵性和宗教》(*Journal of Management, Spirituality, and Religion*)杂志的论文编辑。罗伯特在《管理学习和教育》上写过一系列激进的文章,我们对这些文章并不陌生。2004年的那篇《21世纪卓越商业教育》呼吁要挑战当时衡量成功的标准,引领商业教育转型。已经再版的《职场灵性和组织绩效手册》(*Handbook of Workplace Spirituality and Organizational Performance*)是管理、灵性和宗教研究领域中被引述最多的文献之一。利用业余时间,罗伯特和马克在2014年又编著了一本名为《非伦理工作行为:个人福祉的意义》(*Handbook of Unethical Work Behavior:Implications for Individual Well-Being*)的手册。

卡布里娜其人

卡布里娜曾在《华尔街日报》(*Wall Street Journal*)上论述过关于全面再造波士顿大学管理学院组织伦理教育的思路。卡布里娜是波士顿大学教授商业法律和伦理学的教师兼律师,教授伦理学已有九年时间,她的研究方向是社交媒体与雇佣决策的关系。

道德失灵

Giacalone and Promislo(2013)一文的主要观点是,学生不仅在进入商学院时完全缺乏道德推理和道德决策的能力,而且在教师们潜移默化的话语影响和规范引导下,情况会变得更加糟糕。我们整个文化价值体系中隐含的物质主义以及随之构建的语汇,渗透到我们学生对整个商业本质和作用的总体感知中,歪曲了他们对未来自己在商界所能扮演角色的期望。Giacalone and Promislo(2013)描述了商学院教授们所使用的误导学生的语言,并且指出这一行为事实上是在恶化这种倾向,另外,两位教授还描述了学生进入我们课堂时自带的"包袱"。这些意识形态上的负担包括"藐视美德的思维模式""将有需求的人妖魔化""将善行污名化"等,它们都削弱了我们为发展学生的道德自我所做的努力。确实,Christian 等(2011)向社会学同人提供了不少"令人沮丧"的证据,表明学生们缺乏能力去理解那些需要动用伦理推理的状况,以及不知如何用语言描述它们。该文结尾处提出了一些技巧,来应对专业语言的贫乏和思维定式的包袱,这里正是我们认为可以继续展开对话的发散点。

当阅读 Giacalone and Promislo(2013)时,我们被作者对道德失灵文化赤裸裸的描述震惊到了:简直太一针见血了!我们使用这些语言去嵌入一些商学院的规范,按作者的说法,那些规范是商学院教授们恶意共谋、助长组织不端行为的根源。"经济语言学"(Econophonics)是一种"有力的主导语言,在这种语言体系中,金钱可以用来主宰和解释任何行为";"权力语言学"(Potensiphonics)是另一种主导语言,但它强调的是"权力和威势"(Giacalone and Promislo,2013)。"权力语言学"是罗伯特利用拉丁语词根中的"权力"(potentia)一词创造出来的表述。我们当然知道,"物质主义"在很多利润至上的组织中很受用,但"经济语言学"和"权力语言学"都已经渗入了组织空间。比如,我们目睹了加州大学戴维斯分校(University of California Davis)过度炫耀权力和权威,导致了现在臭名昭著的"喷胡椒事件",或者是宾夕法尼亚州立大学(The Pennsylvania State University)悲惨的虐待事件。

无论是组织中的什么角色,企业管理者还是业主,学者还是咨询顾问,教师还是社区组织的委员,情况都大同小异。对充斥在美国组织实践中的那些纵容不端行为的机制以及令人咋舌的短视观念,只有我们参与改变,组织和个人的伦理行为才有可能有所改观。所以在伦理课程中探究为什么会出现不道德行为时,文化规则和短期观是我们讨论的关键点。但"道德失灵"一文则表明,是商学院使用的语言在引导着我们学生,就像电影《楚门的世界》中的主人公楚门生活在人造的穹顶下。和楚门一样,学生认为周遭的一切就是"真相",当我们将两种语汇严丝合缝地融合在一起并将之常规化,那么学生哪里有机会了解到商业活动和行为的不同观点?他们做不到。这也是为什么我们教授伦理的老师们被认为是处于无望的游离和脱节状态,或者是没什么相关知识可以传输的理想主义者。

两位作者所描述的"包袱"似乎从两个方向影响学生:一个是真正的需求被"玷污"了,这个很值得引起我们注意;还有一个是,需求的正向伴生物"善意"被摒弃了,善意自有它的伦理基础,但会威胁到个人追逐财富、权力和地位(Giacalone and Promislo,2013)。如果你愿意,我们的社会文化完全可以摆布学生。如果我们不帮助学生卸掉这些包袱,我们将无从向他们施加长远的影响,去帮助他们正确认识未来的角色和责任。

Giacalone and Promislo(2013)还提出一个观点,如果我们引导和推崇有价值的行为,也会有不利的一面:"其他人只是出于纯粹的经济考虑恪守美德,就会造成一种个人选择不可捉摸的印象。"结果就是,有些人行事有德有行不失范,而其他人认为这是追求财富和权力的荒谬做法。不仅如此,以绩效论英雄是被精心打造起来的规范,那些讲德行的人是破除这种既定规范的代言人,如果他们在情感上做不到坚定不移,其他人就会阻止他们。

伦理行为的成本

以道德为依据、符合伦理的行为会产生哪些成本？两位作者谈到要和学生坦诚透明地交流这一问题。我们在组织行为学中讨论组织文化的社会控制机制时，也会提醒学生注意反文化现象，伦理和基于原则的行为会破除商业中一些重要且实用的关系，这会产生成本。

《道德失灵》一文非常直白地提到了这些成本，并且建议我们对学生也直言相告。接下来，罗伯特和卡布里娜加入了我们的讨论，凯茜一一询问了他们对该文的看法，以探究《道德失灵》一文带给我们的深远意义。

对　话

凯茜：这篇文章触及了我们在组织环境中做伦理决策时的一些个人性质和潜在成本，您能就这个问题继续发表您的观点吗？

罗伯特：我会说，组织中有德行的人对现状的威胁一点不比无能之辈小，甚至可能更大。理由是，无能之辈威胁的是组织的整体运行，而有德之辈可能直接威胁到单个人，所以这里还涉及自我利益。虽然你做的是一些符合道德规范的事情，但却导致我丢了奖金（或者坏了我的业绩），那你就是对我个人造成了伤害。这一切只是因为你鲁莽地做了正确的事情，所以一定要阻止你一意孤行。如果你得逞，那么你就明显危害了我当下的福利。

所以伦理不是无代价的，它会产生成本。你每天都在选择你是否要支付这类成本。对我而言，我每天都会给自己明确"这是我的主张，也是我愿意担当的主张"。我并没有评判的意思。如果一个小偷承认他是小偷，尽管我不喜欢他的所作所为，但我仍表示服气，因为他知道他是谁，他不遮不掩、一口承认。我无法认同的是那些标榜自己是讲道德的人，一转身又言行相悖，这个是我不能忍受的。所以，当我们交流时，我会告诉我的学生这些想法，并且让他们作出回应。

卡布里娜：我在美国东北部的商学院工作，学生们超级有动力。身为商学院的一员，很遗憾，我理所当然地认为我们需要打破"金钱＝快乐"这一等式。打破这个等式不能只发生在课堂这样一个小范围内，他们需要看到真实的例子。我用过一大串不同的例子，让同学们参与思考和讨论。

很久以前，《纽约时报》上有一篇文章报道了举报者失业的可能性，学生们阅读了这篇文章。当我们在伦理课上讨论美德时，我又用了些其他例子，一个是巴里·施瓦茨（Barry Schwartz）在 TED 上的演讲《智慧的缺失》，他对一个医院看门人的工作进行了描述，现实中的我们太容易对这些人不理不睬了。另一个例子是辛辛那提停车场的一段录像记录了一个人被抢劫犯暴打，两位路人相救的故事。结果这两个路人是无家可归的流浪者，当他们接受采访时，他们开始讲起了无家可归的耻辱。最后一个例子是，911 急救电话接线员恳求一家退休中心的职员们，给心脏骤停的老妇人实施心肺复苏术，结果没有人这样做，连护士都不做！这个 911 接线员表示很不理解，为什么会没有人愿意帮助她。

凯茜：这篇文章在结尾处提供了一些解决方案和行动要点，包括增加批判性思考能力、调高那些敢于反对主流话语的学生的音量，并且以身作则引导学生按我们期望的方向走。当然，我发现"要调高学生音量"这一建议在实践中最难做到。请回想一下从文章发表到现在，您是如何具体指导学生大胆表达自己的异见的。当学生目睹或者经历职场中一些不道德的行为，该如何采取行动？您还有什么其他的建议吗？

罗伯特：按道德行事是个复杂工程，大家并没有清楚理解我们对他人的行为期望究竟是什么。不管作出什么样的行为，都会有直接或间接的效应，你不能简单地认为这样做或那样做就一定是对的，因为你不知道所有后果！我只能看到直接影响，看不到间接影响，比如说我看不到在群体中会发生什么，或者你回到家后会发生什么。马克和我收集了不少有关压力的信息，不仅包括压力对本人所造成的影响，还有对他周围的人所造成的影响，这关乎伦理决策时的系统问题,这正是我们甚少关注却恰恰需要考虑的地方。

我们倾向于从另一视角看待伦理问题,其实它是我们生活的另一切面。这是一种决策,而我们每时每刻都在做决策。但我们认为这是一次性的行为,如果我们做了一个坏的决策,它就会一直伴随我们,但事实上并非如此。我们应该告诉学生,他们会犯错,但可以吸取教训,这就是批判性思维模式,而且要在课堂上勇于表达自己的观点,这方面我们做得还不够好。

至于第二个建议(提升学生的话语权),你可以事先从学生这里了解他们所面临的伦理困境,以及他们之前一直是如何应对的。让他们用匿名的方式提前写下来,到课堂来交流他们当时是如何做的,互相讨论一下这样做需要动用多少勇气、多少利他精神。然后考察一下这样做的影响,如果他们当时没有采取那样的行动,会发生什么情况?我们甚至也可以用匿名的方式介绍一下品行良好的学生是如何做的,以对冲学生们周遭的主流话语。

卡布里娜:我的聚焦点是批判性思维技能——在面临决策的当下,打开他们的思路和视野,会有助于提升他们的决策能力。他们会考虑为他人带来福祉,而不仅仅是自己企业的利益。《道德失灵》在结尾处的最后几段对此做了阐述。有些学生的确会在决策中考虑人的因素,我一般不太愿意借他们的口发声,因为我不想让他们陷入尴尬,或者让他们成为众矢之的。当然在课堂中我非常欢迎他们自主发声,但我不会总是利用他们来压倒对立面的声音,这会给他们造成很大的压力,并且会让他们难堪。

例如,在我一年级的课堂中曾经有两位女学生,她们似乎没有罗伯特和马克所谈及的那种"包袱"。我一般会站在她们的立场把观点糅合进去,如果我说的观点和她们一致,她们不会感到尴尬,不管我是否同意她们的观点,我都站在她们这一边。所以,我们是三个人在共同挑战班里压倒性的观点。因为这个缘故,我会提出比较另类的观点,有点故意扮演这种角色的意思,好让她们显得不那么孤军奋战。我敢说,我们好多人也是这么做的,我几乎从不说"你不对",但从他们说对的那刻开始,我们就开始三人一台戏了。对于那些带着"包袱"的同学,我们也要给予他们表达的机会,否则他们就会出于防御而强辩。现在以及未来,我对伦理问题的处理方式,都是不去教他们是非曲直,而是教他们形成批判性思维,在做决策时多做思考。我会料到他们入学时已经自带三观,但我不能排斥他们,他们才18岁,我的工作是帮助他们拓展思路,教会他们使用分析工具。

更多思考:为什么还有希望?

希望在哪里?如果"道德失灵"属实,那为什么我们还要坚持"伦理教育"?

我们当然无法控制学生所背负的"包袱",我们也不能控制我们坚如磐石的社会文化,但我们还是要采取一些行动。我们必须有所担当,告诉学生坚守伦理原则所需要付出的成本,帮助他们思考期望自己成为什么样的人,他们会如何为自己和自己的利益划分边界。我们必须有所担当,展现优化决策的形成过程,而且我们必须以身作则。波士顿大学管理学院、苏西洛学院及一些独立的伦理中心都有专门的项目供学生沉浸式深入学习,如果从一年级就开始接触,学生们有机会了解不同的话语体系、不同的商业模式和不同的目标,这种迭代式的学习带给我们很大的希望。

要不是楚门遭遇一次次怪诞的经历,他还会生活在天衣无缝的生活秀场中。如果这些非常规事件经常发生,并且学生们熟悉和信任的人对此提供各种解决之道,那么学生们终将会像楚门一样认识到,主流的文化"规则"之外还有其他各种选项,然后学生就开始学着质疑和独立思考。

讨论思考题

1. 你可以从自己所在的商学院找到"经济语言学"和"权力语言学"的例证吗?
2. 你觉得其他的话语体系和商业范式应该是怎么样的?你可以用《道德

失灵》一文之外的语言描述一下吗?

3. 如果学生对当今商业规范现状提出质疑,你的课堂会发生些什么? 你是如何处理的? 如果可以重来,你会有什么不同做法吗?

4. 你如何用学生可以接受的方式培养他们的伦理评判能力? 你会用一些什么例子?

参考文献和补充阅读

[1] Giacalone B, 2004. A transcendent business education for the 21st century[J]. Academy of Management Learning and Education, 34: 415-420.

[2] Giacalone B, Promislo M, 2013. Broken when entering: the stigmatization of goodness and business ethics education[J]. Academy of Management Learning and Education, 12(1): 86-101.

[3] Korn M, 2013. Does an 'A' in ethics have any value? B-schools step up efforts to tie moral principles to their business programs, but quantifying those virtues is tough[EB/OL]. (2013-02-06)[2017-02-19].https://www.wsj.com/articles/SB10001424127887324761004578286102004694378 .

[4] Smith C, Christoffersen K, Davidson H, et al., 2011. Lost in transition: the dark side of emerging adulthood[M]. Oxford: Oxford University Press.

第三部分

公共服务中的伦理

Chapter 20

第 20 章

// 准则和利益冲突 //

  大多数教师在职业生涯的不同时点，会在一个或几个专业型组织中担任要职，在承担这些角色的过程中，利益冲突可能是最容易碰到的伦理困境之一。很多组织都制定过专门的伦理守则，但主要针对的是一般的会员，而不是组织中的管理层。

  本书的第三部分探讨的是公共服务中的伦理，主要探讨我们在承担"服务性"或"专业性"角色时面临的伦理困境。我们在这里把自己看作报道公共服务问题的记者。相比于研究和教学，这里所呈现的伦理问题更难被定义清楚。研究就是指阅读、分析、写作、成稿并投稿给编辑（我的情况经常是在被编辑拒稿之后再投递），然后从不同的渠道将这些成果发表出来，包括期刊、专著、某书某章节、工作论文、政策报告、案例和其他学术成果形式。在整个过程中所暴露的伦理问题是多方面的，好在这个过程是大多数人熟知、很容易了解的，我们也已经在第一部分中讨论了这些问题。

  教学亦是如此。哪怕我们还没有成为学者，我们就已经知道教学包含了什么内容，从小学到中学，然后到大学，之后再接受研究生教育，我们很清楚这是怎样的运作过程。同样，教学中的伦理问题涉及面也很广，但至少乍一看,我们对教学活动了然于胸,无外乎就是在课堂上、在办公室接待时段以及学校的其他场景中帮助学生学习,其中具体的伦理问题也已经在第二部分中讨论。

剩下的就是公共服务了,我们也会把它描述成"其他类",并划分成两个类别:学术机构中的问题,以及专业型组织中的问题。我们所在的学校、学院、系所中有些活动会招致伦理问题,比如委员会事务、招聘、院系管理、涉及课程建设和职称晋升等问题的投票、学术交流等。同样,在一些专业型组织的活动中也会有伦理问题。这些组织数量众多,如国际社会科学理事会、美国社会学协会、美国管理学会、美国经济协会等。活动纷繁复杂,如委员会工作、出席/组织/参与各种会议和研讨会,会员们陈述论文、辩论、招聘,如果承担管理者的角色,还要就这些组织和专业的存续和发展做出重大决策。这两大范畴都难以逃脱的一个重大伦理问题就是利益冲突。

利益冲突,那又怎样?

这里我们主要探究一下专业型组织范畴内的问题,这些伦理问题很重要,但我们对此研究不多,专业型组织的领导者有时会碰到这些显性或隐性的利益冲突。他们的职责包含决定经费的用途,决定如何组织和认可贡献者,以及考虑如何开展重要的学术活动。

作为管理学术界的一分子,我们谈谈体会。最大的专业型组织 AOM 持有几百万预算,注册会员近两万,他们来自全世界 105 个国家。学会会根据会员取得的各种成就,颁发 60 个奖项,并且每年 8 月在北美地区择地举行盛大年会,也许很快会在北美之外的地区举行。AOM 有七百多个会员被列在"领导名录"中,其中有 14 人身兼要职。AOM 应该是我们领域中规模最大的组织,其他社会科学领域的专业型组织应该也有类似的组织结构和领导层。

这里就有可能会产生利益冲突了。领导层出于组织的立场,在决策过程中追求组织利益最大化,他们是组织委任的受托人。如果这种信托关系和组织领导者的个人利益出现分歧,那么就会滋生利益冲突。负责分配研究基金的领导者在考量两个会员分别主持的组织项目时,也许会无视组织章程规定的标准,而给私交甚笃的一方拨资金,这就是真实的利益冲突。同一个领导者也许会根据组织章程设定的标准,而多给其中一个会员拨款,但大家知道他们私交甚笃,那这很明显也会有潜在的利益冲突。

这两种情况都不可小觑。真实利益冲突产生时,我们必须以组织利益为先,削弱其他领导者试图为会员谋利的合法性。而在明显会造成潜在利益冲突的情况下,领导者仍然应该保证组织的最大利益,而削弱其他领导者采取偏袒行为的合法性。如果领导者及其他同事在面对明显的利益冲突时不积极作为,那么会员们一定会认为这些决定是有私心的,并为此感到气愤。

我们如何作为?"披露+"

专业型组织的领导者该怎么做?在这些组织中工作的学者们(Moore et al.,2005)对此做出的一个回应是,在决策之前先进行信息披露。告诉其他领导者和会员有什么利益冲突,但也许我们还应该在披露之外多做些什么。"披露+"的做法是再次确保日后的决策还是严格以组织制定的章程为依据。"披露+"还可以包括先披露,然后将有利益冲突的决策人的责任转交给其他不涉及显性或隐性利益冲突的有资格的领导者。或者也可以先披露,然后在决策讨论时,有利益冲突的相关决策者放弃投票。另外还有其他一些"披露+"的操作方法,目的都是为了体现领导者和组织之间的信托承诺。因为涉及的金额、人数越多,事件规模越大,所以当利益冲突的情况出现时,"披露+"的程序就显得尤为重要。

我们的组织可以做些什么?

专业型组织为帮助领导者应对利益冲突的问题能做些什么?我们可以

采取如下这种组织方法：不干预，依靠领导者的敬业精神。尽管社会经济促进协会（Society for the Advancement of Socio-Economics, SASE）的规模比 AOM 小，但它拥有一大批来自不同领域的会员，包括管理学、经济学、政治学、社会学和法学。SASE 的会员来自五十多个国家，他们每年都汇聚一起，进行学术研究的交流、研讨、辩论、招聘和联系，这一点与 AOM 的年会一样。与 AOM 相仿，SASE 的领导层也比较分散，主要根据学术贡献排位，设有总裁和委员会。由于资金、人员和活动都具备，所以我们可以猜到，发生利益冲突也是在所难免的。

SASE 没有针对利益冲突的明文规定，但 SASE 章程中包括了一些流程，比如，SASE 的官员如果"没有能力或者未能合理而谨慎地履行自己的职责，或者严重违背了本章程所制定的规则和规范"，那么这些官员可以被罢免（SASE 章程第八款第一条）。但是，对于如何披露并修正利益冲突这一问题，却没有明确的指导原则。很有可能的是，SASE 领导者的敬业精神和与组织的信托承诺中，已经隐含了他们处理利益冲突的义务。

AOM 倒是真的有为会员拟定的伦理守则，守则中也提到了利益冲突的问题。AOM 呼吁会员们在面对如下情况时，最好回避承担某些角色：他们的利益或关系非常有可能①有损他们的公正性、工作能力和有效性；或者②将与他们相关的个人或组织置于被伤害和被利用的境地。会员们应该披露相关信息，否则就会滋生利益冲突。当决策人与其他人有"强烈的冲突和分歧时"，他们还需要考虑会不会对他人造成偏见。AOM 不乏此类表述，大型专业型组织可以以此作为标准（Gallant, 2011）。

在经济管理领域，还有另外一个专业型组织 AIB。从会员数、会员国籍的多元化、支持措施、年度活动举办次数，以及分散式治理模式等方面来看，AIB 介于 SASE 和 AOM 之间。同样，他们领导层的决策也涉及资金、人员和活动，所以也会有利益冲突。AIB 的伦理守则对如何处理利益冲突有非常详细的指导原则。它首先给出了利益冲突的定义，并举例说明对于 AIB 的领导者，利益冲突是如何与其个人、其研究和其职业人脉相关联的。根据利益冲突"显性"或"隐性"、"重大"或"无足轻重"等特征的对比,利益冲突又被分成不同的等级。如果 AIB 官员和另一个人谈论研究兴趣,而后者又恰恰处在某个委员会应聘的投票期,这种情况就会被归于利益冲突程度量表的最底端——无足轻重且隐性。如果还是这个 AIB 的领导者,但这次她嫁给了那个很有可能在日后被任命的委员,这种情况就会被归于利益冲突程度量表的顶端——重大且显性。AIB 的伦理守则列举了各种披露和修正的应对方式,包括从记录披露细节,到取消官员任职资格,使之不再进一步参与决策等等(见 AIB 伦理守则的第 3 部分)。

你和你的组织应该怎么做?

一方面,我们不太支持以个人或组织的途径去处理利益冲突问题。另一方面,我们将披露我们参与撰写的 AIB 利益冲突处理守则。因此,我们选择站在"多多益善"的阵营:"披露+",也可能是"披露++",以提供更为详细的书面条例,帮助我们处理不同情况下的利益冲突。当组织越来越壮大、成员越来越多元、领导权越来越分散时,这些条例就变得愈发重要了。

我们对商学院的本科生说,他们将比预期更早地步入企业中的领导岗位;同理,在管理学界,一些研究生亦很早(远比他们统计的早)就加入了专业型的组织,然后一路升迁至领导层。积极地说,我们在工作中倾注了能量、善意和组织利益至上的理念。消极地说,我们对待利益冲突时缺乏可以作为参考的过往经验,但敬业精神和专业守则可以帮助我们弥补经验的缺失,帮我们更有效和愉悦地完成我们在专业型组织的公共服务工作。

讨论思考题

1. 请访问你所在的专业协会网站,阅读它们的伦理守则或者处理利益冲突的具体条例。它们是如何说明的?你同意这些条例吗?

2. 你所在的机构怎么样？有没有伦理守则？有没有处理利益冲突的具体细则？你认为它们是如何指导你的日常工作和生活的？

3. 为什么一个疑似的利益冲突和真实的利益冲突一样具有破坏力？你认为它们具有同等破坏力吗？

4. 你有没有碰到过需要解决利益冲突的情况？请分享这个经历，发生了什么？最后是如何解决的？

参考文献和补充阅读

[1] Gallant T, 2011. Creating the ethical academy: a systems approach to understanding misconduct and empowering change in higher education[M]. New York, NY: Routledge Press.

[2] Moore D, Cain D, Lowenstein G, et al., 2005. Conflicts of Interest: challenges and solutions in business, law, medicine, and public policy[M]. Cambridge: Cambridge University Press.

Chapter 21
第 21 章

什么时候一份工作录用信才真的算数？

发放工作录用信并接受聘用是学术界的常规工作之一。我们还要在此基础上做些展开，接受或者拒绝一份工作录用信是再稀松平常不过的事情，但这个过程也具有复杂性，会成为伦理困境的温床。本章讨论的是，学术界工作录用过程中的相关伦理问题及其妥当的应对方式。

什么时候一份工作录用信才真的算数？也许听上去这是个愚蠢的问题，或者像是一个笑话的开头，抑或是一年级法学契约课程期末考试中的一个考题。但当你收到某个大学院系的领导的电话、邮件或书信，热情邀请千里之外的你加入他们的学校时，这个问题就不那么像是玩笑了。如果你是这场邀约的另一方，也就是邀请的那方（有时会被认为是恳求方），让一个未来的同事从异地他乡千里迢迢地过来就职，就更不像是个玩笑了。

发放工作录用信和接受聘用是常规工作。年轻人经过漫长的博士阶段学习，最后接受一份带薪的工作，这看上去像是终于走到了隧道的尽头。不管是耳闻还是目睹这个流程，我们会认为自己对此毫不陌生，认为这是相当标准的流程，是不是？但是工作录用信这件事儿还真不是那么简单，尤其是给一位资深教师发放终身教职录用信时。我认为在有些复杂的情况下,发放工作录用信还涉及伦理层面的思考。哪怕工作录用信不包括终身教职,我们也要认真思考其中一些看上去不那么显而易见的流程,这样才能确保合约双方做出正确的决定。在本章中,我们将择取一些我们认为和学术界工作录用信有关的伦理问题展开讨论:录用信应该包括什么内容?这些内容该如何表达?在什么情况下,一封临时性的"工作录用信"会引发争议?为了对当前和未来的雇用单位都公平,我们该如何回复一封临时或者常规的工作录用信?

这是个困难的招聘期

在很多领域,十二月份是提供工作录用机会的旺季,而在学术界,一月到四月才是集中发放工作录用信的季节。当高校的院系开始招聘时,求职者从一月底开始陆续来访,直至二月份,心中默念能够在二月底顺利收到工作录用信,但现实情况是三月份才收到工作录用信,有时因为双方协商又拖延至四月份。

能够求得刚刚摘得博士头衔的学生、青年学者和资深学者的青睐,对商学院来说在当前是莫大的挑战,至少有两个趋势造成了学术界这一现状:第一,新博士的供给早先非常充足,但最近几年开始不足。根据美国国家教育统计中心的数据,2015 年共有 3116 名商科博士毕业,这比前十年下降了 10%—20%。商科博士在所有专业博士毕业生的占比从 21 世纪初期的 2.7% 下落至 2015 年的 1.7%(AACSB,2003)。很明显造成现状的原因是,博士项目不好招生,更不用说去扩大规模了,尤其是在本国经济陷入低迷,大学因此纷纷削减经费的情况下。20 世纪 90 年代初,我们三位作者中的一位在明尼苏达大学开始博士深造,当时系里同时还有六位博士生,而现在,该系每年只招收两到三位博士研究生。

所以博士生的供给在下降,但对博士生的需求却在上扬,这是另外一个趋势。AACSB 估测全世界大约有 14000 所商学院,大多数位于北美和西欧,发展中国家也在不断开设新的商学院。他们求贤若渴,四处招纳人才,不管是那些已在顶级期刊上有丰硕成果的青年才俊,还是那些崭露头角的未来学术之星,都是大家争抢的香饽饽。另外,如果 2011 年《华尔街日报》所报道的一篇文章属实,那么在北美和西欧地区,还有人口因素这个推动力(Gardiner, 2011)使得招聘更加困难。20 世纪七八十年代,美国高校曾掀起两股聘任潮,21 世纪初期则回落成了退休潮。即使在任教师的数量在递增,但 AACSB 的统计结果告诉我们,在典型的商学院中,全职终身教职教授(full-time tenure)和属于终身教职系列的教授(tenure track)仍然占据了 60%—70%。每年都会有一些教师流动到其他学院或转行,但这通常属于荣誉退休的情况。无论哪种情况,学院都面临着搜寻、面试和吸纳人才的压力,他们希望通过网罗其他学校的新毕业的博士研究生、青年和资深学者,来填补自己学校的职位空缺,壮大从事新领域教学和研究的师资队伍。

工作录用信:如何写? 写什么? 如何发放?

好,招聘委员会已经做了大量前期准备工作,求职者也纷纷展示了亮眼的最新研究成果、教学评价,并和学院上下进行了寒暄和熟络,最后学院要决定录用结果了。我们把情况简化一下,一种是给其他学院的资深教授一份终身教职,另一种是给其他高校的博士毕业生和青年学者一个终身教职系列的岗位。那么在发放这份工作录用信之前,我们至少想到了三个问题:我们提供的是一份什么性质的工作录用信? 工作录用信中该包括哪些条款? 如何发放录用信? 说到"什么"工作性质的信,我们是指这份录用信是不是涉及终身教职的聘用。这个区分非常重要,决定着这份录用信的确切性质。如果仅仅决定提供一个终身教职系列的岗位,而非终身教职,那么对院系来说,这个流程就很简单直接了,不需要或者很少需要学校参与整个聘用的流程。

但是,如果这份录用涉及终身教职的聘用,那么情况就趋于复杂了,复杂的原因在于这个录用信只是一个临时录用证明,只有通过了校、院、系各个层级的复审和投票之后,这封工作录用信才算尘埃落定,整个过程可能会持续数周到数月不等。如果求职者被层层筛选之后,得到的评价不错,那一开始他可能不会收到一封真正的录用信,而只是一份意向书。我们这里说的"可能",指的是当求职者的终身教职资格审核被暂缓或者被拒绝,那么有些录用信会提到转为非终身教职岗位的可能性。我们等一下再回过来讨论这个情况。

接下来是"写什么"和"如何发放"的问题。"写什么"指的是在录用信中明确一些条款,如求职者的薪资和相关福利、教学工作量及研究和服务工作。所有这些条款不必一一细述(虽然有些求职者会要求注明细节),只需罗列一些"重要"的条款即可。这些重要的条款是指那些一旦变化,就会使求职者改变主意,从接受改为拒绝,从同意改为反对的条款。这些条件包括:职位(终身教职或非终身教职)、任命日期和期限、基本工资、系里任务和教学工作量、因搬迁而产生的常规和非常规开支报销,等等。其他条件还包括配偶的工作安排或硬软件材料的购买等。我所列举的这些重要条件并不是完全版本,不过根据我们的经验,也基本囊括了目前的一些实际和期望的需求。

再谈谈"如何发放"的问题。有的工作录用信是通过电话或面对面交流的方式发放的,以期对方当场表态,我们对此表示很惊讶。电影制片人塞缪尔·戈尔德温(Samuel Goldwyn)有一次也说过"口头协议不亚于书面协议"。我们同样觉得很惊讶。如果一封工作录用信是通过一串电子邮件信息发送而不是通过一份独立的信函送达,我们很怀疑其诚意和严肃性。毕竟,这种情况下的求职者如同在"押赌注",她是在独自甚至举家乔迁,千里迢迢跨越数国,甚至横穿大陆的情况下来到贵校工作。

所以,在整个招纳人才的过程中,我们要充分考虑"写什么""如何写",以及"如何发放"这些问题,如此这般,才能说对求职者和其他相关人员是公平的。

有关公平性的若干伦理思考

我们回到刚才讨论的终身教职的临时录用信。我们先回顾一下之前的观点,在整个评审环节一一通过之前,求职者看不到一份摆在桌面上的终身教职录用信。对,什么都没有。终身教职的录用信都是临时状态的,只是一个待批的意向书而已,而且完全不在发放者和接受者的掌控之内,整个决策没有几周或几个月是不会定下来的。在这种情况下,我们认为让一个求职者"接受"一个非正式的录用意向书是不公平的,然而,系、院、校发出的录用信经常会提出这样的要求,大多数院校也都是这样做的。

当然,求职者签署意向书并返还回执的做法不是明智之举,这样做无异于让人签署一份买下布鲁克林大桥的协约。商学院向求职者发出终身教职的录用意向书(但不具备正式效应),不应该要求求职者承诺接受一份在当时尚不成立的工作录用信。这是完全错误的做法,应该立即停止这种操作。当终身教职的录用资格还处在审核期内,我们看到录用信上有非终身教职的选项,也许不会过于恼怒,至少我们还有一些实实在在的录用可供考虑。但寻求终身教职的求职者是不会接受这一选项的,哪怕是作为权宜之计。如果申请终身教职被否决了,那么求职者更有可能的选择是按兵不动,待在原来的栖身之地。所以更好的做法是在终身教职的合约尚未成为定局时,不要让求职者接受一个只处于意向阶段的录用信。同时,给工作录用信一个准确的名称,比如就称为"临时工作录用信"。

一旦走完了终身教职的审核和批准流程,这时候的录用信才算正式生效,那么求职者就有义务及时做出接受,修改条件后接受,或者婉言拒绝的回复。一般来说,发出非终身教职工作录用信的院校都会设定有效期限,过时不候。只要给求职者合理的时间考虑,并让求职者在截止日前回复,我们不认为这种做法有什么不妥。

至于发放的形式,我们建议各大院校仅仅使用一种方式——信函——来发放录用信或临时录用信。当然用面对面沟通、电话或者电子邮件的形式通知求职者一点问题也没有,但最好的做法是用系、院或者学校的抬头纸,由系主任或学术院长等管理层出具一封纸质录用信函。花时间这样做可以让学院和求职者手握一份一目了然的文件,供日后讨论和协商其中一些重要的条件。同时这也给求职者目前所在的院校提供方便,一旦工作录用信(或临时工作录用信)发出,求职者可以拿去告知他当前的工作单位,并复印一份给系主任。我们不认为他一定要向系里告知录用信的事,但能这样做更好。最重要的是,告知他的系里,可以给其系主任一个回应的机会,系主任也许会给出一个反要约。同样重要的是,这样做可以让系主任知晓求职者可能离任,从而提前规划下学期的教学任务和公共服务。向系里告知这份录用信,并不是说求职者一定就会离开,更谈不上是求职者的离职信。这是礼貌的表示,也是靠谱的体现,因为信中清清楚楚地写明了招聘院校给求职者提供的福利和待遇(不管是录用信还是临时录用信),这样敞开天窗说亮话有助于所有相关方都做出正确的决定。

所以,在学术界,什么样的工作录用信才算数?

我们说过,要明确和妥善处理招聘录用工作,并不是件容易的事儿。在这里我们提供七条总结规范,让整个过程看起来不那么复杂和愚蠢:①意识到很多录用信其实未必是录用信,它们往往只是临时的录用信,需要评审通过才能奏效。②这样的临时工作录用信应该直达求职者,最好是用信函的方式。③这样的临时工作录用信不应该包含"要求求职者立即做出回复"的字样,一般来说,至少还没什么需要求职者接受的。④录用信或者临时录用信应该使用院校的抬头纸打印,并由院系的管理层代表亲笔签署后出具。⑤这些录用信中必须囊括所有重要的条款。⑥一旦收到录用信,求职者可以(或者应该)告知所在的院系。⑦一旦临时录用信转成正式录用信,求职者有义务及时对工作录用信做出回复。

最后顺祝求职双方皆大欢喜,让我们开始广罗人才吧……

讨论思考题

1. 如果你所在的院校在出具工作录用信时未能考虑到上述七条规范,你会如何提醒你的同事们意识到这些问题?

2. 当你们学院想给求职者一份终身教职,但必须经过学校冗长的审批过程,你们又非常希望求职者能够接受这个职位,这时候你们有些什么选择?

3. 反之如何? 当你们诚意满满地出具了一份工作录用信,所有的信息都"对",但求职者就是一直拖拖拉拉不给你们回复,你们最好的做法是什么?

参考文献和补充阅读

[1] Association for the Advancement of Collegiate Schools of Business International(AACSB), 2003. Sustaining scholarship in business schools[EB/OL]. [2017-02-19]. www. aacsb. edu/~/media/AACSB/Publications/research-reports/sustaining-scholarship-inbusiness-schools.ashx.

[2] Gardiner B, 2011. We're hiring: many business schools have trouble filling faculty positions [EB/OL]. (2011-10-11) [2017-02-19]. www. wsj. com/articles/SB10001424052970204224604577032232809553166.

[3] Malhotra D, 2014. 15 Rules for negotiating a job offer[J]. Harvard Business Review, 92(5).

[4] National Center for Education Statistics, 2015. Doctor's degrees conferred by postsecondary institutions, by field of study: selected years, 1970-1971 through 2014-2015[EB/OL]. [2017-02-19]. https://nces.ed.gov/programs/digest/d16/tables/dt16_324.10.asp? current=yes.

Chapter 22

第 22 章

参加学术会议

参加专业型组织的年会和学术会议会涉及那些伦理困境？本章我们将着重讨论和同行汇聚一堂参加专业会议的礼仪和义务。仅仅到个场、亮个相可不行，还有许多要做的事情。

抛头露面亮个相

美国喜剧家兼电影导演伍迪·艾伦曾经说过，成功的80%得益于抛头露面。如果说到专业型组织的年会，他的说法恐怕更是有过之而无不及。想象一下美国心理协会、现代语言学协会和美国管理学会等组织的年度会议吧，如果只是寥寥数人参加，那么整个场面会是多么冷清而无趣。这些组织都会各自举办年会，吸引成百上千的会员递交他们的研究成果，供专家评阅。在每一场年会中，你都有机会在经过精心策划的分组讨论、专题研讨会、核心会议、主旨演讲、酒宴招待以及一些非正式场合，聆听他人宣讲自己的论文。虽然不是每一篇论文最后都会发表在顶级期刊上，但你要是每年都参加年会，也能耳濡目染地从一群各有所长的学者身上学到一二。这些年会一般会择一地持续开办数日,数量本身也代表一定质量,你的出席就是在为数量和质量做贡献。

本章我们会思考有关参加专业会议的伦理议题,讨论一下你和你的同事们该如何为自己所在专业的持续发展添砖加瓦。

什么专业会议适合你(和我们)?

2017年是热闹的一年,各个专业协会不乏招募会员、举办会议及其他维护和促进协会发展的活动。我所在的法学和商学领域,就有亚洲管理学会(Asia Academy of Management, AAoM)、美国经济学会(American Economic Association, AEA)、AIB、AOM、欧洲管理学会(European Academy of Management, EURAM)、欧洲组织研究学会(European Group for Organizational Studies, EGOS)、美国运筹协会(Operations Research Society of America, ORSA)、SASE、战略管理学会(Strategic Management Society, SMS)等协会。事实上,国家科学学会告诉我们,美国的专业型学术团体在21世纪初迅猛发展,数量多达600多个,分别代表自然科学、社会科学和人文科学等不同学科(National Academy of Science, 2005)。我们中的大多数人经费和时间有限,所以每年只能挑选几个协会去递交论文、申请课题或参加会议。比较粗泛的规则是,每年尽量参加两到三个专业学术会议,并递交论文。比如,我们三位作者都隶属商科,所以我们都会参加八月份举办的AOM年会,另外我们还可以参加六月或七月举办的AIB年会,以及十月底、十一月初的SMS年会。

至于你适合参加哪些活动,这因人而异。我们的观点是,这些活动至少提供以下三种学习机会:①通过介绍自己论文、倾听他人分享研究成果,以及相互间的切磋讨论,了解自己研究领域的最新进展;②通过协会带头人和期刊编辑的发言、与求职者的面谈,以及与商业组织(如出版商)的交谈,了解自己所在行业的前沿动态;③会会旧友新朋,从叙旧和攀谈中了解他们职业生涯和个人生活的点滴花絮。这些因素使得我们每年最不容错过的就是规模盛大的 AOM 年会,同年的 AIB、SMS 等协会的年会则可以不必次次参加。相信身处其他社会科学领域的同人也是如此考虑的,参加最为主流的年会,哪怕要放弃其他小型会议或者区域性会议,如语言学的学者一定不会缺席现代语言协会(Modern Languages Association)的年会,心理学的学者绝不会错失美国心理协会(American Psychological Association)的会议。

当然,我们还会考虑其他一些因素如会议注册费用,差旅住宿费用,离开家人以及放下手头工作而产生的机会成本,等等。另外,我们必须在会议之前的 6—9 个月就开始着手准备新论文的提交。提交的截止日能有效催促我们把尚在构思阶段和数据刚刚收集起来的论文抓紧撰写出来。AOM、AIB 和 SMS 都是把冬季 12 月到次年 1 月作为提交论文的窗口期,我们在之后的夏季和秋季参加会议,这比较顺应北美地区的工作习惯。

学习、时间,以及开支是我们决定是否前往参加学术会议的一些考量因素。还有一些其他因素(也许不应该成为参考指标),比如地点也很重要,八月份的亚特兰大也许就不太招人喜欢吧。类似的,湿度高低也不应该成为是否参会(会议地点在开着空调的宾馆和会议中心)的决定因素。更有一些其他因素根本不应该被考虑,比如是否有在开放式酒吧中的招待会;是否会有自己学院的同事在某个招待会上登台亮相等。我们的确带有一些自己的评判,但上述这些"表面"因素在我们看来毫无意义。出席会议是为了自我学习和助人学习。正是因为有大量以学习为动力的参会者到场,才保证了我们会议的水准和质量。

不到场问题

这些年来,我们有时候会参加其他学术领域的专业会议,来获取信息。如果我们想研究大选政治对发展中国家外来投资的正负面影响,那么了解这个专题的最佳场所莫过于政治学学者们齐聚一堂的专业会议了。一年一度的美国政治学协会(American Political Science Association,APSA)年会在八月底或九月初举行,而中西部政治学协会(Midwest Political Science Association, MPSA)年会则在三月底或四月初举行,它们都在北美地区举办。

APSA 和 MPSA 的平行分会场有一个特殊做法是我们专业领域的学术会议从来没有过的。在某些分会场中,论文的陈述者、主持人和评论人需要填写出勤表,以证明他们到场。很显然,肯定有应到而未到的问题。学者们一开始提交会议论文,然后获准在会场上宣讲自己的论文,其他人作为主持人和评论人报名参加。接下来有可能发生的情况是,他们或者没能出席会议,或者未按规定的时间和地点参会。我们承认这种情况在政治学、管理学和其他领域都非常普遍,完全没把它当回事儿,我们也可以想象日后学者们只会更加无所顾忌。也许教授们报名参加主持某个会议,是为了让学院或学校承担他这一时段的差旅费用,可以很巧妙地获取 1000—1500 美元的资助。但这样做也有风险。会议的组织方如果知道你没有按时到场主持、评论或宣讲论文,那么就有可能降低你来年参会的可能性。不管什么情况,该到场而未到场理应是个值得我们关注的问题。在约定好的时间不出席会议,会严重干扰同一分会场出席者的学习体验,甚至影响到整个会议。另外,你的失约等于侵占了另一位学者的参与机会,因为你的行为直接削减了其他人向资深学者请教、接触和交流的机会,这标得上是一个伦理问题。

树立榜样:线下和线上,由上而下,由下而上

失约问题不只发生在政治学领域,任何专业会议都有这种现象,商科也不例外。最近在 AOM 年会会场发生了一件事,一位博士研究生在一个平行分会场陈述自己的论文,原定的评议人是美国一个知名研究型大学的讲席教授。评议人没有按时出现在这个分会场,却现身在大厅另一边他自己的博士研究生宣讲论文的分会场中。当后来被一位参会者问及此事时,这位评议人竟然对自己的缺席毫无愧疚之意,显然他认为出席自己博士研究生的分论坛,要比他对会议组织者承诺的其他义务更为重要。

在以"即时通信"和"同步沟通"为特征的数字化时代,参会者爽约不到会的现象太容易发生了。例如,七月底的一个晚上,AOM年会主席收到来自佐治亚州一位教授的邮件,简短告知她将无法出席AOM年会,因此也就不能宣讲自己的论文了。而她的论文早在一月份就已提交,二月进入评审,四月份已被分配好会议时间段。有时候参会者发这些邮件情有可原,如健康状况或家庭突发事件、外国学者的签证问题等,意外总是难免发生的。但有时候这些半夜三更发来的邮件只有"来不了"寥寥数语,而没有任何解释。这些邮件会使大会主席非常恼火,因为他们花了大量时间安排分会场和宣讲论文的时间表。这些邮件还会使分会场主持人和评议人非常恼火,因为他们花了大量时间阅读论文并且精心准备评语。这些邮件也促使我们思考,该如何去识别和惩罚这些经常缺席的参会者。

我们相信这些小插曲实属例外,大多数学者都明白自己有义务出席,并积极到场参会。尽管这些只是少见的例外情况,但却给其他人树立了坏榜样。当看到一个讲席教授可以完全忽略自己理应控场的分会场,而现身另一个会场,并且丝毫没有愧疚之意时,涉世不深的博士研究生就会想,原来资历和狂妄可以让他完全无视已经承诺的职责。类似佐治亚州那位教授的临时变卦事件,如果会议主席遭遇数次,一定会心生厌烦,犹豫自己日后还要不要主动承担公共服务的职责。类似临时通知不参加论文宣读的失约行为,会议评议人如果遭遇数次,就会感到自己被忽悠了,为素不相识的作者花了那么多时间阅读论文、准备意见,现在更没有兴致去了解对方了。所以对失约者和其他参加者,这种不负责任的不到场行为会带来多方损失。

本质上,这些例子都比较"自上而下"。约定好出席的教授不到场,其他同人或青年学者汲取了错误的教训。我们还有一些"自下而上"的例子。博士研究生是我们学术界的未来,这听起来很老生常谈,也许可以换个说法,这些博士研究生是专业型会议最大的潜在受益群体,也是最大的贡献群体,他们可以获得上述所有的学习机会。对他们而言,一切都是新的:学者、论文和各种搭建人脉的机会。在我们参加的一些研讨会、论文宣讲会和其他场合中，我们不难感受到博士研究生在提问和评论过程中表现出的青涩和跃跃欲试的意气。从他们身上我们看到了当年的自己，提醒着我们不忘初心，重燃激情。我们的观点是，应该鼓励并资助博士研究生尽可能早、尽可能多地参加专业型学术会议。当他们出席时，作为学习者的他们会非常投入和专注，他们是知识传播过程中的强力催化剂。

学术漫游

几年前，我们其中一位作者是华盛顿特区 AIB 年会的分会场主席，他有机会决定哪些论文可以在平行分会场中宣读，哪些论文可以在不那么正式的"互动"分会场中讨论。互动型的分会场一般安排 6—8 位论文作者围着圆桌，每人用五分钟陈述自己的论文，主要介绍论文的关键要点以及与该分会场主题的联系。分会场的主席一般还兼任评议人，在每篇论文的作者发言之后，他要做出即兴的评论，并要提炼所有论文的共通之处，期间还要回应其他分会场论文发言者和参会者的问题和评论，所以这不是个清闲的活儿。

有一个想法是大会主席去造访这些互动型的分会场，这些分会场一般不太惹人注目，参加者寥寥无几，不像那些有资深学者坐镇的研讨会那样门庭若市。如果大会主席能够出现在互动型的分会场，那就会产生很好的示范效应。他可以在一个互动型分会场刚开始时加入，听上三十分钟后转移到另一个分会场。就像一个来到东京银座的购物者，他没有什么特别需要购买的东西，只是在那里左顾右盼，东溜西逛。但听了一两场小型分会场的讨论之后，大会主席完全刷新了他参加这些小型会议的初衷。两场讨论都意趣盎然，主持人要求发言者尽量言简意赅，直奔主题，并结合之前的论文提出各自的亮点，这样做可以促使与会者围坐在一起，就同一主题展开非常真实的对话。分会场主持人对自己的职责驾轻就熟，可以很快解读每一篇论文的意义或贯穿几篇论文的共同意义。这样的学习体验正是 AIB 会议的组织者希望促发的，但这些会议组织者并没有预想到这些学习体验会发生在此处。当我们参加一个会议,希望可以膜拜和求教的学者并没有出现,这绝对是个问题。但也许我们也有义务拓展一下思路,看看还有谁可以到场,让我们有意外的收获。

职业义务:不仅仅是礼仪

我们不妨在这里结束这章的讨论。也许伍迪·艾伦说的有道理,要获得成功,80%在于抛头露面。要想在专业领域有所成就,出席专业会议是非常重要的组成部分。当我们提交了会议论文或课题申请,然后被接受去做宣讲,我们就有义务出席会议。当我们承诺做会议的主持人、评议人、催化师、学会的师资会员或评审官,我们就有义务赴约并到场。我们有义务在专业会议中认真地履行我们的职责,这不仅仅是出于礼仪——请观察那些参加线下和线上会议的学术大佬们在不得不中途退场时的细节处理。其他人期盼你的出席和积极参与,他们会观察和模仿你的行为。你很重要,应该到场。如果有什么突发情况令你实在无法出席,那你应该尽可能地减少损失,马上联系你的共同作者或者同事,让他们临时替代你去完成任务。

那些按时出席的到会者,你离成功已经不远,为了增加成功的概率,你可以事先设想一下这样的专业会议可以怎样充实你自己,还会有什么出其不意的收获。上一节的漫游故事告诉我们,有时候在一个比较陌生的专业会议地点去开拓一些新的学习机会,也是很有意义的一件事儿。

讨论思考题

1. 开会失约是一个伦理问题,你同意吗?还是它只不过比较招人烦而已?为什么?

2. 对那些开会失约的人应该采取什么措施?如果你认为我们应该出台一些惩罚措施,那应该基于什么层面(同行、学院、会议/协会等)?谁有权执行?

3. 专业协会是不是也应该像政治学协会年会那样准备签到表?让参会人员填写签到表有什么利和弊?

4. 如果你不确定一定能出席会议,你能想到其他什么方法处理由于你的缺席而造成的空档?大家是否能接受这样的临时变化?

参考文献和补充阅读

[1] National Academy of Sciences, 2005. Facilitating interdisciplinary research [M]. Washington, DC: National Academies Press.

Chapter 23
第 23 章

同行评议

我们作为大学教授,做得最多但最不受待见的一项任务应该是填写同行评议的评语了。我们互相评议论文、为学生和其他教师的表现写推荐意见。我们经常评估他人,也同时被其他人评估。所以,同行评议是我们日常工作的一部分,但是,我们中的一些人要比其他人参与更多的评议工作,这里会不会有什么伦理问题呢?

难以置信的慷慨

对普通人而言,十二月份是送礼的旺季。本书的一位作者是 AIB 年会的学科主席,他的经历让他确信每年的一月中旬到二月中旬才是真正的送礼旺季。每到这段时间,AIB 的同行们要贡献自己的时间和精力,仔细阅读和评议几百篇提交给年会的论文,择取其中一些,安排在平行分会场或是互动分会场中交流。这项任务的目标是让每一篇论文都通过好几个评阅人的审核,基本上每一个向 AIB 投稿的会员都会收到一篇需要评议的论文,有些会员会收到多篇需要评议的论文。甚至还有一些会收到本学科的好几篇论文,以及其他分学科的好几篇论文,乃至管理学会的若干论文。四周之后,不管这些被"过度消耗"的评阅人只写了一条意见还是若干意见,基本上每个人都会上交评估意见。这是个很值得观察的现象。我们很有必要保持和培养这一机制,所以这就是本章的讨论主题:同行评议及它在我们职业生涯中的重要性;同行评议和评议人的动机;我们该如何减少对那些特别优秀和无私慷慨的评议人的消耗。

出版业和职业生涯的同行评议

我们的职业离不开同行评议。就说说我们的出版和发表流程吧,一开始是接受相对比较友好的同行评议——你在大厅里碰到系里的同事和你交流你的论文初稿,也可以是远在世界另一端的研究生同学给你一些反馈意见。然后就是投稿前的同行评议——你在院系组织的研讨会上报告自己的研究,或者受邀去其他学院讲座、在类似 AIB 年会的研讨会或者大会上发言。之后就是投稿后接受同行评议——一轮又一轮的单盲审或者双盲审,最后被主编拒稿(我的经历)或者偶尔得以发表在期刊、会议论文集、专著和论文合订本上。

等等,还没完。投稿后的同行评议还会继续,如果你的文章被收录在某本专著中,那么它还会受到《经济学人》等专业期刊或者《纽约时报》等热门报纸新一轮的评论和报道,受关注的原因也许是因为:最佳会议、最佳年度奖、近十年最佳奖等评选奖项。有总体引用率以及单项引用率的统计,还有一些我们未听说过但应该知晓的引用率数据库(我们在该数据库的引用率有些低)。在其他领域,这样的投稿后接受同行评议还源于数据库、电影、网站和软件的需要。

接下来恐怕是最为重要的同行评议了,即高校体制中关于终身教职和职称晋升的同行评议了。校、院、系各级成立相应的委员会,并聘请外部的学者专家。申请人的自述报告连同他的论文、专著、书稿、评价表、在手的项目等将会被全部收集上来。有人专门对这一大堆材料进行初审、复审、计数和"掂量"(字面意及引申意)。这样的同行评议通常持续数月,要召集好几次会议讨论。渐渐地,我们的各位同人将不遗余力地读完所有这些材料,并设法从字里行间识别出该申请人对专业领域和所在高校的实际贡献程度和贡献质量,判断申请人是否真的能够胜任他们所申请的"无期限设置"的终身教职,或晋升到"全职"教授,获得"杰出教授"或"讲席教授"等重要职务。申请人在此过程中所要做的事,是不要因为同行评议消耗自己,放轻松,最终,评议人一般会给出一个正确的决定。

同行评议:民主化的、精英化的和出于何种动机

我们既不抨击也不维护同行评议制度(如果算得上维护,我们会像丘吉尔为民主制度一样辩解:"除了已经尝试过的那些,民主制度是最为糟糕的执政形式")。我们反过来谈谈同行评议制度背后的那些人,即评议人。没有他们,整个学术发表、出版和职业发展的体制运行很快会戛然而止。所以这些人是谁?他们为什么愿意付出?为什么其中有些人会超额付出?第一个问题的答案是:几乎每个人。为了评议 AIB 年会分学科的会议论文,我们需要动用一大批国内外的 AIB 新旧会员,这些会员来自各大研究型大学、小型学院、政府资助机构,甚至还有一些来自企业。AOM 也如出一辙,所有的普通会员都扮演着重要角色,他们可以决定哪些论文在年会的哪些论坛上得以宣讲。

其他一些小规模的专业型会议,不那么依赖普通会员的意见,而是听取由各方组成的委员会的评价,有点像许多学术期刊邀请经验丰富、著作等身的专业代表加盟他们的编审委员会一样。如果编辑们希望自己通宵加班审阅稿件,那么这个编审委员会的规模可以很小;如果编辑们希望通宵加班,追着那些委员们答应完成但尚未完成的评阅意见,那么这个编审委员会的规模就可以大一些。这些期刊编委会并不是民主推选的,评议人及评议意见只是编辑做决定时的参考,但他们仍具有代表性。期刊编委会是由来自全球的本

领域的专业人士组成的。

在评议终身教职和职称晋升时选择外审,情况也大抵如此。这个过程一点儿也不民主化——评议委员会根本不会从本专业中随便选一个写推荐信。这些外审评议人是相关领域和专业的带头人,称他们为行业精英一点儿也不为过。曾有一段时期,这些学界翘楚只深居在北美和西欧地区几所研究型大学中。渐渐地,新的一批批精英慢慢分散出现在世界上其他地区和学院,所以终身教职和职称晋升的评议人也逐渐精英化了。

审读候选人的相关资料并且撰写评价意见也许需要花上一个周末的时间,阅读稿件并且写完评语也许要花上一天时间,和一位研究生在电话中讨论会议论文的初稿也许需要半个小时。在这些情况或其他情况下,我们很有必要探究一下这些同行评议人的动机是什么。

想一想那些 AIB 年会分学科的评议人。他们如此迅速并热心地完成任务,不仅仅是因为答应过同行的恳请,很确定的是,他们认为这是他们义不容辞的责任,是学习的机会,也是在学术探索过程中建立存在感的机会,或许还可以在双盲审过程中结识一位学术大咖。当然这不是为了钱。我们认为可能会有那么一点点自我利益在其中推动着同行评议的工作,但更多的还是社会利益。这是我们本职工作的一个部分,也是我们专业团体的一个部分。我们是幸运的。

被过度消耗的同行评议人

有那么几位同行评议人一直为我们做大量的服务。我们身为顶级期刊 AMJ 的评议编委,每六到八周就会收到一封新稿件或者修改后的稿件,需要我们仔细阅读并评议。其他委员则会更为频繁地收到类似的稿件。每个夏季和秋季,在撰写常规的用以申请终身教职和职称晋升的推荐信之外,那些声名显赫的教授还会收到其他各种写推荐信的请求。然后还有 AIB 年会事宜,一些委员是分学科主席,所以他们会收到远超出平均份额的评议任务。

这不是随机巧合事件,是过度消耗。我们必须承认,我们是心怀愧疚的"垂钓者"。

　　随着我们职业生涯的发展,我们在各种场合尤其是在同行评议过程中,接触到了各个院校的同行,渐渐知道了谁可以、谁愿意、谁会认真、谁会中肯并积极地遵照规定时间节点完成这项公共服务。那么,他们会获得什么回报呢？他们会接到更多的任务,特别是当年会的举办期日益临近,期刊编辑追问他们的审稿意见时。委员会在发放研究资助前需要征求他们的评议结果,然后他们还要写终身教职和职称晋升的推荐信。太多人会去找那些敬业的同行评议人。我们这是在过度消耗他们,个中危险就如同我们在鱼塘里过度捕捞一样,鱼群会枯竭。被过度消耗的评议人,或者因为希望保留自己的时间做研究,或者因为一直在评价而身心疲惫,最终选择退出。长时间下来,这种耗损感愈演愈烈,更增加了评议任务的强度。

　　没有人希望看到这种结果,它拖延了整个期刊的论文评议流程(Ellison,2002)。有人建议可以给评议人一定的报酬(Mason et al.,1992)。在最近一项研究中,《公共经济学》期刊编辑拉吉·切蒂(Raj Chetty)曾测试过提前截止并辅以一定的现金报酬的手段是否会加快评议过程并提高评议质量(Chetty et al.,2014)。在一段为期 20 个月的研究中,为该期刊服务的 1500 位评议人被随机分到不同的小组:①控制组,6 周内提交评议报告;②对照组,四周内提交评议报告;③对照组,在 4 周内完成任务会获得 100 美元奖励;④对照组,以社会关系为刺激点,评议人被告知他们的评议时间会被公开。这个研究报告指出,把评议时间从 6 周缩减到 4 周,最后的平均评议时间减少了 12 天,这意味着当评议人被要求更短的评议期限时,评议人的确会加快他们的工作进程。如果按时提交评议结果能获得财务奖励,结果显示也减少了评议时间,当财务回报终止之后,该对照组的评议人又恢复了较缓的评议流程,所以金钱回报很重要。以社会关系为激励的对照组也显示平均评议时间缩短,特别是终身教授,所以同辈压力也同样重要。

　　将这些结果汇总起来,我们不难看出,评议人对包括财务回报在内的各种因素都很在意，其中与同行水平和同辈压力相关的社会因素显得尤为重要。如果我们想知道如何处理评议过程中对评议人的过度消耗问题，那么这些社会及财务激励措施会为我们找到答案。

两点想法：少些雷纳特的做法，多些认同和肯定

也许我们应该先尽可能减少对同行评议人的过度消耗。对此，我们有两点想法，一个是不要学1942年经典电影《卡萨布兰卡》中那个腐败但不失可爱的警察局长路易斯·雷纳特（Louis Renault），他有一句反复出现的台词："去围捕惯犯吧。"我们中那些有过度消耗同一批同行评议人倾向的人，最好仔细体会一下这句台词。我们总是去找那些慷慨而靠谱的同行评议人，恐怕太理所当然了，我们这是在"围捕惯犯"啊。不要这样做，至少不要经常这样做。AIB评议过程中已经涌现出了一批学术新星，他们给出的评议意见非常到位，也已入选了未来评议人的名单，所以从某种程度上说，我们也可以将一些常选评议人挪到名单后面一些。也许我们可以回顾一下我们脑中默认和书面列出的常用评议人名单，尝试着增加一些新的人选，这样，你过去长期依赖的常选评议人不会成为将来"被过度消耗"的评议人，这对大家都有益。

还有一个想法源自Chetty等（2014）的研究。对这样重要的工作，我们要给予足够的认同和肯定。我们之前讲过，同行评议人选择付出和投入很少出于自我利益。即便如此，我们也想得到认可和感谢。评议人希望在提交评议意见之后能收到副编辑的一个回复，或者年终时能收到总编辑的一份致谢信。虽然这看上去微不足道，但其实意义重大。最佳论文评议人的奖牌也许只是一个奖牌，但对于一个协会或机构的新加盟会员，或者老会员来说意义不凡。这些举动在提醒我们，我们所投入的时间是在为我们的事业尽一分力，而不只是在做我们的本职工作。你给不了太多的回复，你给不了太多的奖牌，这些是社会激励机制，就像发表和出版的机会有限，Chetty等（2014）的研究提到，这是一种有时效的激励机制。

AIB 的分学科主席有权力提名最佳论文奖,这是一项困难的工作,因为有太多有意思、有价值的论文入围。分学科主席还有包括最佳论文评议人的其他提名权,同样这也会很难选择,因为有太多来自全世界各地的优秀候选人。你深思熟虑地推荐出几位最佳评议人,你的评价表达了你对这些评议人的感谢,这一行为所释放的信号能很好地推动这一机制的长效化,让本学科得以持续发展和繁荣。评议人的确是在本行业中你能遇到的最慷慨无私的一群人。有他们在为我们默默奉献,每天都是良辰佳日。

讨论思考题

1. 在所有的学科领域,只有极小一部分同行在从事大量的同行评议工作(Bergeron et al. ,2014),通常这会对他们自己的学术成果造成直接的影响。你认为我们应该更为刻意地将同行评议任务分摊给不同人吗?为什么应该,或者为什么不应该?

2. 奖金评定需要经过同行评议的过程。高校该如何让更多的人参与其中并履行同行评议的职责?

3. 优秀的同行评议人应该得到什么样的认可和奖励?

4. 可不可以把优秀的同行评议经历作为学术工作的一部分,用以申请晋升或者终身教职?

参考文献和补充阅读

[1] Bergeron D, Ostroff C, Schroeder T, et al., 2014. The dual effects of organizational citizenship behavior: relationships to research productivity and career outcomes in academe[J]. Human Performance, 27: 99-128.

[2] Chetty R, Saez E, Sandor L, 2014. What policies increase prosocial behavior? An experiment with referees at the Journal of Public Economics[J]. Journal of Economic Perspectives, 28(3): 169-88.

[3] Ellison G, 2002. The slowdown of the economics publishing process[J]. Journal of Political Economy, 110(5): 947-993.

[4] Mason P, Steagall J, Fabritius M, 1992. Publication delays in articles in economics: what to do about them[J]. Applied Economics, 24(8): 859-874.

Chapter 24
第 24 章

参与学校的公共服务

大学教师一般会有三个绩效评价指标:研究、教学和公共服务。也许有人会认为,多参与公共服务是好事儿,会带来更高的绩效并获得更多回报。但我们认为,从事太多公共服务工作也会产生一些伦理问题,接下来我们就开始讨论。

我们为什么不愿说"不"

这一章讨论的话题和公共服务相关,无关研究、发表和课堂教学。公共服务对你的大学和职业生涯来说挺重要,但如果你对什么时候该拒绝这一选项心里没个谱,那么,公共服务将会消耗你大量的时间和精力。

我们对以下情景并不陌生:在学期期中阶段的一个下午,你在办公室读文献、写论文,或者刚和同事在电话中一起讨论了一个学术问题,这时候办公室响起了两下短促的敲门声。紧接着,虚掩的门被推开,你看到系主任的头探了进来,他/她笑眯眯地看着你,左手握着一卷纸,吐出让人一听就让人神经绷紧的三个字:"有空吗?"20 分钟后,你不知怎么就答应了加入本科课程建设委员会,日后将与委员会成员讨论一些校级或院级的事宜,比如学院委员会要确定和招聘一个新的校友会主任,或者配合学校调查助教工会化的原因及后果,等等。

你怎么想?

你怎么想?我们无数次问过自己这个问题。不管是面对专业团体还是学校的行政部门,我们很难拒绝别人,其他人也有同感。公共服务是我们工作的一部分,历来如此。以前(现在也是)在不少的欧洲百年老校里,常常可以看到有一群人早上在大谈希腊作家普鲁塔克(Plutarch),下午为大学一笔捐赠款的另类投资策略争得面红耳赤。古时候,大学教师从事一部分行政工作,因为他们享有学院财产连带的一部分权益。现在,大学教师这样做,是因为他们也拥有(或者希望日后也拥有)学院一定的所属权——比如系里的终身教职。权利总是和义务相伴随。规模更大、财力更足的学术机构可以将行政工作外包给非专任教师完成,不管是外包还是内部分派,这些工作都需要有人去做。院系所有教师,从院长开始,都需要承担起责任,确保行政工作的正常运行,这样学院才能顺利地完成学术使命并有所发展。这一前提是维系学院治理模式的关键所在。这是我们的工作,也是我们很难拒绝系主任、院长、教务长、执行校长或校长的一个重要原因。

除了历史的沿袭、非专任人员稀缺等原因,还有其他一些可能性,比如性格因素。让我们暂时假设有两种典型的人格特征,来看看具有两类不同性格特征的同事会对同一项公共服务的请求做出怎样截然不同的反应。第一种是当场甩脸色给人看的同事,他不仅一口回绝了加盟本科课程建设委员会的邀请,而且还直接告诉系主任下次这种活儿应该派给谁,不要再来敲他的办公室门。第二种是任劳任怨、不爱得罪人的同事,他不仅答应了这次请求,而且从不拒绝学院分派的任何公共服务工作。这两种极端处理方法都不可取。在现实生活中,同事们一般会介于两者之间,从长远来看,稍稍任劳任怨的配合模式也许更为上策。但反过来，强硬的拒绝可以让你在近期或者未来一段时间内，为自己保留更多的时间阅读文献、撰写论文。

不同的处理方式可能还与性别有关系。我们在这一方面并不擅长，但在心理学和其他相关领域中已有相当丰富的文献和理论研究，梳理过男女两性在伦理决策过程中所呈现的差异性。Gilligan(1982)的著作《另一种声音：心理学理论与女性发展》在出版几十年后，我们仍然可以就书中的主张掀起一场热烈的争论，男性的道德判断通常基于个人权利和抽象的是非原则，而女性理解道德的出发点更强调个人需求、同理心和相互依赖，并基于情境来判断。支持这一观点的话，就不难看出，为什么女性教师更难开口拒绝公共服务的要求。另外，有很多大学呼吁在招聘及多元化建设委员会中增加女性成员（代表性不足的少数）的比例，这些趋势累加起来，就造成了对于女性的公共服务要求与日俱增，而女性恰恰又是很难张口拒绝的群体。

偏好不同也有可能导致不同的处理方式。选择学术生涯，很大程度上就是选择致力于生成、传播和发表新知识的生活方式。有些学者只能做到这些，但有些学者还可以创造知识生成、传播和发表的场景和环境。他们具有双重天赋，了解如何在学院运用合适的研讨主题、课程设置或者研究资助项目激励更多的同人。他们甚至有时候很乐意担任这些公共服务工作。发展这样的偏好对青年教师（非终身教职）来说有很大风险，因为他们所要关心的重点从头至尾都应是学术研究成果。对于其他已经有所建树的资深学者，公共服务偏好可以和其他职责并存，甚至可以补充和推进自己的研究计划。对于一小部分人来说，卓越的公共服务能力可以令他们平步青云，荣登院长的宝座。

师资活动统计表与大学公共服务工作

有很多公共服务的需求摆在那里，等待我们回应。我们该怎样积极回应这些需求？我们应该投入多少在公共服务上，特别是大学机构（而非专业协会)的公共服务？一种方法是参照每年的"师资活动统计表"(faculty activity report, FAR)，我们很多人每年都需要填这个表格，向同事展示我们在研究、教学和公共服务方面做了哪些事情。然后我们的同事(包括我们的院长)就会告诉我们，之前一年我们的表现如何出色，绩效津贴会在下一学年中略有调整。这个"师资活动统计表"的形式因学院而异，但基本上每个部分占总体绩效的权重还是比较合理的：研究约占40%，教学约占40%，公共服务约占20%。对尚未获得终身教职的助教，研究约占60%，教学约占30%，公共服务约占10%。

所以，要问究竟该在公共服务上投入多少时间，比较简单的答案是花20%的工作时间用于公共服务。也许在某一天或者某一周里严格执行这个标准很难，但在一个月或者一个学期内，我们基本可以根据筹备和参加委员会会议的小时数，大概知道自己投入公共服务的时间是多了还是少了。当然，有效的服务不仅需要时间的投入，还要产生效果。比如，由我们主持的学院招聘委员会是否搜寻到了一批靠谱的候选人？他们有可能来学校面谈吗？我们有可能会录用他们吗？多少人会成功地进入终身教职评审程序且最后被批准？在回答这些问题之前，还需要解释一下哪些结果是我们多多少少可以控制的。

我们把情况变得复杂一些。在公共服务上投入20%的时间是给大学机构和所在专业型组织提供公共服务的时间总和。专业型组织的公共服务包括了我们前几章所描述那些职责。在两者之间权衡时，大学机构的公共服务工作通常被放到次要地位。为学术组织提供服务会受到你所在院校的认可和奖励，以及全球高等学府同行的瞩目，而为大学机构提供服务则没有如此待遇。同行的认可和奖励可以跟随你整个生涯，或者至少在当下让你很有优越感。所以，出于学术发展的谋略，为大学提供服务往往不受重视，它们最后被答应、最早被推脱。

但当我们在专业型组织服务和大学机构服务之间做出选择时，却没那么讲究策略。系和院(而不是专业型组织)是立身之处，终身教职评选、职称晋升、课程和开支等很多重要的职业决定都是发生在院里和系里。对资深教授和已获得终身教职的教授而言,为院系服务可以获得直接和实在的回报。从利己的角度出发,参与委员会的服务意味着可以制定一些更带有倾斜性的标准和流程,分配到稀缺的大学资源。从利他的角度出发,参与委员会的服务意味着塑造(或再造)近几年学校和院系的发展方向和前景,传承历史,开创未来,助益他人。

很多人也许不同意,但我相信其中有一些比较关键的委员会,恰恰是青年教师应该为之服务的,至少应该去短暂地参与。比如一个助理教授应该加入院或系级负责评选终身教职的委员会,尽管听上去有些不同寻常,但这却是让青年教师尽快熟悉学院研究、教学和公共服务规范的有效方法。有无投票权无关紧要,但参与类似的委员会工作,可以让新晋教师见习学院决策层的工作方式,即资深教授们在学院的召集下,为了学院利益是如何直截了当地各抒己见和做出困难决策的。

两步做好公共服务:一份清单和一个"好的,如果……"策略

请回忆一下本章开篇的场景:一位教师见了系主任之后被分派了一些额外的公共服务工作。他是不是应该说"不"?和许多伦理问题一样,答案是"看情况而定"。在我们看来,这取决于你手头已经有多少专业型组织及大学的公共服务工作。如果已经超过了总工作量20%的界限,那么我们就可以回绝系主任的请求,该干嘛干嘛。如果我们的工作远远没达到20%的界限,那么我们就接受,尤其是这份差事正好契合自身利益时。在做决定的时候,最好我们手里准备一份一页纸的清单,上面标有我们本学期或本学年所有的公共服务任务,及每月占用的时间,就把它放在办公室电话旁,以防系主任是打电话过来,而不是直接到你办公室来和你商量。

我们青年教师也可以有类似的清单,在系主任或学院行政人员偶尔有求于你的时候拿出来作为参考。即便如此,青年教师们还是很难开口回绝。不管工作环境有多融洽,青年教师和资深教师之间总存在着权力差距,这就使

青年教师更难拒绝资深教师的请求。我们给青年教师一些建议：与其说"不"，不如说"好的，如果……"如果系主任希望你能够参与一个新成立的系委员会或者院级的委员会，而这项任务目前看起来不太好承担，那你不妨这样开场："好的，如果您可以助我一臂之力，让我把目前手头的公共服务工作和您希望我重视的这些教学和研究工作先完成……"很多时候，系主任并不知道青年教师参与了多少公共服务的工作。反过来，系主任也需要了解系里教师最新的教学和研究情况，以便提醒教师在学期结束前把手里的工作排个轻重缓急。不管在哪种情况下，手边一张一览无余的清单和"好的，如果……"策略，足够帮助我们应对公共服务的请求。它们还可以帮助资深教师更好地履行公共服务的职责，促进学术机制的未来发展。

讨论思考题

1. 资深教师和青年教师之间的权力差距会引起什么伦理问题？

2. 资深教师该如何提醒青年教师被要求参与了太多的公共服务？在完成规定的工作之外，资深教师该如何守护青年教师的时间？

3. 你们学院会接受"好的，如果……"策略吗？为什么？

4. 你有没有注意到或者有证据显示，女性教师要比男性教师承担更多的公共服务工作？请描述你所知的情况，你会如何平衡教师的工作量？

5. 高校中公共服务工作量在与日俱增，你觉得教师们该如何应对？"好的，如果……"策略整体上会对委员会和大学工作产生什么影响？

参考文献和补充阅读

[1] Gilligan C, 1982. In a different voice: psychological theory and women's development[M]. Cambridge, MA: Harvard University Press.

[2] Kay K, Shipman C, 2014. The confidence code: the science and art of self-assurance-what women should know[M]. New York, NY: Harper Collins.

Chapter 25
第 25 章

// 学术圈子 //

不管你隶属于什么学科,所在什么专业"单位"(学院,系),在"圈子"内活动是学术界的一个常见现象。我们所说的圈子,是指当大家对一个课题有着共同的研究兴趣时,一个学科的学者倾向于无视或蔑视另一个学科的研究者,类似所谓的"文人相轻"。我们是大学这个家园中一个个的个体户。本章我们将深入研究以学科划分的圈子所带来的挑战,在职业生涯中如何应对这一挑战?如何充分利用学术圈子为自己的职业发展服务?

"外来者"的优秀论文

我们先来谈谈一篇文献。在商学院里,有些人的研究兴趣与国际商务有关,也就是与跨国企业和跨边境交易相关的一些议题。这些教师都是国际商务领域顶级期刊《国际商务研究》的忠实读者,他们偶尔还是投稿人。有一些国际商务的研究者发现曾经有一篇论文特别有意思,这篇论文的作者是内森·詹森(Nathan Jensen)、李权(Quan Li)和阿米诺·拉曼(Aminur Rahman)。该论文指出,我们在使用数据时明显忽视了一些重要问题,这些数据来自对大量跨国企业的调研结果,通常很受国际商务研究者和相关领域管理学者的青睐(Jensen et al., 2010)。他们建立了一个有关偏见性措施回应不佳和回应有误的理论,并进行了检验,这些措施源自一些跨国的调研,主要向当地企业调查他们所遭遇的行贿和腐败问题。我们简要陈述一下他们的理论:企业如果处在带有政治压迫的国家中,他们不大可能完全回应或者真实回应关于行贿和腐败的问题,在这些国家中,参加调研的被访者害怕他们的回应会使市长、警察局长或党派官员之前向他们强行索贿的事件败露,而正是因为他们的"进贡",才使得企业可以持续生存和成功运营。所以被访者最好不回应,或者回答几乎没有行贿和腐败事件。我们再来简要阐述一下他们的论证证据。世界银行一份重要的跨国调查问卷显示,新闻自由程度越低的国家,空白问卷率越高,错误报告率也越高。被访者告诉世界银行的调研者,腐败并没有通过其他非调研手段获得的研究结果所表述的那么严重。最终的结果是,一些最为常用的有关行贿、腐败和相关跨国经营问题(如商业环境质量)的调研数据是片面化的。至少,研究者如果要使用这些数据,必须做出相应的调整。但大多数人不会做出调整,所以使用这些"证据"而发表的论文是需要仔细检查并重新修改的。詹森、李和拉曼三位学者在他们自己所属的政治学和经济学领域之外也许并不太为人所知:詹森和李是研究政治学的学者,拉曼是世界银行的经济学家。这三位作者是我所在领域的"外来者",但他们跨学科、跨专业地提交、修改并最终发表了引人深思的研究成果,一针见血地击中了我们领域实证研究这一分支的要害。

但为什么这样的事并不多见?答案是,因为有学术圈子的存在,终于到了我们要讨论的话题!

学术圈子

在学术界,学术圈子不容小觑。所谓的学术圈子,是指当大家对一个课题有着共同的研究兴趣时,一个学科的学者倾向于无视或藐视另一个学科的研究者。比如，心理学和管理学的研究学者都可以发问：为什么个人和企业会在显然非理性的状态下，逐步给出更多的承诺？宗教学和环境学的研究学者都会有兴趣探究为什么有些宗教团体倾向于抵触那些为了修复大气变化而造成环境伤害的环保政策。不管在什么情况下，对于既定的研究问题和争议，我们一般会内观自己所在的学科领域，搜寻相关的文献，看看其他学者及他们的思路和发表成果。我们很少甚至不会关注其他领域的学者是如何探讨同一个问题的。所有，以专业学科为基础的协会、会议和期刊都强化了这一"内观式"的趋势。Golde and Hanna(1999)指出，从我们成为博士研究生开始，圈子意识就植根于我们的思维，并且一直贯穿我们整个职业生涯。

我们承认，我们需要有一些学术圈子的划分，它可以定义学术的清晰边界，设定专业标准和资质，并提供基本的程序，我们借以大概判断某一事物是否和我们的研究相关。刨去这些作用，这种内观封闭式的思维恐怕不是件好事儿。学术圈子设定了壁垒，在探讨和争论时限制了外来的声音，导致学者们容易在本学科内原地打转、自娱自乐。

跳出学术圈子：个体和群体

对如何弱化学术圈子的负面影响，我们个人和群体都可以有所作为。个人有很多机会向外看，开课时向其他系开放，向其他学院开放则更佳；加入有交叉研究领域的硕士和博士论文指导委员会；在经济学、政治学、工程学、社会学、法学等其他学科领域的专业会议上担任小组讨论嘉宾，提交和陈述工作论文。

当然，发表学术论文是在研究型大学中的职业发展根基，所以在你主攻的学术领域之外去投稿、修改，最终发表高质量的期刊论文，会对学术圈子带来一波不小的冲击，但这非常有难度。学术圈子有着很强的捍卫者，就像我们之前提到的，有时候他们的捍卫是正当的，而且完全是出于好意。对那些想跳出圈子的学者来说，他们本身的圈子壁垒就很厚实。你本身所在的学术领域(圈子)所接受的"高质量"期刊数总是要比其他领域的期刊多得多,因为我们实际上对其他领域知之甚少。在卡尔森管理学院的战略管理和创业系,没有列出管理学的顶级期刊,而是默认我们应该知道。也许对战略管理和创业学科来说,要知道哪些是高质量期刊应该不难。

那其他学科的顶级期刊情况如何？假设是战略管理和创业与政治学的交叉研究,顶级期刊是哪些？对学院教师来说,这就不好确认了。战略管理和创业圈子的捍卫者可能只列出寥寥几份其他领域的期刊名单,可以在终身教职和职称晋升评审时被认可,甚至一个书面的清单都没有,这对你跨出主攻领域去做研究和发表成果会起到很强的阻碍作用,这也可以解释为什么类似 Jensen 等(2010)的研究比较罕见。

总的来说,我们还可以考虑其他一些措施来对抗圈子文化。上面提到个人可以通过开课和公共服务等手段弱化圈子的束缚。还有学院院长、系领导、系里同事对这类行为都予以褒奖(至少不阻挡)也能有所助益。在研究方面,除了非常给力的期刊编辑,我们很难想到还有其他重量级的人物,能出于大众利益的考虑而对抗学术圈子。詹森等人将论文稿件投给 JIBS 并非偶然,他们先是向一个跨学科的会议投稿,投稿之后得到了会议上的宣讲机会,而当时 JIBS 的编辑团队正好在场。毫无疑问,他们先得到了他们的肯定,于是继续下一步,向 JIBS 期刊投稿进入评审阶段。

JIBS 当时的总编——也是我们本书的一位作者——担当起了一份使命,出席了很多国际商务和管理领域之外的学术会议,并在大会上强调了该期刊的跨学科特性以及对其他学科的开放性。这些挣脱学术圈子的努力很是见效,之后该期刊收到了大量来自国际商务和管理领域之外的学者们的投稿,有更多的人关注到了(并且引述了)JIBS 期刊论文。我们很肯定对于非国际商务领域的投稿和国际商务领域的投稿,我们以一样严格的标准进行评审。Jenson 等(2010)这篇论文被要求修改了三次,前后历时一年多,所以绝不是一炮打响那么简单。尽管 JIBS 编委会的积极评议有可能一开始使文章更适合于给以国际商务和管理为背景的读者阅读,但最后影响却远远超越了这个圈子,辐射到了更多的读者群。

其他期刊会经常发生这一情况吗?

你的圈子,还有你的职业

我们之前说过,学术圈子的存在在所难免,也不至于那么不受欢迎。对于努力开发研究计划并树立学术声誉的博士研究生和青年教师来说,学术圈子可以帮助他们明白,哪些人脉、机构、会议和出版渠道能支持他们的研究计划,并且更容易让他们声名鹊起。但学术生涯也不会总是那么受工具价值的驱动。我们是幸运的,我们发现一些有意思的学术争议,探究是什么问题在牵引着这些争议,然后以严谨的理论为基础,以广泛的证据为依托,通过周密的思考,最后表达我们的观点,在这一过程中,我们还能获得劳动报酬。当我们事业有成时,在哪里找到这些学术争议似乎不那么重要了。如果这些学术争议发生在你们院系之外的场所,那么你就去参加,去发表见解。积极地去推动这件事,寻找这些外部的争议,并转化成对自己所在院系的同事们有意义的东西,即形成我们的圈子。敦促自己学院的同事向外看,而不是向内看。

讨论思考题

1. 你有没有发表或者介绍过你学科领域之外的研究成果?如有,请介绍这一经历,其中哪些事情处理得比较好?可以有不同的做法吗?

2. 为了达成研究目标,我们必须保持学科领域的纯度,但为了研究的丰富性,我们又应该借助其他学科的知识,该如何解决这两者之间的矛盾?

3. 当你向一份期刊投一份并不属于你学科领域的稿件,你会向主编写一封什么样的信介绍你自己?你会如何说服他们去审阅你的稿件?

4. 请确认你所在的学院是否有跨学科的教学和公共服务机会,并且参与并跟进其中一项。

参考文献和补充阅读

[1] Golde C, Hanna A, 1999. The challenges of conducting interdisciplinary research in traditional doctoral programs[J]. Ecosystems, 2: 281-25.

[2] Jensen N, Li Q, Rahman A, 2010. Understanding corruption and firm responses in cross-national firm-level surveys[J]. Journal of International Business Studies, 41: 1481-504.

Chapter 26
第 26 章

// 院外兼职 //

院外兼职令人愉悦,可以获得启发,学院和外部机构也均能从中受益。那院外兼职又会涉及什么伦理问题?我们认为的确会有一些伦理问题,在本章中我们会调研其中的一部分,并提出一些指导原则,以减轻这些伦理困境可能造成的负面影响。

"制片人"问题

我们几位作者都是电影爱好者。其中有一位作者最喜欢的一部电影是《制片人》,我们是指由梅尔·布鲁克斯(Mel Brooks)导演、泽洛·莫斯特(Zero Mostel)和吉恩·怀尔德(Gene Wilder)主演的最早版本,而不是 2005 年由内森·莱恩(Nathan Lane)和马修·布罗德里克(Matthew Broderick)出演的翻拍版。如果你不熟悉这部喜剧,我们先简单介绍一下剧情。有一个失意而落魄的百老汇导演莫斯特(Mostel)和他的会计怀尔德(Wilder)在一起酝酿制作一个短剧,赚一笔快钱。于是这对搭档去搜寻出资人,筹集比制作短剧多得多的一大笔资金。当然,他们承诺达到一定销量才能筹到那么多资金,但只要这个表演搞砸——最好在开幕当天就偃旗息鼓——出资人既拿不回投资的本金,也拿不到一分利润,这对搭档就可以私吞剩余的资金,前往里约热内卢。啊,可是,如果这个短剧大获成功,那他们麻烦就大了,因为他们之前答应要分给出资人超额的利润。结果,他们一不小心制作了一部很火的音乐剧(不可思议地将其取名为"希特勒的春天")。最后他们因为欺诈罪锒铛入狱,在狱中,他们居然又构思制作了另一部音乐剧,结果还是大卖(这次取名比较应景,叫"爱的囚徒")。

所以,《制片人》和伦理有什么关系(除了会计伦理)?这么说吧,有时候我们会为自己的专业投入100%的精力和时间。很少情况下这会不合法,但这可能会越过伦理界限,会陷入各种麻烦。有一种情况是,教师答应了院外的邀约,也就是教师会接受本学院之外的一些委任和兼职,包括做国外大学的访问教授,或者与所在大学的姊妹学院开展合作研究等。如果邀约不是你自己所在学院发出而是来自其他院校,那么在你自己学院,总会有人问起(或者假定)你的院外兼职是否会占据你自己在研究、教学和学院公共服务的投入时间。本章我们就讨论这个"制作人"问题,并找出一些方法让自己不越界、不陷入麻烦,不承诺(或不显得在承诺)用100%的时间和精力投入研究、教学和公共服务。

外面的世界很精彩

学术界恐怕是除了宗教以外,最容易接触到全球群体的一个存在。你几乎可以去全世界任何一个地方,联系一个大学,让对方出具一封邀请信,你就可以在那里待上一段时间,生活、学习、教学和研究。确实,学术生活的福利之一就是偶尔有机会离开自己常驻的学院,去其他地方造访一下。最典型的就是休学术假,工作六年之后,教授就可以提出休假申请,离开一年。他同时还会申请一个国外大学的访问学者名额。然后教授就会出租自己的房子,带上家属,暂居国外,让孩子在当地就学,慢慢了解随行家属接下来可以干些什么并安置下来,在新的地方工作一年。

院外兼职还有其他方式。比如,研究组织理论的某位学者虽隶属商学院,但他可以接受外院社会学系的一份礼任;在美国商学院研究国际商务的某位教授,可以接受欧洲某个商学院发出的合作研究邀约,这是获得欧盟研究资助的条件之一;一位政治学的教授也可以接受华盛顿特区、伦敦或东京某个公共政策智库高级研究员的职务。以上这些方式和学术年假的区别在于,前者不需要这些教授离开自己工作的学院,他们的工资、福利以及所有的研究、教学和公共服务都维持不变。

大多数院校对这些国外大学的兼职有专门的政策规定和定级。明尼苏达大学卡尔森管理学院是这样的:"具有卓著国际声誉"的教授进行国外访学时,被定级为全职教授的级别;其他一些低级别的教授则被定级为访问讲师。不管如何,这都是一个很好的走出去的机会,融入不同的学术群体、相互切磋并贡献学识,这也许就是各种学术兼职的一致宗旨吧!学院内外双方都能从这些教师在研究、教学和公共服务工作的交换和合作中受益。

但你会错过图书馆管理委员会的会议吗?

所以,院外兼职令人愉悦、有启发性且对学院内外均有好处。那有什么问题吗?在Euben(2004)为美国高校教授协会(American Association of University Professors)撰写的论文中提到过一些问题,在明尼苏达大学卡尔森管理学院的指导手册中也提及过。卡尔森管理学院的指导手册中对非离职院外学术兼职有明确的限制,提到不同部门的不同限制条件,并将其放在学校的各级网站上。例如,卡尔森管理学院的兼职可以对照学院有关"终身教职"的规定,对助教也许就不适用。还有一些规定,诸如教师可以外出为其他企业或组织提供咨询的天数限制;甚至可能你外出教学的项目和卡尔森管理学院的项目正好存在着竞争关系。碰到这样的利益冲突该如何处理?明尼苏达大学本身对校外兼职也有限制规定。所以林林总总的这些规定就会使情况一下子变得复杂起来，但总体的原则是，如果这些学术兼职活动对你的职业生涯有所裨益，能扩大你所在学院的声誉，并且不会影响你在学院的正常职责（Carlson，2017），那么你完全可以接受。Euben（2004）也持同样的观点，并认为卡尔森管理学院的指导原则并不是特例，可以说和很多学院的标准政策相差无几。

这些指导原则最后的"并且"字样是问题所在。我们接受院外学术兼职时，一般需要提前征得学院的同意，你会分别与系主任、学术副院长、院长进行约谈。接下来便需要提交一个书面申请报告，填各种表格，再逐级报备系主任、学术副院长和院长，甚至还有校级教务长等，以确保不违反校级的有关规定。就像学校中很多其他的事情一样，这是人事流程。

大家对这一流程的看法因人而异。负责排课的系主任会关心学术兼职会不会导致教师在学期中随意取消课程，比如因为你出差时遇到一些诸如航空公司飞行员罢工等突发状况，而致使你无法按时返回。院长关心的是，你会不会因为外部兼职，缺席本院一些重要的委员会讨论。比如当委员会会议和你所在智库与州府总督的例会时间正好撞车，而州府总督非常需要你们智囊团的建言献策。如果你学院的同事知道你在外兼职，他们会想甚至会到系主任的办公室去问你是否还会有空做学院的"苦差事"，比如图书馆管理委员会、课程管理委员会或其他一些无关紧要的委员会。这里涉及人事流程，有些人出于自我利益，会认为因为你的学术兼职而造成工作超负荷，你无暇付出额外的时间和精力，所以就使得他们承担这一部分工作，这就是我们开场白中电影《制片人》所影射的一个问题。

很轰动！这是我的

哪怕校外兼职没有任何成果，也就是说，如果研究、教学和公共服务的产出结果并不理想，这也会是个问题。况且，校外兼职可以形成"轰动"效应，比如合作发表了一篇期刊论文，对增强学院知名度、提升学院声誉以及可获得资金支持的各种大小成果。这很棒！但现在你的"出资人"希望这些结果归他们所有。你所在的学院和合作院校，为了能积累学院教师的历年研究成果，并用来申请政府资助的研究基金，都希望把你的发表成果记在他们的功劳簿上。大家都想拥有你开发的软件算法、专利技术和版权等新的研究成果和期刊论文的知识产权。有可能大家都想独占，但你可能无法贡献百分之百给双方——《制片人》的另一个问题。

电影中，你只能选择一方，瞒着另一方（或者双方）。向你所在学院隐瞒你从外部学术兼职所得的成果（包括你的酬劳），会将你置于非常麻烦的境地，有可能严重到诉诸法律的程度，让你受到处罚甚至被开除/解职。最好是让双方都知情，然后让院长对院长、教务长对教务长，通过官方渠道解决问题。

两条原则：超前完成和事先谈妥

当你向自己所在学院和对方院校告知实情时，我们还有两条原则供你参考。一个建议是在你决定从事外部学术兼职之前，先"提前"完成一部分学院的教学和公共服务工作。这样你和系主任谈时会更容易，你可以告诉他，你的教学绩点和委员会工作量已绰绰有余，有了这些绩效盈余，这个学期，你再身兼学院外工作也不会拖学院后腿，更不用去考虑"补够"缺失的教学和公共服务工作量。

另一个建议是"事先"和系主任（或副院长、院长和教务长等）谈妥外部学术兼职的一切事宜。如果你和合作院校之间有信件往来或者备忘录，上面详细列出了各种条件和要求，包括工作要求、薪酬、合作成果的处理，那就将其交给自己院校的决策者。让学院管理层和邀请方直接联系，让他们来定夺这份学术兼职能给你带来什么，能给学院带来什么，你具备多少履行对方院校要求义务的能力。如果最终他们认为，这份学术兼职会让你超出工作负荷，也许就不值得你接手了。"事先谈妥"让每一方都在知情的状态下做出选择，这样才是更明智的做法。

能在一个致力于创造和传播知识的学院里工作已属幸运,还能有机会变换工作场所,参与其他的学习群体,带上新的洞见和启发回到自己工作的学院,就更是锦上添花的美差了。超前完成一些工作并事先谈妥和安顿好所有事宜,充分利用这些绝佳机会,全力以赴,但也别让自己不堪重负。

喜剧,还是留给梅尔·布鲁克斯更好。

讨论思考题

1. 你们学院有外部学术兼职或其他兼职政策吗?请去调研一下并和同事一起讨论,他们对此持什么意见?

2. "事先谈妥"讲究的是信息透明的规范,帮你确保学院双方掌握的信息相同。请讨论你所在学院会如何执行这一政策?会牵涉到谁?双方事先商量的应该选择在什么时机?你预感需要克服什么阻碍和行政官僚做派?

3. 在什么条件下,外部学术兼职会让你或者你所在学院感到为难?什么原因会让你拒绝这类邀约?

4. 反之,在什么条件下或者有什么福利,会让你无法拒绝外部学术兼职?如果出于某些原因,你无法获准请假,你会如何想办法在不请假的情况下获取这些福利?

参考文献和补充阅读

[1] Carlson School of Management, 2017. University of Minnesota Carlson School of management employee handbook [EB/OL]. [2017-02-19]. http://assets.csom.umn.edu/assets/137700.pdf.

[2] Euben D, 2004. Faculty employment outside of the university: conflicts of commitment [R]. Washington, DC: American Association of University Professors.

Chapter 27

第 27 章

咨 询

个人、企业、政府机构和非营利组织经常会向在专业研究和教学方面经验丰富的学者寻求咨询和分析帮助。学者们给外部机构提供咨询服务通常可以获得财务回报,但同时也会引发一些伦理问题,比如利益冲突,以及优先承担与学院和专业相关研究、教学公共服务的工作。本章我们就来研究这些议题,并提出一些实用的建议,让学者们在咨询服务中尽量减少并处理好冲突,并让咨询服务在学术生涯的不同阶段发挥最佳的效能。

纯学术型大佬、行业型专家、机会主义者:都可能成为顾问

在学界能否实现职业进阶,很大程度上取决于你是否有能力发表高质量的研究成果,能否获得政府机构和基金等正统渠道提供的高额研究资助。如果谁在这方面表现出色,那么整个校院系都会因为他的累累硕果而倍感光荣,同时这还会促进学院完成融资,间接提升收入,甚至比研究资助的一半还来得多。学院非常钟爱这些"纯学术型大佬",学院会用更通畅的职业晋升通道、更丰厚的薪酬补贴和其他福利等各种手段给予他们奖励。

但是还有另外至少两种类型的教师也很受学院青睐,特别是法学院、商学院这样的专业型学院。一种类型的教师有志于在一些面向从业人员的期刊上发表应用型的研究成果;另一种类型的教师和企业的专业人士合作,这些专业人士常常神通广大,他们能争取到一笔不菲的资助来支持他们的合作。学院也能够因为这些成果而锦上添花,而且从企业给学院教师的研究资助中提取的管理费用应该也不低,所以"行业性专家"在学院中仍然得宠,并能获得一定的认可和奖励。

还有一种类型的教师,学院就比较怠慢甚至怀疑了。这些类型的教师既不致力于广泛应用的基础研究,也不从事针对某一行业的应用型研究。相反,他们只为特定的个人、企业和组织做研究,并撰写分析报告。他们参与这些项目的成果最后可能会出现在机场书店如《××攻略/秘籍》的畅销书中,或者发表在一些报纸和财贸杂志的建议专栏中。这些小打小闹的点缀就像是大蛋糕上的糖霜,整个咨询项目这个大蛋糕非常有利可图,但学院拿不到任何钱,这些教师为客户做了什么?也许你也猜到了,学院可不乐意,并通常会对这类"机会主义者"做一些限制。

那么问题来了,现在不只是机会主义者在做咨询,行业型专家和纯学术型大佬也在做咨询,但后者数量上会少一些,而且和学院的冲突比较小。但这三种类型的教师都在一定程度上参与咨询项目,并且这是他们职业生活的常态。这三类教师都应该思考咨询活动带来的伦理问题:利益冲突,侵蚀学院的职责、威胁学术自由,或者可能因为民事或刑事纠纷造成终身教职被撤销、被解职甚至入狱。本章我们将仔细研究这些问题,并提出一些实用的解决方案。

教授们为何要做咨询顾问?脚踏两船而不翻船

很多大学教师相信也注重在基础和应用研究方面"脚踏两船",这是可以的。这两种研究其实并非毫不兼容,通过长期学术训练并潜心研究课题,我们在某一个专题上应该具有了很强的专业能力。本书的三位作者均在国际商务领域接受了学术训练，参与了很多研究生项目，帮助我们形成了一些研究专长，比如跨国企业的转移定价策略，如果把转移定价的基本理论知识转化到现实世界中跨国企业或国际税务专员的一些实际应用，会是非常有意思的学术路径。而且，咨询工作通常要求速度和效率，而传统的学术研究论文因为需要通过同行评议的环节，通常很难在较短的周期内完成。此外还需要补充的一点是，解决一个"实际"问题所带来的满足感，远远超过纸上谈兵般地提出一个概念，前者还能得到金钱的回报和客户的尊敬。基础研究者和应用研究者都需要有财务回报和社会影响的刺激，我们的研究要做得严谨，要切中要害，要让我们在自始自终安身立命的学术群体之外还有"发言权"，这些因素都不可或缺。

但是，通俗地讲，就如伦敦地铁（当地人称为"管道"）的每一站都会提示的，纯学术大佬、行业型专家和机会主义者都需要"小心缝隙"——车门和站台之间有夹缝，咨询服务和学院规定之间也有冲突区。对这三类教师，学院的规定限制了教师参与咨询项目的时间。对机会主义者和行业型专家，还有咨询服务所碰到利益冲突的限制规定。甚至对纯学术大佬，有时候也会涉及威胁学术自由的问题。在提供咨询服务时，留意并避免这些问题，可以有效帮助你在学界和业界都游刃有余而不掉进沟里。

机会主义者：记录你的耕耘

我们先说说这些限制规定。不只你对此有兴趣，你的学院当然也会对你们教师在规定的日常工作之外做些什么有兴趣，学院可能还有专门一套汇报这些活动的规定。

在明尼苏达大学，我们会每年提交一封标准格式的"外部专业活动汇总表"（report of external professional activities, REPA），在表格中汇报这些活动（REPA, 2017a）。从2000年开始，改为电子表格。学校可以从表格中获取大学教职人员参与校外活动的细节,以防影响日常本职工作。所以有学术研究职责的教职人员都必须填写这份表格,内容也许是设计并撰写资助申报书,也许是落实学生的实验操作,也许是汇报学术发表成果或者公开场合发言。还有一些人也会代表学校填写这份表格,如列举校级的研究和发现、教与学的成果、援外活动和公共服务等。比如设想一下,学校科技中心的管理者要汇报学校的哪些科研成果以许可协议的方式转化给了当地企业。"外部专业活动汇总表"填完之后,会由低到高逐级递交给上一层主管部门审核,最终由教务长和校长批阅。

即便是粗粗瞥一眼明尼苏达大学"外部专业活动汇总表"的细节,我们也不难看出,教师和其他相关人员有必要重视并解释好这些咨询工作。关于这张"外部专业活动汇总表"最常被提问的问题是一开始的一串对外部活动的定义,外部活动本质上是指那些有额外报酬的咨询关系(REPA,2017b)。实际上,定义的第一句包括了一个超链接,直接转至学校关于"校外咨询和其他责任"(REPA,2017c)的政策,政策规定必须如实报告外部带薪及不带薪咨询活动所占用的时间。所以"外部专业活动汇总表"要求教职人员必须将咨询服务所需时间、类型、报酬以及咨询服务和大学本职工作之间的关系等全部保持信息透明,瞒报或漏报都会作为处罚和解职的依据。

一旦填完REPA,接下来该如何应对那些实质性的限制呢,首当其冲的就是对外部咨询时间上的限制。每个高校对学院教师可以投入外部咨询的时间约束各不相同,明尼苏达大学允许教师每周有大约一天时间从事外部咨询,但必须与自己的专业领域一致。比如一个研究国际商务的教师可以每周有一天时间,为当地跨国企业提供转移定价方面的咨询服务,但研究生物学的教师可能就不会。当然咨询服务并不会如你所愿一路顺畅无阻,比如整个学年里,不会将时间铁打不动地安排在每周四下午,通常,这些咨询活动会集中在一段时间,并持续好几天。考虑到这点,很多高校会给出一整学年中每学期的平均时间,或者学期之间和长假期内的时间。外部咨询如果超过一周一天的时间限制,并不需要被明令禁止,只要提前征得上级或导师的同意即可。这些对话为学院教师提供了一个机会去说明"过度"咨询的限制要求,并且提醒教师要将咨询工作和"研究、教学和公共服务"这些核心使命结合起来。

请回想一下本章开头提出了三种教师类型。REPA 中所提出的报备、解释和讨论要求,主要针对的是机会主义者,他们最热衷于外部咨询工作,并垂涎由此可获得的个人收益,但却是以缩减学校的研究、教学和公共服务活动为代价的。REPA 活动表将外部咨询活动变得公开化、透明化,这些要求对行业型专家和纯学术型大佬当然是一视同人的,但对机会主义者来说,这些要求尤其让他们心生不安,也许这样会给机会主义者以及他们的导师几分动力去减少一些外部咨询活动。

行业型专家:学校工作第一

"外部专业活动汇总表"不仅是让所有教职人员的外部咨询服务向学校透明公开,而且一旦都明朗化,他们就可以处理利益冲突的问题了,不管是真实存在还是潜在的利益冲突。我们之前已经讨论过利益冲突,这里就不做赘述,只是简单表达一下,学院教师在咨询时给外部客户所做的事情,和与其他高校同人联合研究的情况差不多,你所做的学术演讲和发表成果将为后者所用。那么,谁是这个初创型成果的所有者?对行业型专家教授来说,这个问题很重要,他/她也许很想通过和企业建立联系,获得企业资助,研究该领域中一些实用型问题,作为这个领域的专家,他/她希望在事业上功成名就。例如,专攻国际商务中转移定价的专家,可以在帮助某跨国公司进行子公司之间转移软件的纳税筹划时,开发出一个新模型,他/她可以向学术期刊投稿,经过多轮的同行评议,最后得以将这个模型推广出去。或者,他/她也可以通过双方的合约,将模型一次性转交给几家愿意资助后续研究的跨国公司和其博士研究生。将模型率先发表在学术期刊上肯定会削弱这个模型为跨国企业带来的价值,企业当然是希望在一段时期内独家使用这个创新模型。

所以对行业型专家来说,这是个进退两难的问题,需要一些原则来指导我们解决这个实际存在或者隐含的利益冲突。明尼苏达大学"外部专业活动汇总表"的原则以及其他高校的政策都是倾向于先在学术期刊上发表。行业型专家的首要职责是完成学校的研究任务(及相关的教学和公共服务)。如果模型背后所依据的知识和信息完全不能和学校教职人员的本职工作割离,比如使用了学校图书馆、实验室、研究生资源等,那这些知识应该首先为学校带来收益。将成果发布在学术报告或出版物中所能带来的收益,要远比把知识转移给私人部门和跨国企业大得多。这些企业过一段时日后,仍然可以从中获得收益。

纯学术型大佬:保护学术自由

"外部专业活动汇总表"对纯学术大佬也有一定指导意义。乍一看也许令人心生疑惑,纯学术大佬似乎没必要寻求行业的合作。纯学术大佬不让私人企业成为纯粹的商业咨询客户,不过是想避免实际存在和潜在的利益冲突。这些纯学术大佬做基础研究,力图利用正统的学术渠道推广和发表自己的研究成果,他们申请的资助一般都来自力推基础研究的学术和政府机构。所以高校非常喜欢这些纯学术型大佬。

但他们还是会掉入"外部专业活动汇总表"所提到的陷阱里。我们来告诉你怎么回事儿吧。那些优秀的学者通常是由 Robert Wood Johnson 基金会这样提供资助的企业、非营利机构,或者类似美国农业部这样的政府部门招募而来的。确实,优秀的纯学术型大佬都是通过竞争才能获得这些资助,并建立起他们的声誉。有些提供资助的院校和机构会支付一定的酬金和谢礼,因为这些学者为他们评估入选者的资格并拟定资助获得者的名单。这项工作在很多"外部专业活动汇总表"制度下就等同于咨询工作了,所以需要申报并计入具体的投入时间。另外,假如这位学者在评估资助申请时,发现对方是自己院系的同事,或者是之前共事过的项目合作者,那么就还有可能涉及利益冲突,两种问题我们都可以采用"如实披露"和"回避决策"两相结合的方式来处理。

也许纯学术型大佬在给这类院校和机构做咨询时,还会碰到另外一个伦理问题。那就是研究的目标和纯学术型大佬所在的大学不相契合。美国农业部可能想优先考虑某一个公共政策,他们更希望将研究资助分配给那些同意优先推行这个公共决策的学者,而纯学术型大佬却认为这样的排序不太妥当。也许,美国农业部的研究资助计划旨在吸引更多人研究牛饲料中的生长添加剂,而纯学术型大佬却认为这些添加剂的使用将给牛奶制品带来安全风险。纯学术型大佬所面临的这个问题和行业性专家、机会主义者所碰到的问题截然不同。这事关学术的自由,哪怕你受雇于对方机构,对方机构给你资助并给你所在的大学提供很多支持,但你有捍卫真相的责任。经过精心设计的"外部专业活动汇总表"制度,会推动纯学术型大佬大胆并坦诚地表达个人的观点,不管资助的院校和机构会如何表态。提出异见会给这位纯学术型大佬的咨询工作带来一定的限制,在短期内会造成一定的财务损失,但他捍卫了学术的自由和诚信,从中长期来看,他的学术信誉反而会有所提升。优秀的大学理解并支持这样的取舍行为。

熬到终身教职

不管你是属于纯学术型大佬、行业型专家还是机会主义者,咨询服务会给教师带来不少问题。有些时候这些问题比较微妙和敏感,解决的原则也模棱两可。但针对以下这种情况,我们有一个很清晰的原则。青年(或尚未获终身教职的)教师接咨询项目会引起系里资深教师的侧目,大家对青年教师的期望是多做研究、多在高质量刊物上发表研究成果、在专业领域建功立业。所以在这种环境下,为外部企业或个人提供咨询服务,会让资深教授们认为你不务正业,在利用学校的关系充实个人的经验,而不是在为学校、学院和系以及其他学术机构添砖加瓦。这样的推论也许对这个青年教师并不公平,但资深教授们的确会这么认为。所以最好是等到通过了终身教职资格的评议之后，再接受咨询服务工作。一旦获得终身教职资格，不管你是纯学术型大佬还是行业型专家，这时候已算是资深教师的你，会有足够的自由度选择研究内容，以及相应的教学和公共服务活动。耐心等待是值得的，当你有机会在事业上站稳脚跟，并且可以选择适量并且对口的咨询业务时，再去填补基础研究和应用研究之间的空缺。

讨论思考题

1. 你们学校有没有像"外部专业活动汇总表"这样的规定？如果有，请将其与明尼苏达大学的同类报告对照一下，它们有些什么区别？比如，它们分别是如何定义横向咨询及其他活动的？它们被准许参与咨询工作的时间占比有差异吗？

2. 我们讨论了和咨询有关的三种教师类型：纯学术大佬、行业型专家和机会主义者。在实际生活中，教师们也许三种特质兼而有之。观察你所在的院系，看看周围的教授、副教授和助理教授最多的是哪些类型的组合。

3. 你在研究中是如何填补空缺的？你是如何让你的学术研究结果被相关从业人员和公共政策制定者获取的？

参考文献和补充阅读

[1] REPA, 2017a. Report of external professional activities[R]. Minneapolis, MN: University of Minnesota.

[2] REPA, 2017b. REPA FAQ[R]. Minneapolis, MN: University of Minnesota.

[3] REPA, 2017c. Board of regents policy on outside consulting and other commitments[R]. Minneapolis, MN: University of Minnesota.

Chapter 28

第 28 章

媒体往来

媒体在学者的职业生涯中扮演着重要的角色。媒体会通过我们的教学和研究联系到我们,就一些时事热点让我们发表一下不带立场的客观评论。关于媒体往来,我们需要思考一些重要的问题:什么时候可以参与?如何参与?参与多少?回答这些问题需要有伦理方面的考量,本章我们就来谈谈这些问题,以及它们对处在事业不同阶段的学者的意义。

转述时的得与失

据 Schultz(1998)所称,"第四等级"(fourth estate)一词是由 18 世纪末叶的资深议员兼政治哲学家埃德蒙·伯克(Edmund Burke)首次创造的,指代新闻界及它对另外三个国民等级(神职人员、贵族和下议会议员)的影响。他很后悔最终决定允许记者进入议会旁听,记者们把当场所做的会议记录稍做整理之后,每天向民众(不管他们有没有投票权)播报,他认为这样的做法会导致下议院的议员和上议院的贵族及神职人员在辩论、立法和执行公共政策时考虑不周。

伯克的观点也许非常适用于21世纪的学术界。深远的学术自由传统鼓励教师对有长远社会意义的争议性问题进行研究、写作、宣传、发表和辩论，比如从科学、哲学和宗教的角度探讨生命的起源，或者从商业和法学的角度探讨企业对他人应有的职责。这些问题同样也能引起媒体的关注，不管是伯克所处时代的传统纸媒还是已然渗入我们当今生活的电子化数字媒体。

但是当媒体关注并报道我们学术研究以及相关的教学活动和公共服务时，他们的报道面向社会大众，而我们不是；他们习惯于浓缩化的概括，并很快写完一篇稿子，通常几天甚至几小时就出稿了，而我们不会；他们喜欢评述当前一些趋势或重大事件的实践意义，而我们不会。这些出入容易在学者和媒体交往的过程中引起各种各样的"转述"偏差。所以，以上问题就涉及我们该何时以及如何与媒体打交道了。

本章我们就来探究一下这些问题。这很重要，大家乍一看会认为媒体和学者的工作没什么相干，或者这只是学者在和学生及其他同行打交道等主要业务之外能很快应对的事。我们认为这种想法是不明智的。媒体在学术专业生涯中的作用不可小觑，如果你记住媒体交往有关时间、地点和方式的一些规则，那么这对你个人和学院都会起到积极的作用。

为什么是我们？

首先我们提出一个问题：为什么学界对媒体如此有吸引力？也许令人惊讶的是，纸媒、广播和数字媒体是多么频繁地和学术界的教师们接触。曾有那么一天，明尼苏达大学卡尔森商学院同时接受10—20个国际、美国和本地媒体的采访。媒体向院长、教授和学院的媒体关系办公室采集观点，很可能是就当前的一宗商务交易了解背景信息，比如有两家大公司有合并的意向，他们想从学术的角度了解这起兼并的合理性。

如果有人请教自己，恐怕所有人都会感觉很荣幸，学者也不例外，可媒体人为什么喜欢先向学者寻求专业知识呢？有些职场中的专业人士也有很扎实的专业知识,甚至比主攻教学和研究的学者还有学问,但媒体界还是指望向学者求教。

告诉你们为什么:因为我们的观点比较客观公正,或者说我们应该有比较客观公正的观点。职场中的专业人士很可能会因为利益冲突给出不客观的评论。哪怕只有利益冲突的苗头,也会因为媒体受众的耳闻、目睹和解读,削弱媒体报道的可信度。投资银行家对兼并的评论可能代表其中一方公司的立场,也可能和代表另一方企业的银行针锋相对,不管哪种情况,评论的中立性肯定会受损。但高校学者的评论一般不会这样,学术自由让高校及其学者站在一个中立的立场,能够客观看待"外部"世界的趋势和事件。如果这位学者不是这类事件的外部顾问,那就更具有无利益冲突的优势。一般来说,这位学者的咨询费用来自私立院校基金或者公立院校的财政拨款,他的背景信息和评估都会尽可能绕开显而易见的冲突点,而这些冲突点恰恰是记者很感兴趣的地方,特别是当他们只有有限的时间整理故事、剪辑录像和当面采访时。

公正视角带来的学术优势意味着学者要承担一定的道德义务,首先是披露真实信息的义务。当他们联系到你,问及你和这番报道中的人、财、物等方面是否有关联,请立即告知记者实情。告诉记者在这次采访之前是否直接或间接地受到事件当事人的资助,以及你之前是否为事件当事人提供过咨询服务,或者有过其他业务往来。

越早透彻地披露信息,对你越有利,这样记者们可以在知情的情况下决定是否要继续和你合作、如何合作,也会使你同时免于在报道一经发布而众所周知之后,遭到利益冲突的起诉。如果你之前和这些企业签过保密协议,那你更负有不可推卸的道德义务。你对于媒体邀请的回应可以简单化了:"非常抱歉,我无法对此作出评论";或者"很抱歉,我无法对这个事件中的某某人和某某企业作出评论"。你不必解释原因,之前和某某人、某某企业签署的保密协议是咨询工作的条件之一,他们应该不会要求你做解释。记者们完全理解,并在大多数情况下会非常感谢你直言相告。优秀的记者会揣摩出你字里行间的意思,并且欣赏你所彰显的正直品质。最后,如果你自己不便做评论,可以推荐他们联系另一个候选人,所有记者都会对你的帮助心存感激。

媒体往事的时间和时机

我们来假设一下有记者联系到你,希望你利用自己相关的专业优势对某个事件做出评论,并且没有任何实际和疑似的冲突。你会接受邀约吗?看上去做出一个肯定的答复并不难。你在自己办公室里接了电话,在先不录音的情况下,滔滔不绝地讲了五分钟,在正式录音时又讲了五分钟,然后又花上几分钟记录这个采访大概在什么时候、什么地方见诸报端,最后结束电话采访,继续埋头修改论文。你花了差不多15分钟时间讲了一个故事,增强了你们院校的知名度,投了院长所好,也提高了你作为知识分子的名望,你做了件大好事。

但做好事也要付出代价。记者们有你的地址、电话和电子邮件。如果你特别擅长给出简练而周全的评论,那他们很快又会来找你,而且会经常来找你。一次15分钟的采访最后变成好几次在你办公室、你家、电视演播室的来来往往。你可以变成一个媒体明星,至少比起同院系的同事,你的曝光率要高得多,院长对此很欣赏,他的理事会也许不会读你的学术论文,但他们会看到媒体对你的采访。

然而,我们并不鼓励大家将来成为媒体追捧的明星,特别当你还只是一个未获得终身教职的助理教授时。虽然参加很多媒体活动会增加教师公共服务的贡献度,但年度考核时,教学和研究永远是更为重要的指标。在规模较大的高校,研究的贡献在申请终身教职和职称晋升时有着举足轻重的地位。在接受终身教职评审时,各种媒体活动和勉强够格的学术考核放在一起,会给评审委员会一个负面的印象,他们认为过度活跃的媒体往来是导致你研究成果较少的根源所在,并且你更希望出现在公众的视野,而不是在学术界提高自己的实力。

在这样的情况下,我们就很有必要考虑何时、如何、以什么频率和媒体接触。我们要把教师分成两拨来回答这些问题:一类是大型院校获得终身教职的青年教师,另一类是其他教师。获得终身教职的青年教师应该侧重于产出优质的学术成果和追求良好的教学效果。公共服务,包括辅助媒体的活动,应该减到最低量。所以应该参与"多少"媒体活动的答案很简单——越少越好。事实上,在你的终身教职评审过程中,如果你的材料中没有显示媒体评论的记录,评审教授根本不会觉得有什么不妥。

媒体往来可以被纳入公共服务或者研究贡献,尤其当采访内容通过高质量的学术渠道发布时。所以,当记者是因为你最近发表的期刊论文或出版的著作而电话联系你时,你尽管接听电话就是了。因为通话内容将涉及你的研究,与你的专业或者与公共政策相关,合情合理,还不失学术严谨性。所以这也就回答了"什么"时候接受媒体采访的问题了。至于获得终身教职的青年教师该"如何"掌握分寸,我们建议采取省时的参与方式,即通过电话和邮件的方式与记者联系。不管记者的提议有多么让你心动,你都不应该接受在演播室的采访,也绝不应该写一篇实践类的文章或专著,这些事就让记者自己去做吧,你还是另写一篇学术论文为好。

认可知名的公共知识分子

对其他人就不是上述这些建议了。我们提过,学院院长(以及学校教务长、校长和公关部)总是很支持教师与媒体保持积极互动。这不是出于偶然。院校的创建者把媒体曝光率和教师与媒体间的互动视为社群发展的成功指标,我们的教学是在培养下一代的领导者,两者都在造福当地的社群,这些社群还常常手握着一些经费并资助给我们高校;两者都在造福全国和全球等更大范围的社群,这些社群能将学校的发明商业化,并且雇用我们高校培养的一些领导者。所以媒体传播这些信息的能量,可以很好地说明为什么学院院长和高校创建者要雇用媒体公关人员,为什么要增加并管理高校与媒体之间的互动,为什么要认可和嘉奖那些能与媒体保持有效互动的教师。

这些教师就是具有一定的天赋,能把学术研究的成果传播给更大的受众面;能在临时通知的情况下出现在纸媒上、广播中或其他数字化的论坛上;能够表述得简练、有趣,甚至还带点幽默。学院的教授之所以有这些先天条件,是因为他们正好来自记者想要报道的行业、专业或公共部门。很多非终身教职的教学专家和副教授有这样的个人经历和先天条件,他们是各种媒体活动和论坛的理想人选,频繁出席与他们的教学和科研相关的媒体活动对他们本人和学院都有利。

另外,那些拥有讲席教授荣誉称号的终身教授和资深教授也是具有先天条件的一群人。他/她完全可以依赖自己以往在教学和研究上的卓越成就以及经验。因为有终身教职的庇护,所以他/她可以非常客观地发表观点,哪怕这些观点具有争议性。他/她的终身教授或讲席教授的聘用条件中,说不定还有一条强制规定,要求教授向非学术类人群传播他/她的专业知识。因为这些原因,他/她需要具备一定的能力,即在临时通知的情况下,能通过不同的媒体言简意赅并深入浅出地向大众传播他/她的学识。他们是研究机构和高等院校中的一小部分精英人物。

他们也是一批公共知识分子,知识分子活跃在公共空间这一传统,可以追溯到中世纪西欧地区首创大学时,一直持续至今,其中不乏普林斯顿大学(Princeton University)的经济学家兼诺贝尔经济学奖得主保罗·克鲁格曼(Paul Krugman)、剑桥大学(Cambridge University)人类学家卡罗琳·亨弗里(Caroline Humphrey)、巴黎狄德罗大学(Paris Diderot University)历史学家伊丽莎白·卢迪内斯库(Elisabeth Roudinesco)这样的代表,他们每一位在教学和公共服务职责之外都做出了非常显赫的学术贡献。不仅如此,他们还是各自国家经常就热点事件发表观点的评论家,克鲁格曼是在《纽约时报》上评述经济政策的专栏作家,亨弗里和卢迪内斯库也经常在各大报纸和广播电视上亮相。三位学者都减少了一部分在学术研究上的宝贵时间和精力投入,而投身媒体传播,好在他们仍然是非常活跃的学者。他们致力于运用他们历年积累起来的学术研究造诣,渗入更广泛的大众群体,参与和影响一些重要的社会争议议题。

呼吁做入世之学(engaged scholarship)

哈佛大学历史学家兼公共知识分子理查德·里佩思(Richard Ripes)在他的回忆录《VIXI:非归属者的回忆录》中写道:"学者的生活一般不太会引起别人的兴趣,因为教书是重复性的劳动,而做学问又难免是曲高和寡的行为。"(Ripes,2003)对学界的大多数人来说,我们很熟悉且安于这样的生活方式。我们在自己的一亩三分地上埋头耕作,不被外人注意。

媒体互动是我们吸引外部世界对我们产生兴趣的一种方式,但这并不适用于所有的人,也不是所有的人都有能力把控。有些人可能在学界已颇有建树,但面对一群观众或到麦克风面前时就浑身紧张、哑然失语,但这样的学者为数不多。大多数功成名就的学者也很擅长讲故事,在面对更大的观众群时,他们只需要稍稍做些调整即可,学院中经验丰富的学者和管理人员都可以为他们提供帮助。

我们每个人身上都有公共知识分子的某种特质。本章的目的是为了展示和媒体的互动可以并且应该如何发挥这方面的作用,让媒体往来成为我们整个学术职业生涯的一个部分。最终,和媒体的互动是我们事业的外在证明,墙内开花墙外也香。按照安德鲁·范德文的说法,它能培养我们去做"入世之学",这对每一个学者都很重要,尤其是对于法学院、商学院和公共政策学院等专业院校的学者。(偶尔)答应记者的采访就是让你从象牙塔里走出来,步入凡间,去顺应这个诉求吧,让我们服务于更大的公共群体,做些力所能及的改变。

讨论思考题

1. 你所在院校有没有关于媒体往来的书面政策？如果有，请和本章中所建议的一般原则做比较。如果你找不到相关的政策，院长或校长管辖范围之内应该有专门配备的媒体关系部。请向他们咨询更多的政策。

2. 我们提到，你有道德义务向媒体披露利益冲突存在的可能，否则将会削弱你观点的客观性，披露多少算是"足够信息"？"足够信息"的定义会随着媒体要求互动时间、论坛形式的不同而发生相应的改变吗？

3. 我们讨论了你可能出于道德义务拒绝媒体的邀约，因为你在做咨询时，和相关的个人或组织签订过保密协议。如果事先协议中没有具体约定在什么时候、什么场合不可以提及咨询的个人和组织，你会怎么办？如果没有保密协议，还有什么会约束你评论的能力？

4. 你们院校的学生有什么 FERPA 相关的义务吗？当学生课程修完或者毕业之后，还有这些隐私义务吗？

5. 你们校院系中有公共知识分子吗？他们具有什么特征？学院同事、管理者、学生，尤其是博士研究生，是如何评价他们的？

6. 在你目前的职业发展阶段，你可以如何开拓机会，做更多的"入世之学"？

参考文献和补充阅读

[1] Pipes R, 2003. VIXI: memoirs of a non-belonger[M]. New Haven, CT: Yale University Press.

[2] Schultz J, 1998. Reviving the fourth estate[M]. Cambridge: Cambridge University Press.

[3] Van de Ven A, 2007. Engaged scholarship: a guide for organizational and social research[M]. Oxford: Oxford University Press.

Chapter 29
第 29 章

思想领袖(三)：安德鲁·范德文谈伦理和公共服务

安德鲁·范德文(Andrew Van de Ven)在研究和教学方面贡献卓著，把他的贡献介绍洋洋洒洒地写上一章绝非难事。但我们这次采访的重点是安德鲁在学术生涯中积累的大量经验，以及他对学术职业生涯的一些见解，也就是学者如何为自己安身立命的院校和研究机构提供服务和支持；如何为所在的专业机构提供服务，并偶尔参与领导和管理工作；以及如何为社群提供服务。安德鲁身体力行，在以上三个方面都积极参与，作为管理学专业的著名学科带头人、导师，以及极具远见卓识的学术大咖，2016 年夏天，我们有幸得到了采访他的机会，他和我们分享了他在学术生涯各个阶段从事管理学术研究的经历和感悟。他把自己的观点浓缩成一句话，就是成就自己的学术生涯，并走向更为广阔的天地，做"入世之学"(Van de Ven, 2007)。

安德鲁其人

安德鲁·范德文教授在管理学领域深耕四十年。1972 年从威斯康星大学麦迪逊分校博士毕业之后的安德鲁，开始在宾州大学沃顿商学院执教，1982年转至明尼苏达大学管理学院工作，参与了战略管理和组织系（Strategic Management and Organization, SMO）的创建，也就是现在的战略管理和创业系，并一直在该系工作至今。

安德鲁在组织行为学、创新、变革和研究方法等方面卓著的学术贡献有目共睹，他发表了12本专著、逾百篇顶级期刊上的跨学科论文，涉及管理学、心理学、决策学等不同学科，还有其他几十种学术集刊、评论及技术报告。

安德鲁在教学上的贡献也非常瞩目。他是组织创新研究的领头羊，他为本科、硕士和博士研究生以及企业高管撰写过大量案例，并亲自检验、讲授和出版这些案例。在最近一些年，他的教学兴趣逐渐开始转向医疗组织和机构中的创新和变革趋势。他屡次获得教学奖，备受博士研究生的喜爱，培养的博士研究生陆陆续续进入全世界不同高校中工作。

安德鲁在明尼苏达大学的管理学院（后来被称为卡尔森管理学院）担任战略管理和组织系的系主任，并且兼任校级、院级各种委员会的主席。他是一个以身作则的学者，能非常好地平衡教学和研究活动，促使两者相辅相成，并乐于为专业生涯做贡献。为此，他创建了一些研究中心，包括战略管理和组织系的战略管理研究中心，这个中心成为专门支持博士研究生和教师们早期研究的孵化地。安德鲁一直积极参与并引领各种学术协会的发展，他曾在2000—2001年出任AOM的主席，并兼任《组织科学》（*Organization Science*）期刊的创始高级编辑及管理学会最新期刊《管理发现》（*Academy of Management Discoveries*）的创始总编。

安德鲁总是致力于应用自己的研究和教学，来改善周遭高校和学会的学术群体的管理。作为威斯康星大学的毕业生，他把"小群体决策技术"（nominal group technique）用到了当地的社区会议中，增加了重要公共决策过程中反馈和辩论的比重。今天，安德鲁把在企业与高管层和一线工人的交谈作为"做入世之学"的基本组成部分。在担任管理学会主席的期间，他也做过"做入世之学"的呼吁。

这次采访,我们让安德鲁回想一下,他是如何从学术的角度看待"专业生活"的,学者们该如何在职业生涯不同阶段,将那种使命感、能动力和行为意识赋予新的活力?

对　话

作者:也许我们可以把"专业生活"定义为学术生涯的一部分,除了教学和科研之外,学者还应该代表所在学术机构和学术协会为公共事务做贡献。20世纪70年代,当你在威斯康星大学开启你的学术生涯时,你是如何做的?请和我们分享一下吧。

安德鲁:让我回忆一下,20世纪70年代在威斯康星大学麦迪逊分校,我是一名博士研究生。我第一个想起来求学期间的事儿,是国民卫队长期驻扎在学校,前后长达将近五年。有一段时期,人们在街上扔着铁棒,街上有抗议的师生,他们希望恢复学校秩序,甚至有人在校长办公室静坐示威。还有一个名为"地下气象台"的激进组织,爆炸和暴力事件也并不鲜见。当时的社会关注越南战场、人权、社会正义,那是一段"激情燃烧"的岁月,人们崇尚自由的政治和社会形态。

如今,没有人希望在校园里看到暴力和混乱,但大家乐于听到并感受这些充满激情的思想。曾几何时,教室里、图书馆中弥漫着这些气息,令人憧憬。但最近的四十年来,我感觉这种热情在逐渐消解,虽然偶尔还有激情迸发的时刻,但大致说来,我们失去了一些东西,尤其在商学院中,大家过于重视个人职业发展,而对深层社会问题的关注却越来越少。

另外,还有一个趋势的变化。那时候的商业协会处于蓬勃发展期,商学院需要大量的教师到岗。慢慢这一需求开始萎缩。20世纪90年代,商学院教师数的增长率在27%左右,同期美国顶尖企业商业顾问人数的增长率超过了80%,欧洲这一数据的增长率超过了300%,美国《财富》500强企业的企业发展部员工或者教育培训部员工增长了400%。我们感觉AOM也有实质性的发展,因为会员数从 20 世纪 80 年代的 5000 人上升到现在的两万多人,但与此同时,美国培训和发展协会(America Association of Training and Development)的会员人数却从屈指可数的几位飙升到了十万多。

在过去的四十年里,商界和商学院把"市场份额"拱手让给了其他机构。越来越多的人选择去企业培训和咨询领域开拓自己的职业发展之路,而之前他们会选择在高校谋职。高校已经没有太多兴趣培养学生了,他们闭关自守,目光狭隘。你可以想象一个教授几乎不认识什么企业管理者,对本地商业基本上充耳不闻吗?你可以想象这样的教授还对其他有行业经验的同事报以怀疑的态度吗?我在 2001 年时就亲身经历过,我们当时组织了一些本地企业管理者与管理学会的会员,在芝加哥开年会时进行了一场对话,企业参会人员的领头人在会后告诉我,他们整个团队认为这场讨论和他们业界完全脱节,学术界的代表们自以为对企业经营了如指掌,他们感觉被冒犯了。

这就说明我们的研究和现实越来越脱节,所以我们要注意这一点。从一开始我们就要思考,在学术生涯中如何做接地气的教学和研究。把我们和社群、企业以及企业管理者的接触和往来,视为我们研究探索和教书育人的冲突,这实属愚蠢之见。当然,我们要把研究、教学和公共服务做一个轻重缓急的排序,而且这个排序在我们职业生涯的不同阶段会有不同侧重,但永远不要把它们对立起来,它们并不矛盾。我们不能只待在书斋里,而要在这三方面进行实践,这对我们的职业生涯至关重要。

作者:就如何在公共事务、教学和研究这三方面做出最优排序这一问题,您对您的博士研究生有什么建议?对新任助理教授有什么建议?

安德鲁:第一,有证据表明,优秀的研究者往往教学评价也很高,不管这些评价是来自学生、学校同行,还是其他来观摩课程人员的反馈。研究和教学是正相关的关系。第二,如果博士研究生和助理教授所从事的教学和公共服务涉及的议题是他们擅长并热情投入的,那往往得到的评价也总是很高。他们喜爱这一议题,所以不会把它当作枯燥的任务去应付。

所以,挑一门你感兴趣的课程,或者开设一门你很关心的课程,你已写过相关内容,并打算在未来写更多。在你还是个博士研究生、青年学者或者尚未拿到终身教职的时候是很难坚持一件事的,但你也许会得到系主任或院长的关注,他们会包容你在教学和公共服务方面的兴趣,尤其是你还有相当的实力和激情加持,那你就能成为胜者。

作者:您讲过很多次自己是如何将公共事务与教学和研究结合起来的,也分享过您曾经出差去中国,与一家大型电子企业高管交流,带上了自己的博士研究生,很像一种实地考察研究。这不是您第一次这样做,对吗?

安德鲁:你说得对。好几年都是如此。当我自己还是威斯康星大学的博士研究生时,我的导师 Andre Delbecq 就是这样做的。他会让我跟着他去大学附属医院,与在不同科室日夜工作的医生交流。那些交流让我对"医院科室组织结构对医护质量的影响"这一问题有了很多新的思考。我的导师还会带我到附近楼区和居民交流,我可以实践我设计的旨在鼓励更多人畅所欲言的"小群体决策技术"。Andre 知道我的研究会从这样的实践中受益,当我同样成为一名老师之后,我也希望能将这种做法传承下去,就像当初 Andre Delbecq 带领着我融入社会一样。

当你拿起接力棒时,就是在给未来的个人、群体和学校注入了希望。在我们的领域有这样的奉献者和索取者,这些索取者几乎不做什么公共服务,但如果他们擅长做研究,也许他们可以通过"雁过拔毛"在大学里谋得一份教职,但同事们都知道他是不肯付出的人,那么在高校中他也不会太有前途。时间久了,学校、学院和系里好的职业发展机会一定是给予奉献者的。奉献者肯定会参与更多的行政工作,但在计划教学、研究和偶尔休假的时候,他们也一定会得到教师们更强有力的支持。从长远来看,学校给奉献者的回报多于索取者。专业协会和社群组织也大致如此。

作者:请继续谈谈您是如何分配学校公共服务、专业服务和学术研究的时间的?

安德鲁:对我来说,时间不够总是一个问题,我想所有干这一行的人都有这种感觉。所以就和其他人一样,我要有所取舍,我的目标是一直做自己感兴趣的事儿,哪怕时间所限,我不可能做所有想做的事儿。

想一想那些助理教授,他们要把握自己申请终身教职的时间节奏,知道自己最终评选终身教职的唯一评价指标就是研究成果,而不是所参与的公共服务活动。我知道那是什么样的感觉,我的建议如下:

当你的院长和系主任让你为大学的公共事务做些贡献时,请在脑中问一下这个问题:作为一个助理教授,这个任务是在我总体工作范围之内吗?如果是,请接受。这是付出的一部分,无关索取。而且这是需要培养的好习惯。但是,如果那些请求有些过分,即实实在在地影响到了你完成研究和教学任务,那就婉言拒绝他们,并做出解释。就简单地说"我现在的情况是……"然后描述一下目前的工作量,列出你的院长和系主任要求你按时完成的其他任务,"我有这些、那些任务要完成,您觉得我可以暂时放下哪个,来先完成您现在布置给我的这个任务?"这样的解释总能奏效。如果不能,那问题一定不在你这个助理教授这里,而是在于院长或系主任。也许你根本不想在那个高校工作。通常的情况是,院长或系主任听到你的解释会软化态度。说不定还会成为你的盟友。不管如何,有些公共服务要答应下来,有些可以拒绝,并解释如果接手,会超过自己的工作量,这条原则现实可行。这是做学问的一部分。

作者:您是如何看待专业协会服务和自己的学术相辅相成的?

安德鲁:我的第一个反应是想说,领导和管理一个专业协会就是到场完成任务清单上的一个个既定事项,但实际上的工作要比清单上的多得多。我在做AOM会长的时候,有机会和各位同人一起尝试了很多关于组织创新和变革的想法。我和他们一起为年会创建了一些新的会议类型,在很多发展中国家创立了新的学术分会,我们曾经在一起热烈讨论并撰写了很多以组织创新和变革为主题的论文和专著。我一定要做,至少尝试着去做一些。

你不一定要等到成为会长才做这些改变,你可以试试身手做一些组织创新。专业协会长期需要志愿者,你可以在某一个分支机构、兴趣小组、委员会、论坛上介绍你的想法。记住,你所属专业协会的同事也可能会是你投稿期刊的匿名审稿人。你想知道他们是怎么想的吗？那就在 AOM、SMS、美国运营研究协会(Operation Research Society of America)或管理科学学院(Institute of Management Science)等机构和组织中和他们共事，了解他们认可什么样的人和学者。这也是做学问的一部分。

作者：大学的公共服务工作一般只发生在大学中，而专业类的服务可以发生在不同场所、不同地域，面向全球招募会员的学术协会更是遍及各地。所以这赋予了我们职业生涯国际化的视野，对此请您详细谈一下。

安德鲁：哦，天哪，是的。从事这个职业，无论到走哪里，总会碰到新认识的人、令人尊敬、令人愉悦的人。对我来说真是太多了。主要是在管理学会，我拥有了全球化视野，为每天来去学校办公室、教室这样的日常枯燥生活平添了很多趣味。它让我们有机会走出去，一头扎到世界上的其他知识界，这是我们做学问很重要的部分，它让学者接触到了新地方、新朋友和新思想。

我喜欢把参与学术协会比作"在火堆里添柴"。想象一下，在明尼苏达的寒冷冬夜，能坐在火炉前是再幸福不过的事儿，请留意一下火炉里的柴火，大多数都堆在一起，烧得红彤彤的，偶尔会有一两根滚到一边，冒着烟闷燃，渐渐就熄灭了。在我看来，如果脱离了专业协会，那你的职业生涯就会"熄灭"，参与专业协会让你一直维持着温度和亮度，也就是保持持续学习的状态。我们需要待在火堆里，成为专业协会、学生协会和社区协会的一员，就是让自己做的学问和现实接轨。

作者：好，这团火已经越烧越旺了。您说过 AOM 已经拥有了两万多名会员。这绝对称得上是熊熊大火了，而且越来越具有全球影响力，不只是活跃在北美地区了。请告诉我们，这一变化对您来说重要吗？这场"火势"的变化对您有什么改变？

安德鲁：这是个敏感且有难度的问题。我曾担任过 AOM 会长，在为期五年的任期中，我的管理层团队一直致力于应对学会国际化发展的问题，并尝试如何优化管理。一种途径是根据地区划分管理学会，那就会有北美管理学会、欧洲管理学会及亚洲管理学会。当时的想法是希望每个地区都能孕育出带有当地特色的最佳实践,这样,我们可以推出更多元化的研究,研究、相关教学和公共服务的运作模式可以更为兼收并蓄。其他地方的大学完全可以有不同于北美地区的规范。

然而这一切并未发生,我认为这是个错误。在并不具备同样的资源、学生和周边商业社区的情况下,其他地方的大学和商界都非常希望照搬北美的模式。我认为,很多非北美地区的高校也效仿这一模式是不恰当的。

就像畜牧业中的"血系繁殖"(line breeding),基因线越来越窄,这样很危险,会抑制学术界的创新。这就是为什么我一直倡导 AOM 应该去中心化的原因,鼓励投入更多基于本地问题、理论、方法和商业支持的"本土化"研究。AOM 应该更像一个面向全球的松散型联盟运作组织。也许这可以像一个州级展览会,大家可以在这里评选出最好的研究、教学和公共服务,而在这之前,县级展览会把最好的成果推送到州级展览会,这些来自本地的胜出者定期聚集在一起,分享各自的最佳实践。我认为,在这种方式下,我们才能更好地激发新思想,为我们所服务的社群做些改变,走出象牙塔,做"入世之学"。

但很遗憾,我的设想被投票否决了,但我们有了另一个基本以北美高校的研究、教学和公共服务模式为样板的体系,这一体系非常根深蒂固,但我认为这是有问题的。

作者:所以是不是会有一个非常活跃的非洲管理学会?而且它有自给自足、运行成熟的期刊?

安德鲁:是的,但是它太看重学会的组织结构了,而且以当前的 AOM 为标杆,这是不对的。我们在北美地区看到,AOM 的区域性协会这几年发展明显呈衰落态势,你想想上一次你参加区域性协会是哪一年,以前不是这样的。如果给博士研究生项目提供得当的支持,并辅以合理的规范,我们完全可以支持(出台)一个更加去中心化的运营模式,在这一模式下,研究、教学、公共服务更为灵活,在全国范围内会定期共享经验和成果。

作者:现在我们来换个话题,谈谈期刊的事儿。您为咱们这个领域的顶级期刊撰写、评阅及编辑修改了大量的论文。现在您正在创立一个新的期刊《管理发现》,并出任主编。想问问您,对于发行并管理一个初创型期刊有什么感想?

安德鲁:你说对了。这就像在做一个初创型的企业,这和在一个成熟的期刊中担任传统编辑完全是两码事儿。在以往的角色中,你会源源不断地接收到稿件,并从中挑选、修改,然后做出判断,气定神闲,完全不用发愁后面有没有稿子。然而,开办新的期刊,所有都是从头开始,第一,有行政工作的细节问题,要决定标题、出版社、印刷公司、网络编辑、使命陈述、稿件投递和处理流程。第二,要招聘副主编、编委会的主任编辑、版面编辑和其他行政管理人员。第三,你需要有一些论文稿源才可以启动。虽然这份期刊隶属于AOM,但还是需要向未来的供稿者宣传,所以这里也涉及营销和推广。

我当时决定,以创始编辑的身份为《管理发现》期刊工作的期限是五年,所以我很乐意在这段时间内为期刊提供服务。从所有的痛苦和困难中,我学到了很多。第一,我体会到了开创一项新的事业是什么感觉,这份期刊就像一个企业,是一份生意。我在教学和科研方面有很多东西可以和学生及创业者深入交流,因为我也是他们中的一分子! 我和创业者交流时变得更为自信了。我也参与过,对痛苦、荣光和挫折都感同身受。第二,对我而言,这是宝贵的机会,我可以把一些 AOM 不会发表的内容独家发表在这份期刊上。

举个例子,《管理发现》期刊关注的是现象驱动型研究。我所希望看到的论文是首先描述一个有趣的现象,然后运用理论进行分析和推断。这和其他传统杂志不太一样,后者旨在推进理论的发展,无外乎加上调节变量和中间变量,这也很重要,但我们作为接地气的学者并不总是需要心怀这个目标。最近一期的《管理发现》中收录了几篇讨论巴西性骚扰问题的论文,它们都在剖析职场或者周边社区中的人们为什么对这一暴行都采取不闻不问的态度,他们认为应该是由当地机构来处理两性关系,所以显得不以为然。有许多类似的问题,我们的很多期刊并没有涉及,但它们确实是我们在社会上和在职场中常常碰到且亟待解决的。这就是《管理发现》这份期刊令人期待的地方，它为学者们以新的方式分析重要问题提供了新的途径。

作者：你会如何与博士研究生和青年教师会员说，向《管理发现》投稿有利于他们的职业生涯发展？

安德鲁：我会告诉他们三点。第一，这是阅读那些分析和诊断现象型论文的大好机会。这并不是博士研究生教育所要求的部分，也无关青年教师参加学术研讨会要介绍的内容，但这是早一些步入学术生涯的宝贵经历。这里并不是由理论到现象的单向研究，而是理论现象互为作用的双行道。第二，《管理发现》让你在职业生涯早期就有机会接触期刊论文的写作。我们专门为期刊读者开通了线上留言箱，他们可以对《管理发现》上的任何论文发表评论。每一条评论都会被我们的资深编辑看到。如果哪条评论有助于我们理解，我们就会发表出来。第三，《管理发现》让你有机会更早成为审稿人，我们的编辑团队非常强，但我们是刚刚起步，所以总是有求于其他愿意加入我们团队的学者。相比于其他成熟的期刊，你可以更快成为审稿人，如果你愿意为我们做出贡献就再好不过了。

作者：我们再回到高校的院系，这里是年轻教师职业生涯的起点，您对他们有什么寄语？

安德鲁：当你选择了这个行业，你就选择了以学者、教师和公共服务贡献者这样的角色为你的专业领域做贡献。当我看到学院有的老师顾此失彼，只专注于三项中的其中一项，那他绝不可能被提拔或被委以重任。当教师对三个方面都有所兼顾和平衡，他们才有机会被提拔或被委以重任。达成三者的平衡是你在本行业获得成功很重要的一点，当有人告诉我，只要做好其中两项就能获得成功，我对此表示怀疑。还有人说，新任教师只要做好研究、教好书就可以了，不用去费心做什么公共服务。我不喜欢这样的劝告，这会导致有更多的索取者，而不是奉献者。

而且这忽略了本行业中的一个核心责任，也就是行业治理。教授在治校，在经营和运行自己的院系。当然，我们有专职行政人员，但他们只管行政事务，对课程、任命和晋升等重要事务起不了决定性的作用。这些重要事务由我们教授来拍板决定。新任教师应该要明白为公共事务做贡献就是在为学校治理做贡献。我们需要新任教师在公共服务方面有所贡献，就像我们希望他们在教学和科研方面做贡献一样。资深教授应该以身作则，他们需要经常来办公室，和青年教师保持互动。

作者：我们处在当下这样的环境中，当我们写作、授课或做公共服务时，数字技术让我们可以在任何一个地方都能实现与人的交流，而越来越不必局限在校园中。您恰恰相反，学期中或者暑假时的每个工作日，您都在校园的办公室中，为什么？

安德鲁：我们是经过训练的社会科学工作者，本质上又是社会动物，所以需要和他人接触，互相启发，并从对方言辞、语气和表情中获得反馈。当我提出我的新想法时，我希望看到你点头或者摇头，亚里士多德所讲述的"晓之以理、动之以情、道之以信"（logos，ethos，pathos）等修辞价值是很有道理的。我在卡尔森管理学院的一个同事还调侃地加上一个新需求——墨西哥玉米片，他的意思是，有时候同事们聚在一起吃玉米片可以增强凝聚力，还可以互相学习，远比一个人孤零零或者相互隔绝做学问来得好。

作者：在您的事业蒸蒸日上时，您觉得这个职业最令人鼓舞的事情是什么？

安德鲁：我简直不能相信我可以拿着薪酬在做这个职业要求我们去做的事情。学术界的教授是天底下最好的职业。我将获得荣誉退休教授的称号，我猜想这就是让我进入一个自动驾驶的模式，但我几乎一直是这样的感觉。我对我的工作、学生、同事和在实业中的朋友一直保持着持续的激情。直到今天我都确信，就像我四十多年前就确信的一样，我在创造知识，我在推动知识的发展，我在用新思想改变商业管理者以及他们企业的命运，我在用新发现影响那些学院和学术协会。我在现在和未来都能成为其中的一分子，这感觉真的很棒！

讨论思考题

1. 以你加入的最主要的行业协会为例,哪些投入在你看来是公共服务,评审、治理,还是做会议主席?你会如何参与公共服务?

2. 你们学院在研究、教学和公共服务的权重设定上会引起什么矛盾吗?安德鲁·范德文教授推崇的是平衡之道,但教授们的压力在与日俱增,这之间的矛盾怎么解决?

3. 根据安德鲁·范德文教授的说法,你会怎么去努力做"入世之学"?

4. 是什么能量在推动你的学术生活?你会怎样多花时间投入你的工作?反过来,什么事情会消耗你的能量?你会如何减少这些活动呢?

参考文献和补充阅读

[1] Van de Ven A, 2007. Engaged scholarship: a guide for organizational and social research[M]. Oxford: Oxford University Press.

第四部分

// 结 语 //

Chapter 30

第 30 章

// 承前启后:主题、实践并考虑下一步 //

最后一章我们将把贯穿在所有章节中的一些主题做一下归纳,分别是信任、透明、统一性和长远观。我们仍然从研究、教学和公共服务三个方面简要地做一下阐述。

当我们回过头去看本书之前的章节,我们也许会对学术生涯中的伦理行为感到泄气。看上去伦理困境似乎潜伏在每个角落,而要游刃有余地应对这些复杂的行为难度不小。这就要回到我们出版本书的初衷了,那就是提醒读者要事先意识到这些问题的存在,当伦理问题击中你时,你不会毫无防备地一头栽倒;相反,你有可能会提前预想到一些状况,并思考好行动方案。这就是本书的价值所在。我们在书中描述了不少常见的和能预见的伦理问题和两难处境,涉及了绝大多数方面,我们不知道有没有人会遭遇所有这些充满着伦理挑战的情境!所以,打起精神来,在我们的专业实践团体中,多多提高意识、激发讨论,并且在实践中多多操练我们的回应方式,我们就能更好地防范由于外在压力而导致的不道德行为,从而增强我们能处理好伦理困境的信心。

最后这一章,我们将和读者一起,把我们讨论过程中所涉及的教学、研究和公共服务等方面一些具有共性的理念进行一下梳理。但是你们可能远不止和书中这些话题有交集，我们的目的是给读者提供一系列方法，当读者发现自己身处一个需要进行伦理决策的情境中，会有一张"清单"帮助读者识别出要解决什么伦理问题，找到应对之策并得到更多的指引。你和本书的交集点包括信任、透明、统一性和长远观，请注意很重要的一点，它们始终存在于你和他人的关系中。每一个主题我们都会重温一下书中讨论过的重要情景和示例，然后提出一些实践操作的反思。现在我们先总结和回顾本书所陈述的三部分内容：研究中的伦理、教学中的伦理和公共服务中的伦理。

回　顾

- **学术研究中的伦理**

第一部分以一个真实的微型案例为开场白，几乎适用于所有博士研究生和青年教师讨论或辩论用。介绍了一些典型的伦理问题，包括论文及专著的署名顺序，如何做研究介绍，数据的控制和采集，数据分析错误，以及结果不显著问题的处理，等等。然后，我们描述了大多数学者的职业发展路径，并指出在哪些环节容易出现伦理问题，哪些地方是读者可以预想到并提前做好准备的。

我们三位作者都曾有过担任期刊编辑的经历，能对研究中的问题从不同的角度提出见解，比如该如何审查研究手稿，当我们怀疑或者发现作者有剽窃行为该怎么办，把在 A 类期刊上发表成果作为至上目标的奖励体系会怎样导致人们做出不道德的决策行为。与之相关，我们探讨了"切割论文"这一行为或将一个课题拆分成好几篇单薄的稿件——有时候实在太单薄了！我们还分享了一些规范，比如如何正确使用数据集发表多篇论文，我们还向读者介绍了出版伦理委员会的指导原则，出版伦理委员会是一个通过出版业伦理规范的约束来支持科学诚信精神的非政府组织。

此外，我们又探讨了撤稿问题，当发现在投稿过程中有欺骗或不当行为时，我们也提供了一个分析框架。我们对双盲审制度提出了质疑，尤其是处在一个身份可以马上被识别出来的互联网时代，如果我们知道作者是谁，这对评审工作又意味着什么。为了促成更为丰富的讨论，我们还分享了由美国管理学会创建并上传在 Youtube 网站上的基于真实案例的故事，这些故事是现实版伦理挑战的写照，对于当时发生了什么，真实生活中这些故事的结局如何，我们也进行了反思和剖析。

第一部分的最后一章，我们访谈了学界的一位思想领袖——迈克尔·希特教授，他学富五车、事业常青。他就自己的亲身经历和面临的挑战回答了我们围绕学术伦理提出的诸多问题，比如如何管理研究团队，署名权的困境，还有其他一些我们在指导博士研究生时会碰到的问题等。

- **教学中的伦理**

第二部分我们先邀请读者思考一个教学中很常见的伦理问题，确保读者们了解这一部分阐述的主要议题是教学中的伦理问题，而不是"教学伦理"这一学科。

和本书第一部分"学术研究中的伦理"类似，我们试图分享一些博士研究生和青年教师作为教育工作者很可能会遇到的问题和困境。出于这个目的，我们选择了一些有代表性的场景，讨论各种和教学相关的伦理问题，比如，当学生作弊时会怎么样？当学生自己承认作弊，我们该怎么做？当我们和其他教师平行授课，学生互相比较学习强度和教学风格，从而对我们造成了道德压力怎么办？当在课堂讨论中涉及一些比较有争议性的话题或者一些极端的主题，我们自己本身有明确的观点和立场，但同时我们的职业又要求我们自我约束，这时候该怎么办？还有，和学生在社交媒体上的交往该如何掌握尺度？

我们接着继续分享了一些体现教育关爱的事例，当学生在学业上有明显困难时我们该怎么办，当学生由于个人或家庭原因导致课堂表现和学习效果都一路下滑时，我们负有怎样的责任去关心他们？另外，我们注意到，高等教育本身的变化要求我们重新思考高校的价值,所以在和学生的互动和交往中,我们有着怎样的道德责任?我们不只是在向他们传授知识,还应该和他们建立更好的个人关系和师徒关系。这里有各种各样的边界问题,还有几章讨论了学生的评教机制,以及我们是否要给"非优等生"写推荐信等潜在伦理问题。

第二部分的最后一章是我们和罗伯特·贾卡罗内教授的访谈。罗伯特是在伦理教育和管理、灵性和宗教领域都著作等身、思想活跃的教授之一。在和他的访谈中,我们特别提到了他于2011年发表的一篇观点激进的檄文《道德失灵》,在文中,他认为商学院的学生已经被商业领袖教育所"归化"了,所以对他们是否还能开放地学习和接受道德商业实践的假设提出了大胆的质疑。

- **公共服务中的伦理**

本书第三部分和之前一样,先举例列出公共服务中容易碰到的常见伦理问题,比如:我们该如何参照伦理守则,处理好利益冲突的问题?在初入学术界的求职过程中会遭遇哪些不幸的问题?在哪些情况下我们所收到的工作录用信,实际上并不是真正意义上板上钉钉的工作录用信?当财务状况影响到了工作录用信的时间节点和结构时,我们负有什么责任?我们还讨论了由自己学院资助的专业型会议,出席并参与的规则是什么?我们还从服务/专业标准的角度重议了同行评议制度,探讨了多少评审工作量是合适的,并如何在我们的绩效评估中体现出它的价值。关于大学中过量的公共服务是否符合伦理规范,该如何公平地分配和部署这些公共服务工作,我们也分享了自己的观点。

之后,我们继续讨论跨学科研究中的问题,我们在宣称自己的研究具有"真理性"时,对其他文献和部门负有怎样的责任?还有面对外部或合作任务时的伦理困境,不同的委员会、学院和部门的公共服务要求互为矛盾时,我们如何解决?当处在"发表严谨和相关的研究成果"越来越重要的时期,我们被牵引着接触到更多的外部主体——媒体和咨询业,这些外部活动涉及不少伦理维度的思考,需要我们注意。另外,我们不能只代表自己,在公共服务中,我们很有必要认识到,我们还应该代表学院、共同作者或者其他期刊及出版社等机构。

第三部分的访谈我们邀请了思想领袖安德鲁·范德文教授。他的学术生涯前后跨越了四十多年。他是平衡教学和科研并创造协同效应的典范,教授和我们分享了他如何看待对专业领域的贡献。此后他创建了几个研究中心,其中的战略管理研究中心(Strategic Management Research Center)是支持博士研究生和教师们前期研究的孵化地。安德鲁一直致力于领导各种学术协会,他曾在2000—2001年间出任美国管理学会会长,是《组织科学》期刊的创始高级编辑,以及管理学会最新期刊《管理发现》的创始总编。

贯穿本书的重要主题

- **信任**

信任是人和人之间的关系纽带。相比于信任缺失,信任他人可以让你拥有更丰富和宽广的经历。我们的工作不是一次性交往就可以完成的,我们的学术生活是在编织一大张校际和人际的关系网。很多把学术生活视为事业的人都认为,信任已经深深地嵌入我们的世界观和事业观里。信任意味着对他人充满信心,相信别人会言之有信、行事有章法,并且会为他人着想。如果我们信任他人,这就说明我们相信他们在合作时会珍视我们之间的关系,我们愿意在一起经历各种顺境和逆境。

本书自始至终都很重视信任的作用,也许信任是伦理中最重要的关系构量,人际关系的基石就是信任。我们想在这里说明三个与信任相关的表达:破裂之前的假定信任、赢得信任之前的怀疑或信任缺失、假定并且得以持续的信任。我们需要思考一下,我们通常属于哪种类型的信任,因为这会直接影响我们与他人建立关系的模式,并能预示我们乐于接受的行为习惯。对于我们的博士研究生，在我们指导他们的时候，我们会认为他们是值得信任的，当我们和同事合作研究时，我们也会假定他们是值得信任的。但是当信任破灭，比如数据被篡改或被操纵了之后，我们就不得不重新评估双方的关系了。如果课堂中的学生相信，加深学习难度对他们有益，那么学生会默许我们这么做，但在这之前恐怕我们需要赢得他们的信任，之后他们才愿意积极配合，参与学习实践。如果学生们相信我们能够设身处地为他们着想，他们会更愿意来办公室和我们分享课堂之外的困难。或许，他们在做学生评教时就能够提出建设性的改进意见，而不是只言片语、冷冰冰的批评。如果我们不能获取并保持他们对我们的信任，那所有这些情况都不可能发生。

反过来，如果工作录用信已经发出，但后来又撤销了，那么这就代表着信任的破坏，这也是我们在第 21 章所探讨的议题。我们很难想象和这样一拨让我们极为失望的人一起共事。同理，同行评议制度是否能不负众望地良性运转，也完全取决于是否存在信任关系。评议人是否把改进我们的研究作为主要目的？还是有其他目的？（比如"强烈建议"我们引用某一个作者的研究，我们的文章才有可能得以发表。）相信编辑最后接受或拒绝稿件的决定是基于期刊的读者群需求，而不是为了达到个人目的，这应该是期刊出版业得以蓬勃发展至今的原因之一吧。

学术关系中的信任是不容辩驳的，特别是全世界迈入了人际交往如此密切的时代，这是我们初入学界时难以想象的。我们都应该有和素未谋面的学者一起著书撰文的经历，靠的是以线上工具和电子交流媒介为基础的便捷合作。所以，建立和保持信任关系并不一定需要面对面和即时交流，但双方必须对对方有足够的尊重和信任。在伦理学中，与信任紧密相关的另一个概念是统一性，这是我们后面要讨论的主题。

- **透明**

在学术工作中要保持信息透明，这在研究、教学和公共服务三大基本构成中都有很多体现。伦理行为中的透明指的是，有积极的意愿去分享不太显而易见的信息。可以是非常坦白地告知我们某个行为的动机，比如我们发表论文时，论文作者的署名顺序是怎么决定的；或者在投稿信中明确告知这份稿件和另一份使用同一套数据集的稿件之间的区别。行为透明还包括我们主动分享重要的流程信息，比如在学期初的时候就告诉学生我们对课程的评分要求和作业批改标准。还可以包括我们的考核既参考学生给我们的评教分，又有教师年度报告作为补充。如果涉及利益冲突（哪怕有苗头），或者我们在自己学校和其他高校同时承担了任务，那我们既要向上级报告，又要划清两者之间的界限，可以让他人放心我们做事情是讲诚信的，这就体现了透明原则。所以第20章中所谈到的"披露+"是一个有益并且可操作的方法，让"保持透明"成为一种行为规范。透明的关键在于，要积极地向他人分享我们已经做过的事情，我们将要做的事，以及为什么要这么做。如果在我们已经做过的事情被发现后，再加以"透明"，效果将大打折扣。事后找托词不会让他人相信我们之前已经对我们的立场、工作和决策有过伦理性的思考且愿意分享。因此，在学术实践中保持透明是有额外要求的，那就是必须事前以披露的形式传达信息，而不是事后解释，后者反而画蛇添足。

我们可以用一种快速和相对准确的方式来检测人际关系和职场责任中的透明度，那就是"公示栏原理"——如果你的行为被公布在公示栏上，或者登上了报纸头条，其他人会如何看待你的这些行为？当周围人知道了你想做的事情，或者不想做的事情后，对此表达出否定的态度，那么这些行为都值得三思了。

- 统一性

从某种程度上说，统一性是信任的先置条件。如果他人的行为变化无常、不可预测，那我们就很难信任他们。从头至尾，本书中所涉及的统一性有各种表现方式，其内在的含义是让我们周遭的人能相信我们的行为方式是靠谱的。行为统一性属于伦理问题，因为它要求在人际互动和交往中采取约束的行为方式，允许他人用一种他们能理解和所希望的模式来考量我们的实际行为。

研究中的统一性可以指,我们的工作是真实可复制的,他人可以用现有的方法验证研究结果的有效性。同样,保证数据分析的统一性,可以避免把数据"分析"变成数据"窥探"(类似第8章困境四所示),后者指有些研究者发现研究结果很难达到理想的解释状态,就会用片面化或自洽的方式"编辑"变量。

Retraction Watch 是一个前沿并独立的网站,它专门跟踪和报道那些由于研究失范而导致已经发表文章被撤回的案例,可以说是统一性的仲裁者。很多时候,我们在看 Retraction Watch 积分榜时,统一性是一个重要的参考因素,用来考量研究者和他的研究是否合乎规范。犯一次错误当然和系统操控或彻底伪造数据是两码事,但多少可以反映出某位学者的研究是否经常性出现可疑数据的迹象。

在教学评估中,学生对教师一段时间内的教学会给予评价,在这里,信度就成了统一性的表现形式。和研究结果一样,学生评教会对我们的职业产生实际而持续的影响。一种情况是我们在某个课程的某一部分收到负面评价,或者一个学期的所有课程中收到负面评价,但这一结果和我们总体获得的学生评教数据相比仍然属于异常值,另一种情况是我们历来都收到学生比较负面的评价,相信我们对这两种情况的反应态度是完全不同的。在伦理层面追求统一性会要求我们更多地去探究背后的原因,为什么那个学期会有异常?发生了什么?而不是依据管理者的第一反应就启动惩罚机制或减薪降酬。我们对待学生的作业亦是如此,如果某个学生向来作业质量很高,但有一两次作业水准大跌,根据统一性的伦理原则,我们应该想办法找到他,问问他有什么状况,而不是简单地打上一个不及格。

在公共服务中,统一性可以表现为经常性地跳出我们自己的学科范畴,去大胆探索,这是信心的彰显,表示我们在全方位地研究某个议题,并愿意向前人和其他学科的学者学习。和其他学科的融合有诸多好处,比如,在我们被推荐加入委员会,或者晋升职称和竞聘终身教职时,它有助于我们的同事了解我们的成果凝聚了各种学术传统和精华的最佳实践。同理,同行评议制度也能从学科融合的尝试中受益,因为编辑会把我们召集起来,对原先我们只在自己的专长领域做过评论的稿件,再次做出非常慎重的评议。

凯利(Kelley)归因理论中的协方差分析模型把统一性视为一个关键的标准,来衡量一个人是否对他的行为负责(Kelley and Michela,1980),这一理论在这里也同样适用:如果我们对待工作和同事的方式是前后一致的,其他人可以相信我们所表现出来的统一性,那么万一我们掉了链子,会更容易获得谅解,也更容易获得弥补的机会。我们因为行为的统一性而获得的人际关系弹性,到了遍布全球的美国管理学会这个圈子,就会形成不成则败的局面,因为我们没有了让同事来消除误解的优势,或者我们根本就不了解我们合作者的情况。所以,如果我们的行为突然一下子有些脱轨,统一性给了我们缓冲的余地,我们有了多一点的权力,让别人对我们的失常行为提出疑问。

● 长远观

本书最后一个主题有关我们工作的时间跨度。我们所讨论的这些伦理问题,会贯穿在学术生涯中的各个时间节点,这个轨迹当然是指从谋取终身教职到荣获终身教职(希望如此)这一传统路径,所以可以预想,这是一个很长的过程。对工作要保持长远观,意味着我们要理解学术界的迭代本质,在整个生涯中,我们要和同事在数不清的场合中有无数次的交往。赢得终身教职并晋升为教授这个过程本身就会持续15—20年。在此期间,我们和同事们一起联名写过论文,合作研究过项目,有时候会与同事一直保持合作状态,成果丰硕,惺惺相惜。每学期我们的学生名单在变化,我们的教学实践也要随着时间推移做出相应的调整,比如基本的教学理念、教师的声誉、教学资料的储备等。公共服务和参与性工作也会越来越多,从参加委员会到主持委员会,从有一搭没一搭地参加同行评议到成为编委会的委员。

本书中我们分享了很多事例,也明确地阐述了我们对如何取舍短期结果和长期结果这一问题的一些思考。在有谷歌搜索引擎和 Research Gate 等学术网站的时代,以牺牲数据收集和数据分析的学术诚信为代价,求得在令人瞩目的高水平期刊上一炮打响,这样做只会招致各种质疑和挑战,若不幸上榜 Retraction Watch,甚至可能会断送自己的学术生命。如果这些极端的结果不太可能发生,那我们可以回想一下迈克尔·拉库尔当年做研究时的错误选择,这导致他的论文从《科学》杂志撤稿而名誉扫地。如果怂恿博士研究生或青年教师在研究时走捷径或自己就不以身作则成为惯例,将会对自己和他人产生长达几十年的影响。

第 15 章中,我们还分享了学习困难生的挣扎和无望情绪,我们是否要介入这样一段连带感情的复杂关系就成了伦理问题。大学期间有这样的困惑和挣扎是学生构建自我的机会,这会对他们最终获得成人学习者的认同感产生潜在的长效影响。第 18 章中我们分享了一些事例,这些事例说明了获得我们的推荐信如何成了学生在面对机会时一个不可多得的决定性推手。此外,在针对公共服务这一部分的讨论时,第 22 章提到了前辈给后辈示范的一个先例效应,也就是说前辈们在接受了某一项任务或答应出席某个学术活动,但最终没能履行承诺时,其他人尤其是那些初出茅庐者,会错以为这样的行为是无可厚非的。这是行为透明的另一种体现:我们的行为被暴露在公众视线下,暴露程度要比我们想象的程度更重,其他人在看着我们的一举一动。那些专门研究和教授伦理学的人,也许被要求要达到更高的标准,做到"言行一致"。

在我们忙碌而多维度的学术生活中,我们很容易把这些问题当作一次性的决定:为那个成绩中等偏下的学生写封推荐信?为得到一个显著的结果,这次就"篡改"一下数据?五年前曾与我有过作者署名权分歧的同事这次在争取职称晋升,我就投个反对票(尽管他符合条件)?不出席我们要主持的一个分会场,而溜去海边偷得浮生半日闲?我们为这份工作投入了不懈的努力,它为我们提供了这么多丰富而深入的迭代和发展成果,这是企业从业人员所无法获得的经历。另外一方面,我们要认识到我们这些决定的长远意义,我们犯有什么差错,不要指望我们的同事会真的将其遗忘,也许我们根本就没有太多的藏身之地。我们既要考虑目前的伦理困境,也要考虑将来会产生什么结果,这样才能为我们遇到的可能会产生伦理问题的情境找到一套比较完整的解决方案。

结束语

在本书介绍一些规范的应对方法时,我们也邀请你们思考自己所处的情景和所面临的问题。如果我们还可以最后给一个忠告,那就是当遭遇伦理两难困境时,寻求专业人士的辅导,而不一定要独自去面对。

我们也尽量在应然和实然状态的叙述中保持平衡。我们在剖析事例和议题时还提到行为的动机和意图,但把那些无意为之但又非常典型的不道德行为的成因留给了我们的其他同人研究,详见 Bazerman and Tenbrunsel (2012) 的盲点研究,或者哈佛大学的隐性项目研究。我们希望能给大家带来思考,能为大家提供一些结构化的工具,去分析我们在职场中容易遭遇的伦理问题,并且面对学术诚信这一问题时形成长远观。我们会很欣喜得到你们的反馈,比如:哪些建议是奏效的?哪些没什么用?你有过什么样的经历?那些棘手的问题最终如何得以解决?我们衷心希望一直保持开放的对话状态!

讨论思考题

当我们面临伦理困境时,可以思考以下五个问题寻求解决方案:
1. 所有选项的净结果是什么?
2. 我的主要义务有哪些?
3. 在现实世界中什么方式是行之有效的?
4. 我们是谁?
5. 我能承受什么?

参考文献和补充阅读

[1] Badaracco J L ,2016. How to tackle your toughest decisions[J]. Harvard Business Review, 94(9): 104-07.

[2] Bazerman M H, Tenbrunsel A E, 2012. Blind spots: why we fail to do what's right and what to do about it[M]. Princeton, NJ: Princeton University Press.

[3] Katz J, Green R, 2013. Entrepreneurial small business[M]. New York, NY: McGraw-Hill Irwin.

[4] Kelley H H, 1971. Atribution in social interaction[M]. New York, NY: General Learning Press.

[5] Kelley H H, 1973. The process of causal attribution[J]. American Psychologist, 28: 107-28.

[6] Kelley H H, Michela J L, 1980. Attribution theory and research[J]. Annual Review of Psychology, 31:457-501.

[7] McGuire W J, 1961. The effectiveness of supportive and refutational defenses in immunizing and restoring beliefs against persuasion[J]. Sociometry, 24: 184-197.

[8] McGuire W J, 1964.Inducing resistance to persuasion[J]. Advances in Experimental Social Psychology,1:191-229.

[9] 哈佛大学自1998年来一直持有一套Project Implicit所开发的内隐联想测试(implicit association test)。Project Implicit 是一个非政府组织,专门研究动机和行为之间的关系,它提供了很多这方面的研究资料和自测题,检验具有不同人口学特征(性别、种族等)的人所持有的一些隐性偏见。